U0929096

中国饭局里的潜规则

姜得祺/著

中国画报出版社
CHINA PICTORIAL PUBLISHING HOUSE

图书在版编目（CIP）数据

中国饭局里的潜规则 / 姜得祺著. —北京 : 中国画报出版社，2011. 3
ISBN 978-7-5146-0040-7

Ⅰ. ①中… Ⅱ. ①姜… Ⅲ. ①宴会—礼仪—中国 ②人间交往—中国 Ⅳ. ①K892.26 ②C912.1

中国版本图书馆CIP数据核字（2011）第 026143 号

中国饭局里的潜规则

出 版 人： 田 辉
作　　者： 姜得祺
责任编辑： 卓 娜
出版发行： 中国画报出版社
（中国北京市海淀区车公庄西路33号，邮编：100048）
电　　话： 010-88417359（总编室兼传真） 010-68469781（发行部）
010-88417417（发行部传真）
网　　址： http：//www.zghbcbs.com
电子信箱： cpph1985@126.com
经　　销： 新华书店
海外总代理： 中国国际图书贸易集团有限公司
印　　刷： 三河市明华印务有限公司
开　　本： 170mm × 240mm 1 / 16
印　　张： 17
版　　次： 2011 年 4 月第 1 版 2012 年 5 月第 2 次印刷
书　　号： ISBN 978-7-5146-0040-7
定　　价： 29.80 元

前言

民以食为天，中国是文明古国，又是礼仪之邦，饮食文化源远流长。无论是古代还是现代，无论私人交际还是公务往来，都离不开饭局。因此，饭局就承载了权力的争夺和利益的分配。

俗话说“无酒不成席”，“杯子底下好办事”。酒桌上，人与人之间的距离大大缩短，许多生意在酒桌上的成功率远远高于办公室。

可见，饭局在古今中外都存在着不可忽视的力量，饭局的这种力量在中国的现代社会表现得尤为突出。

其实，“饭局”一词起源于宋朝，迄今有一千多年的历史，“局”原本是下棋术语，引申出“情势”、“处境”的意思，后来又引申出了“赌博”、“聚会”、“圈套”等意思。“饭”与“局”的结合，是宋代文人对汉语以及中国文化的一大贡献——因为饭局上的圈套实在是太多了。春秋的齐相晏子，在饭局上“二桃杀三士”；蔺相如渑池会上屈秦王，使赵国得到了数十年的太平岁月。此外，如“鸿门宴”、“青梅煮酒论英雄”、“杯酒释兵权”等历代著名饭局更是耳熟能详，妇孺皆知。

一个饭局，有时候可以改变一个人的一生，甚至可以影响到一个人职业生涯的成功与失败。无论是初涉职场的新手，还是一位已经站稳脚跟的内行里手，或者是一位大公司的成功经理人，无论处于什么地位，做什么样的职业，如果不懂得饭局上的游戏规则，都难免在自己前进的道路上留下障碍。

饭局看似简单，其实，中间暗藏着政治权利、社会关系、人际交往等等。所谓人脉，所谓圈子，所谓社会关系，所谓朋友，所谓友谊，到最后都绕不开饭局。酒肉虽然穿肠过，交情却在心中留。而你在饭局中的发挥，往往决定了你能否成功、能否成事。所谓饭局之妙，不在“饭”而尽在“局”也——端的是饭局千古事，得失寸唇知。

饭局如此的重要，因此，在饭局之前首先要学会邀请别人，如果自己觉得有用的人被你的邀请举动吓得不敢来了，何以再求别人帮助你办事啊！即使邀请来了，更要懂得饭局的礼仪，尤其是那些熟悉的人，不要觉得无所谓，反正是熟人怎么对待都成，这样想就完全错了，无论平时多么熟悉的人饭局上都一定得按照饭局的礼仪去对待。该敬酒的时候一定要敬酒，但是不能完全顾着喝酒忘记自己请客的真正目的，不妨在酒桌上点点正题，但是千万别死咬着这个话题不放，点到为止为好。相信聪明的人都会明白你请客的目的。吃人家的嘴短，拿人家的手软，该为你办的事人家也会尽力的。

另外，把握饭局上每个人的身体语言，从中读取自己话题的效应。对那些刁难你的人，不要怒发冲冠，而是巧妙地想办法，在心平气和的话语中，回敬对方。最后，结账的时候一定要注意，如果自己做东请客，就一定要主动结账，不能自己将别人请来了，你自己还等着吃免费的“霸王餐”，否则你请客求人的目的将一败涂地。还有，虽然在中国西餐店也不少，如果你邀请的客人主动提出去西餐店，你一定要懂得吃西餐的各个环节，这样才显得有礼有节，才能够成就大事……

总之，本书从邀请客人，到就餐，到结账，最后到西餐、商务餐等详细介绍了在这些环节中的每个细节，不仅是本餐饮礼仪书，更算得上饭局中的做人处世书，希望读者朋友们能够从中有所收益。谢谢！

目录

第一章　如何布置一场完美无缺的饭局

第二章　请客前你不得不考虑的那些事

第三章　邀请客人应该懂得技巧和方法

第六章　点餐如点兵，把握不好全盘皆输

第七章　进餐过程中不得不注意的问题

第八章　把酒言欢，有劝有拒

第十二章　饭局中不得不懂的心理操纵术

第十三章　结账很关键，否则就会前功尽弃

第十四章 应对涉外用餐要注意的礼节

第十五章 成功的商务用餐是如何办到的

第十六章 教你学会吃西餐，将来大有用处

第一章

如何布置一场完美无缺的饭局

一场完美的饭局，不仅在于“饭”更在于“局”，“局”设置得巧、设置得妙，一切都水到渠成，否则前功尽弃！

请客吃饭是职场必备的能力

◊ 1.影响历史的请客吃饭

请客吃饭原本是广交朋友、沟通情感的载体，不过我们智商极高的祖先们总喜欢把它变成许多重大事件的转折点。比如项羽为刘邦大摆鸿门宴，赵匡胤杯酒释兵权，一顿看似平常的请客吃饭竟然暗藏着无限玄机，生出惊天动地的变故来。

秦末，刘邦先破咸阳，驻军霸上。项羽下令击败刘邦的军队，一场恶战在即。刘邦从项羽的季父项伯口中得知此事后，大吃一惊，两手恭恭敬敬地给项伯捧上一杯酒，祝项伯身体健康、长寿，并约为亲家。刘邦用感情拉拢，说服了项伯。项伯答应为之在项羽面前说情，并让刘邦次日前来谢项羽。鸿门宴上，虽不乏美酒佳肴，但却暗藏杀机，项羽的亚父范增，一直主张杀掉刘邦。在酒宴上，一再示意项羽发令，但项羽却犹豫不决，默然不应。范增召项庄舞剑为酒宴助兴，欲趁机杀掉刘邦，项伯为保护刘邦，也拔剑起舞，掩护了刘邦。在危急关头，刘邦部下樊哙带剑拥盾闯入军门，刘邦乘机一走了之。

宋初，赵匡胤做了皇帝不久，为防止叛乱的事情再发生，决定收回兵权。公元961年的一个晚上，赵匡胤在宫中举行宴会，请石守信等几位老将喝酒。他举起一杯酒，先请大家干杯，说："我要不是有你们的帮助，也不会有今天。但是你们哪里知道，做皇帝日子也不好过呀，还不如做个节度使快乐！"石守信等人听了十分惊奇，连忙问这是什么缘故。宋太祖接着说："这还不明白？皇帝这个位子，哪个不想坐呀？"石守信等人听出话中有话。大家着了慌，跪在地上说："我们决不会对您三心二意。"宋太祖摇摇头说："对你们几位难道我还信不过？只怕你们的部下将士当中，有人贪图富贵，把黄袍披在你们身上，你们想不干，能行吗？"石守信等人吓得满头大汗，连连磕头，第二天就说自己年老多病请求辞职。宋太祖马上同意了，给他们一大笔财物，收回了他们的兵权。历史上把这件事称为“杯酒释兵权”。

◊ 2.餐桌学问不可小视

愈来愈多的公务、商务人士相信，餐桌是一个绝佳的交流平台，相信以餐会或酒会来款待同业、政界要人、名人及重要客户是个好方法。宴会上，食物留存在口齿间的美妙感觉会使人情绪愉悦、放松。这样，陌生人可以由不熟悉变成熟悉；一直心怀戒备的人可以变成知己。即使是简单的一顿餐，有时也能收到事半功倍的效果。

但是，在整个宴请过程中，如果有一处细节出现问题，就有可能使这种请客吃饭的好事变成坏事，甚至造成大客户流失、被朋友小看、领导不满、职位不保等问题。这在现实生活中是有实例可证的。

（1）一顿晚餐吓跑了美国巨商。

东北某企业与一家美国大公司商谈合作问题，这家企业花了大量工夫做前期准备工作。在一切准备就绪之后，该企业邀请美国公司派代表来考察。前来考察的美国公司老板在这家企业领导的陪同下，参观了企业的生产车间、技术中心等一些场所，对中方的设备、技术水平以及工人操作水平等，都表示了相当程度的认可。

中方企业非常高兴，设宴招待美方老板。宴会选在一家十分豪华的大酒楼，有20多位企业中高层领导及市政府的官员前来作陪。美方老板以为中方还有其他客人及活动，当知道只为招待他一人之后，感到不可理解，当即表示与中方的合作要进一步考虑。美国老板回国之后，发来一份传真，拒绝与这家中国企业的合作。美方老板认为中方吃一顿饭都如此浪费，要是把大笔的资金投进去，说不定怎样挥霍呢。于是一笔巨额投资就因这顿饭的“小节”付诸东流。

（2）点菜不当丢职位。

赵小姐大学毕业后在一家公司当秘书。一天，老总准备宴请新员工，让她去酒店预定包房并点菜。到了酒店，她面对服务员递上来的菜谱眼花缭乱，不知点什么菜好。点太好的菜吧，担心老总说太浪费；点一般的菜吧，又怕老总说“小家子气”。最后，只好按服务员的推荐点了一桌菜。结果，因搭配不当，许多菜无人动筷子，浪费不少。饭后，老总对赵小姐十分不满，从此不再让她担任秘书工作。

（3）席间泄密吃大亏。

1916年初，德军正在准备向法国边境要塞凡尔登发起突然袭击，这时一位同情法国的美国商人途经波兰华沙时，应邀出席了宴会。宴会上，他有意坐在德国高级参谋身边。这位德国军官在他频频敬酒之后，便全无戒备地说：“你们美国支持法国和英国是枉费心机，因为德国将在凡尔登发动一次具有决定性作用的攻势。”结果这位商人利用酒的攻势轻而易举地得到情报，并及时地转告法国。于是法国在凡尔登调集10万兵力，200门大炮严阵以待，不仅击退德军的进攻，保住了凡尔登，而且迫使德军在这一地区节节败退。

聚餐吃喝在中国人交际中的重要性在世界上是出了名的，因此，也常常在涉外交际中被人利用。有一家公司准备从日本引进一条流水线。谈判之前，日本方面为了取得有利的谈判地位，想攫取有关的背景材料，便主动前来该公司进行“考察”。他们反请该公司总经理到高级宾馆“一醉方休”，结果该公司总经理在对方万般“诚意”之下，喝了不少的酒，头脑发热，话匣子打开了，把公司里的外汇情况产品销售情况吐了出来，后来在洽谈签订合同时吃了大亏，给公司造成了巨大损失。

（4）吃相不佳就“炒”你。

大学毕业的牛先生到一家单位找工作，该单位通过技能考察后，决定对他试用3个月。试用期的第一天中午，老板请一客户公司经理吃饭，牛先生也参加了。牛先生如坐针毡，在老板与客户谈话间，他便匆匆将饭吃完了。回到办公室，老板对他说的第一句话就是“明天，你不用来了，你不适合我们的单位”。老板指出他吃饭时响声太大，而且不懂自我修饰，实在有损公司形象。牛先生怎么也没想到，用人单位竟会以吃相不雅为由“炒”掉自己。

据报载，目前一些大型私营企业集团招聘，将“看吃相”作为一种辅助面试手段。把“看吃相”时掌握的信息，与业务经验考察等要素结合起来，综合分析一个人的能力。

（5）结账不当失良缘。

李小姐年轻漂亮，在姑姑、阿姨的操心下，开始和男士约会。第一位男士是在政府部门工作的公务员，因为不是周末，第一次约会的李小姐选在了离公司比较近的餐厅。点菜时，男士把菜单放在了李小姐面前，让她点自己喜欢吃的菜，李小姐照做了。席间，他们谈得很愉快，买单的时候，价格似乎高了些。但男士很爽快地把单买了，然后问了以后的联系方式。

第二次约会是周末下午，在茶坊坐下后，不知不觉又到了晚饭的时间，李小姐心里想着要回请他，就提议一起吃晚饭。菜还是李小姐点，可结账时，李小姐还没来得及开口，那位男士掏出皮夹把账结了。李小姐当时还想，和他争着买，说不定会伤他的自尊，等以后熟了，再来买单。没想到的是，她却再也没有这样的机会了。因为两天后，男方的介绍人转弯抹角地说了一大堆他不适合她的理由。最后，她听出来了，是男方嫌她太会用钱，太不体谅男士。

有了第一次教训，当李小姐遇到第二个合眼缘的男士时，不管去哪里，去干什么，每次她都抢着买单，有时双方几乎到了争执的地步。她想：这样做，别人就不会说我了吧。可人家又不高兴了，在交往了一个多月后，她收到了男士发来的E-mail："我知道，我的收入没有你高，但你也不用这样不给我面子，我觉得你太主观，和你在一起有压力。"

请客吃饭是一种重要的交际方式

据报道，随着中国加入WTO，美国国务院印发给本国中小企业介绍中国的小册子中，有专门一节介绍吃饭。该小册子说，吃饭是中国最常见而普遍的交际方式，上至京城都市，下至穷乡僻壤，除了吃饭，有时找不到第二种交际方式。拒绝吃饭邀请，会被认为是很无礼、很不给面子的行为，而面子对中国人是极为要紧的。除非你拒绝的理由足以让对方原谅你，对方才不会感觉到丢了面子。在中国，很多重要事情，他们并不在办公室解决，而是通过在酒宴上痛快喝酒解决。

交际是人与人之间传达思想、表达感情和需要的交流过程。交际主体、交际动机、交际环境和交际手段是构成交际的基本要素。在请客吃饭中，宾主双方是交际的主体，请客吃饭的目的是交际动机，饭店、宾馆、餐厅、食堂、酒楼、茶坊、酒吧、咖啡馆是交际环境，席间的菜点、酒水、话语、用具则是交际的手段。

◊ 1.请客吃饭是信息沟通和交流的载体

在当今社会，由于大众传播媒体的发达，各种信息的传播速度空前迅速，日益广泛。尽管如此，餐桌上的信息沟通仍具有大众媒体所不能替代的作用。而且餐桌上沟通的信息往往更生动、给人的印象更深刻、更富有启发性。如近代四川茶馆首先突出了“传播信息”的作用。川人进茶馆，不仅为饮茶，而首先为获得精神上的满足，将自己的新闻告诉别人，又从他人那里获得更多的新闻与信息。四川茶馆的第一功能是“摆龙门阵”，一个大茶馆便是个小社会。

◊ 2.请客吃饭有助于协调人际关系

《礼记·礼器》说：“君子有礼，则外谐而内无怨。”餐桌是人际关系的润滑剂和调节器。由于餐饮礼仪的基本原则是敬人律己、真诚友善，因而它能联络人们相互间的感情，架设友谊的桥梁，协调各种人际关系，营造一个和谐友善的社交氛围；也有助于建立和发展人与人之间相互尊重和友好合作的新型关系。即使在人与人之间发生了某种不快、误会和碰撞时，通过一句礼貌用语，一种礼仪形式便会化干戈为玉帛，重新获得彼此的理解和尊重；在餐桌上初次相遇的陌生人，只要礼节周全，也会成为一见如故的朋友。

《西京杂记》中有这样一个故事：王氏五人（汉成帝母舅王潭、王根、王玄、王商、王逄等人），同日封侯，他们之间各有矛盾，宾客不得往来。后来，有一个叫娄护的官吏，备了丰盛的酒菜，依次在五侯之间传食，进行调解，因而博得“五侯”的欢心。五侯各置备佳肴美馔回赠娄护。娄护品尝了佳肴，经过自身努力，集五家之长，烹制出一种美味珍肴，世称“五侯鲭”（鲭，即青鱼）。

◊ 3.请客吃饭有利于塑造良好形象

“形象”一词的本意，是指能引起人的思想或感情活动的具体形状或姿态，在社交中则是指参与交往的主客双方在对方心目中的总的评价和基本印象。在社交活动中，人们常常根据对方的外貌、举止、谈吐、服饰和应对进退等表面特征，对对方做出初步的评价，形成某种印象，即第一印象。这种人际认知的第一印象虽然具有表面性和片面性，但一旦形成以后，往往使人产生某种心理定势，对人际交往的成败和人际关系融洽与否起着重要作用。

在餐桌上，我们有时是以个人身份去赴宴，此时表现的纯粹是个人形象；而有时则是以个人形式代表组织或单位去赴宴，此时个人代表的则是组织或单位的形象；而有时一个人的言谈举止则被外界视为一个民族、一个国家的形象。所以“欧洲旅游总会”制定的旅游者应遵循的9条基本准则中第一条就这样写道：“你不要忘记，你在自己的国度里不过是成千上万同胞中一名普通公民，而在国外你就是‘西班牙人’或‘法国人’。你的言谈举止决定着他国人士对你的国家的评价。”不管以什么身份，只要具有良好的餐饮礼仪，应对进退，表现不俗，自然会塑造出良好的个人形象或组织形象。

备饭局考虑周全，否则适得其反

所谓备局，就是调动各种积极因素，为自己的做局做准备。其实宴请就是做局，如何将这场局做得滴水不漏，是宴请者的必修功课。一个善于做局的宴请者，必须懂得如何巧做宴前准备，力争每一个细节都达到完美，从而帮助自己成事。

宴请是人们交往中最常见的交际形式，它是广交朋友、建立联系的媒介，也是了解情况、解决问题的场所。所以宴请之前必须做好一些准备，比如宴请的类型有很多，不同的宴请在菜肴、人数、时间、赴宴着装等方面有着不同的要求。

而且具体采用哪种形式的邀请也应根据你宴请的目的、邀请的对象以及活动经费等有所区别和选择。

宴会作为公务、商务人士绝佳的交流平台，可以令与宴的陌生人由不熟悉变得熟悉，让一直心怀戒备的人放下戒备，让竞争对手变成合作伙伴，让领导变成朋友甚至伯乐……所有的人际关系都可能因一场宴会而改变，所以宴会前的准备丝毫马虎不得。如果有一个细节做得不到位或者出现问题，就可能使这种请客吃饭的好事变成坏事，甚至造成客户流失、被人小看、领导不满、职位不保、生意泡汤等恶劣后果。

一天，广州一家公司的经理准备宴请一位重要客户。为了给客户留下一个好印象，经理特意在一家有名的酒店预订包间并点了菜。

为了体现出自己宴请的诚意，经理点的都是酒店的特色菜，凡是天上飞的、水里游的、地上跑的，无一不全。尤其值得一提的是，为了让来自异乡的客户感受到本地的特色，经理更是特意点了一份烤乳猪。

傍晚，经理领着客户来到饭店，饭店的富丽堂皇的装修让客户很是满意。接着，服务员上的菜也让客户赞不绝口。等到那份烤乳猪上桌时，客户的脸色却一下子变得极为难看。可是，经理丝毫没有注意到客户的反常，还一个劲儿地夸赞乳猪做得地道。最后客户实在忍受不了了，借口有事提前离席。经理不明白明明不错的气氛怎么突然急转直下了，后来才知这位客户原来是一名多年的素食主义者。生意没谈成，经理后悔不已，直呼："都是这顿饭闹的啊！"

由上述案例我们知道，饭局之中，要想安排令宾主满意的饭菜，吃得既美味又舒适，并非易事，绝对不能想当然地随便处理。也许你的好意安排，反而触犯了别人的忌讳。因此，一定要在宴请之前对所请的客人的民族习惯和宗教信仰进行一番较为详细的了解，这样在宴请的时候才能做到有的放矢，避免还没做局就已出局的事情发生。

除此之外，失败的宴请准备会成为你交际中的败笔，它会使他人对你的诚意和能力产生怀疑。所以，无论你是为了求人办事或其他原因宴请别人时，一定要做好宴请的准备工作，不可有丝毫的大意。

请客前应该做到有备无患

宴请是一个永远的难题，在宴会结束之前，你永远不知道席间可能会发生什么事，所以在宴请前你必须要未雨绸缪，精心设局。所谓设局，就是设一个好的局，一个能够自我完善的局；需要谋局者事先统筹规划，考虑到可能发生的种种情况，力争做到万无一失，才能最后稳操胜券。一个好的局绝对不是一蹴而就的，它往往需要做局者在做局前精心准备，这个精心准备的过程就是设局。要想设一个好的饭局，设饭局者必须要有全局观念，要将宴会中所有可能出现的问题扼杀于萌芽状态。只有这样，设宴者才能占尽天时地利人和，抢占制胜的先机。

如果你不能做到未雨绸缪，那么不仅宴会成功与否是个未知数，而且你的宴请举动还可能造成事与愿违的后果，让你吃力不讨好、社交失败不说，还可能得罪了重要的客人。

周某夫妇邀请单位同事以及一些朋友来参加婚礼。印发请柬时，未婚妻问他："你们办公室黎主任跟她先生是发一张还是发两张请柬啊？""发一张吧，两口子发两张干吗？"周某头也没抬地说。

周某的喜宴设在佳苑饭店。当天是个好日子，在佳苑设喜宴的有三家，所以三家说好持请柬入宴，免得各家的客人搞混了。黎主任夫妻两人原本是一起到的，但她先生由于找车位费了点时间，黎主任就事先入场了。等到她先生停好车打算进宴会厅时却被接待拦住了，接待说："这位先生，今天我们这层被包下了，办喜宴，如果你想用餐请到其他楼层。"黎主任的先生说："哦，我知道，我也是来赴宴的。""啊呀！不好意思啊，请问您是到哪家啊，可否出示您的请帖，顺便在这边签个到。"接待道歉地说。"请帖我太太拿着的，她应该先进去了，我们是来参加她同事周某的婚礼的。”黎主任的先生说。“对不起，我们今天这边三家举办喜宴，有两家姓周，所以，我也不知道您入哪个厅……”最后，实在没有办法，黎主任的先生只能打电话将黎主任叫出来才得以入厅，不过当时他的脸色很不好看。

是啊，前来赴宴被拒之门外的滋味肯定不好受。再看黎主任，也是一脸的不悦，嘴里还直嘀咕："既然是持请柬入席，干吗不发两张啊！"如果周某事先知道有两家与他在同一时间、同一地点举办喜宴，那他应该会考虑到专门安排人在门口接待并引入宴会厅；如果周某事先知道黎主任和她先生先后入席，那他就会送发两张请柬（国际上的通常做法，如邀请夫妇两人，可合发一张请柬。我国国内有些场所需凭请柬入门，所以要夫妇两人各发一张）；如果黎主任知道持请柬入席，也应会等丈夫一起入席。当然，上述的假设都不存在，事实是周某完全没有考虑到上述的情况，所以事先没有设计好应对的方法，也只能承受得罪人的后果了。而故事中的黎主任这顿饭绝不会吃得那般舒心，得罪人的周某更是悔不当初吧。

所以说，无论是设宴请客还是应邀赴宴，都应该未雨绸缪，预先考虑宴会中可能发生的事情，提前做好准备，这样才能将自己淬炼成"会吃会喝"的宴会高手！

巧夺天工妙布局，才能达到目的

所谓布局，《辞海》里的解释是对事物的结构、格局进行全面安排。一个好的饭局，就是让他人在不知不觉、舒舒服服当中进入你的饭局，并且愿意顺着你的意思开开心心地"吃"下去。布置饭局要求天衣无缝、圆润自然却又水到渠成，一切都在设饭局者的把握中。如果你的宴请一开始就引起了对方的怀疑或警觉，那你就"打草惊蛇"了，不能成功不说，更有可能让对方将计就计，让你入了他的局，后果可能会大出意外。

请客吃饭就得投其所好，抓住对方的特点，特别是对方的弱点或者是感兴趣的东西，加以巧妙利用，环环相扣，犹如天罗地网，令对方防不胜防。如此巧夺天工的布局再加上你的主动出击，往往能一举获胜，实现你的宴请目标。

小于夫妻俩结婚三年了，还住在廉租房里。这次赶上单位分房，怎么也得争取到一套房子；否则，错过这次机会，等下次分房还不知道什么时候呢。

这回单位分房的事归钱经理管，小于夫妻俩打算请钱经理吃饭，等酒过三巡，经理心情好且放松戒备时再提。

问题是，大家都想分房，自然会想到请找钱经理帮忙，钱经理肯定“早有防范”，怎么才能请到钱经理呢？

两口子左思右想终于想到了。钱经理最喜欢红酒，并且对红酒颇有研究，夫妻俩一狠心花两千多元钱买了一瓶法国红葡萄酒，就去邀请钱经理了。小于说：“经理，不知道您明天有没有时间，有点事想请您帮忙。”“什么事啊，如果是分房的事，你就别提了，这我得公事公办。”钱经理果然早有防备。“哪能啊，经理，知道您是铁面无私，我哪敢啊！只不过是我老婆的同学从国外回来，送给我们一瓶酒，你说我们俩哪懂那个啊，就想请经理帮忙看看，要是一般的酒我老婆就用来做红酒鸡翅了。”“这行，我给你看看吧。”

“那就先谢谢经理了。明天，我让我老婆做桌下酒菜，等候经理光临啊。”

在酒桌上，经理仔细看着那瓶酒，说是好东西。小于把酒拿到一边，便开始闲话家常，席间小于注意到经理的眼睛不时地瞄向那瓶酒，心中有底了，却也不道破，只在言语间谈到两人的难处，说是父母还在乡下，没法接到城里来尽孝道。经理对此深表同情，说是知道他的难处，还说会将他的特殊情况向上级领导反映。临走前，小于硬是将红酒赠与经理，说自己也喝不出什么味道，还得让懂它的人来品尝。经理半推半就下收下了，承诺会向上级反映他的情况，让他们放宽心。

果然，一个月后，小于夫妻俩如愿搬进了宽敞的新房子——单位分给他们的一套两室一厅的房子，这其中钱经理发挥了很大的作用。

小于夫妻俩请钱经理吃饭，丝毫不提让钱经理帮忙的事，只是预先了解了对方的嗜好，先勾起对方的兴趣，然后在此基础上摆事实，诉说家中的难处，对方自然不会无动于衷，最后再顺水推舟，送上对方心心念念的红酒，并得到了对方的承诺，这饭局的目的算是达到了。对方收了礼，小于分房的事最终尘埃落定。

求人办事，请人吃饭，一定要巧妙布局。布局时要注意投其所好，只有这样才能事半功倍。首先你必须让对方心甘情愿地来赴宴，甚至主动提出帮你成事，否则你即便再怎么投入，对方也不一定会领情，这样你的设宴就会变得毫无意义，你的最终结局可能就是“赔了夫人又折兵”。所以，请客吃饭要细心思量，找到对方最好的切入点，并且做得滴水不漏，让对方找不到丝毫破绽，这样他才会在不知不觉间“上”你的“钩”。

饭桌对局不得不学会八面玲珑

所谓对局，是关于在僵持的局面中如何使自己能够挺过来，最终打破僵局，出奇制胜，赢得最后胜利的一种智慧。在饭局之上，主宾双方你来我往，不断利用自己的智慧与谋略，争取渴望得到的利益。在双方陷入僵局的时候，谁能够借用新的外部力量来帮助自己，那么谁就会取得明显的优势。当然，宴会之上更多的是寻求一种共赢，这样彼此才能不断合作，在共同前行的道路上走得更远、更好。

现代社会，宴请客人，大多是为了社交目的，或是为了联络感情，或是为了商业经营，或是为了对外宣传，或是为了对内激励，总之，像鸿门宴上的针锋相对、剑拔弩张实在是太少了。如今的饭局更像是一场博弈，人们由于不同的目的聚到一起，希望通过餐桌这个平台获得更多的利益。

在中国，办事不靠摆饭局请喝酒几乎是办不成的。举杯之际，敬酒词的恰当巧妙，对答词的诙谐幽默，酒不醉人人自醉。宴会中八面玲珑的人往往能给人留下深刻的印象，使人无形中对其产生好感。好感既生，信任也便不远了。

季舒是某公司公关部的经理，经常要陪老总应酬。这日，公司举办酒会，由于与宴的大多是生意上往来频繁的客户，人实在太多了，公司所有中层以上的干部几乎是以一当十，几十桌下来，放眼望去，那是酒的海洋，每人跟前一红一白，红白相间，很是惹眼。“这酒咋喝呢，真要喝了，宴后怎么回家？”季舒在一旁发着愁。突然，他脑中灵光一闪，举杯对所有客户说：“来，在座的所有老总都是白手起家，从今以后红红火火，喝白的都没关系了，请喝红酒。”此语一出，一位客户立即插上话：“是啊，这里谁不是白手起家啊！从今以后红红火火，干杯。”说着客户举起了一杯红酒，原来的白酒就被换掉了……

公司都是从无到有，一步步培养起来的。那些大人物即便不是白手起家，也不会承认自己是继承家业，靠祖上庇护的。所以当季舒临场不惧，巧妙地以白手起家为托词给在场的所有人解围时，大家都顺水推舟，顺着台阶下了，毕竟谁也不希望喝醉酒。相信季舒的八面玲珑一定给在座的所有人留下了深刻的印象。

所谓“饭下十年功，饭上一刻钟”，参加宴会必须根据场合和目的的不同，巧妙利用各种手段，什么时候说什么话。要知道在某些场合你是代表公司的形象，不能不喝，但更要学会主动出击，最好的办法是用语言打动别人，灵活运用，快乐地游走于宴会之间，做宴会现场最受欢迎的人。

收局最佳效果：宾主齐欢乐

所谓收局，是关于如何不让煮熟的鸭子飞走，以最小的代价获得最大的胜果。收局意味着收获果实，但不是每一种果实都意味着胜利的甜美滋味，也可能是酸楚与苦涩，所以在饭局上收局注重的是双赢，要求宾主双方都能获得一定利益。如果局势只倾向于一面，那么居于下风的一方难免心存不满，从而为以后的交流合作、生意往来埋下隐患。

如何完成一个漂亮的收局？是为了自身获得更高的利益而将对方逼至退无可退的境地吗？当然不是！或许你可以和对方打心理战，也可以通过威慑来牵制对方，也可以挑拨对方内部纷争以坐收渔翁之利，或者是利用以逸待劳的战术，但你必须注意一点，那就是不能将对方一棍打死，必须留有余地，以备日后长期合作。所以你只能在尽量减少自身牺牲的基础上，追求双方的共赢。那么如何做到这一点呢？首先，你必须表现出你的诚意；其次，你要做好后续的工作，给对方留下一个完美的印象，切忌在对方心目中留下一个“虎头蛇尾”的印象。

小可请客户去一家饭店吃饭，希望客户从他手里购买一批原材料。席间大家聊得十分愉快，到了结账的时候，由于人太多，服务员忙不过来，一时顾不上给他们结账。由于喊了几次也没有得到服务员的回应，小可不免有些着急，就对着吧台大呼小叫起来，引起了服务员的强烈反感，双方产生了争执。最后，小可对客户说：“真是的，没想到遇到这种事，这笔生意你一定要给面子啊，你看为了这顿饭我还受了服务员的气呢！今天你暂且先回去，等咱们这笔生意成了，我再请你喝酒啊！”最后，小可只顾着和饭店的服务人员吵架，连客户什么时候走的都不知道，更谈不上安排车送客户离开了。后来，这位客户没有买小可的原材料，也没有再与小可联系。

像小可这样请客户吃了饭，不但没谈成生意，而且还从此丢了这个客户，实在是“赔了夫人又折兵”。所以饭局结束时一定要注意一些小细节，不要以为吃完饭就能成事了。在饭局之上你除了要顾及对方的感受，注意现场的氛围，关注对方的需求外，还要为对方提供一些力所能及的宴后服务，比如给客人安排回家的车辆等。总之，不可有丝毫的疏忽大意，更不可急功近利，以为吃过一顿饭，别人就有义务帮你办事，并以此强要别人帮忙，反而让煮熟的鸭子飞了。

一场完美的宴会，进行到最后很不容易，所以越到最后越要小心谨慎，要力求宾主尽欢，切忌因小失大。要知道“一步走错满盘皆输”，一定要在最后的时候收好局，并为下一次布局做好铺垫，这样才算是给宴会画下了一个完美的句号。

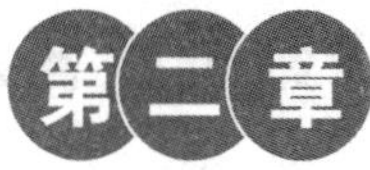

请客前你不得不考虑的那些事

饭局之前必须考虑客人的民族习俗与习惯等，尽量做到面面俱到，否则请客反倒容易得罪客人。

请少数民族客人吃饭一定要谨慎

中国是一个多民族国家，有蒙古族、满族、朝鲜族、回族、维吾尔族、藏族、苗族、壮族等，而各民族饮食风俗习惯也均各异。

◊ 1.蒙古族的饮食特点

蒙古族主要聚居在内蒙古自治区，其余多分布在新疆、辽宁、吉林、黑龙江、青海等省区。蒙古族日食三餐，每餐都离不开奶与肉。以奶为原料制成的食品，蒙古语称“查干伊得”，意为圣洁、纯净的食品，即“白食”；以肉类为原料制成的食品，蒙古语称“乌兰伊得”，意为“红食”。奶制品一向被视为上品。肉类主要是牛肉、绵羊肉，其次为山羊肉、骆驼肉和少量的马肉，在狩猎季节也捕猎黄羊。

最具特色的菜肴是剥皮烤全羊、炉烤带皮整羊，最常见的是手扒羊肉。蒙古族人吃羊肉讲究清煮，煮熟后即食用，以保持羊肉的鲜嫩。喜食炒米、烙饼、面条、蒙古包子、蒙古馅饼等食品。每天离不开茶，除饮红茶外，几乎都有饮奶茶的习惯。多数蒙古族人能饮酒，多为白酒、啤酒、奶酒、马奶酒。一些地区，夏天要过“马奶节”。节前家家宰羊做手扒羊肉或全羊宴，还要挤马奶酿酒。节日里，牧民要用最好的奶制品招待客人。

◊ 2.满族的饮食特点

满族主要分布在东北三省、河北省和内蒙古自治区。一般以稻米和面粉为主粮。喜在饭中加小豆或粑豆，有的地区以玉米为主食。东北满族大多有吃水饭的习惯，即在做好高粱米饭或玉米碴子饭后用清水过一遍，再放入清水中泡，吃时捞出。饽饽是满族的特色食品，各种黏饽饽是用黏高粱、黏玉米、黄米等磨成面制作而成的。含糖、油较重的“萨其马”是满族人喜食的特色点心。冬天，满族民间常以秋冬之际腌渍的大白菜（即酸菜）为主要蔬菜。食用油以豆油、猪油和苏子油较多。肉食以猪肉为主，部分地区的满族禁食狗肉。满族许多节日与汉族相同，逢年过节，均要杀猪。农历腊月初八，要吃腊八粥。除夕吃饺子，在一个饺子中放一根白线，谁吃着白线就意味着谁能长寿；也有的在一个饺子中放一枚铜钱或硬币，吃到便意味着有财运。

◊ 3.朝鲜族的饮食特点

朝鲜族主要分布在东北三省、内蒙古等地。他们喜食米饭，善做米饭。常食用大米面制成的片糕、散状糕、发糕等。常食“八珍菜”(用绿豆芽、黄豆芽、水豆腐、干豆腐、粉条、桔梗、蕨菜、蘑菇等制成)、“酱木儿”(用小白菜、秋白菜、大头菜、海带等制成的汤)、泡菜、辣椒。肉类以猪、牛、鸡和各种鱼类为主，普遍喜食狗肉。朝鲜族最具代表性的食品是“克依姆奇”，即朝鲜泡菜及冷面、打糕、狗肉汤等。

朝鲜族人讲究礼俗礼仪，敬老尊客。在有老年人的家庭里，进餐时一般要为老人单摆一桌。全家人进餐时，不许在长辈面前饮酒吸烟。朝鲜族人注重节令，每逢年节和喜庆之时，在菜肴和糕饼上要用辣椒丝、鸡蛋片、紫菜丝、绿葱丝或松仁米、胡桃仁加以点缀。注重根据不同季节调整饮食，如春天食用“参芪补身汤”，清明节必食明太鱼，伏天食用狗肉汤，冬天食用野味肉、野味汤和用牛里脊肉与各种海鲜制成的“神仙炉”。一年四季喜欢一种以糯米饭酿成的酒——“麻格里”。

◊ 4.回族的饮食特点

回族在宁夏、甘肃、新疆、青海等省区较为集中，全国各地均有分布。由于宗教信仰，回民禁食、忌食猪、马、驴、骡、狗和一切自死动物、动物血，禁食一切形象丑恶的飞禽走兽。无论牛、羊、骆驼及鸡、鸭，都要经阿訇或做礼拜的人念安拉之名后屠宰，否则不能食用。有些严守戒律的人甚至非清真饭店不用餐，这一点要切记并给予充分的尊重。各地回民的饮食也有所不同。如宁夏的回族以米、面为日常主食，而甘肃、青海的回族则以小麦、玉米、青稞、马铃薯为日常主食。常食的面点有馒头、锅盔、花卷、面条、烧麦、包子、烙饼及各种油炸面食。油香、馓子是各地回族喜爱的特殊食品，也是节日馈赠亲友的礼品。肉食以牛、羊肉为主，有的也食骆驼肉，食用各种有鳞鱼。回族讲究饮料，凡是不流的水、不洁净的水不饮用，并喜欢饮茶和以茶待客。回族很注意卫生，凡有条件的地方，饭前饭后都要用流动的水洗手，多数回民不抽烟，不饮酒。回族的筵席讲究各种菜肴的排列，婚宴一般用8～12道菜，忌讳单数。宁夏南部盛行“五罗四海”、“九魁十三花”、“十五月儿圆”等清真筵席套菜。

◇ 5.维吾尔族的饮食特点

维吾尔族主要分布在新疆境内，饮食以粮食为主，主要有小麦、水稻、高粱、玉米、豆类、薯类等，肉类、蔬菜、瓜果为辅。其中以面食为主，喜食牛、羊肉。常食的主食有馕、羊肉抓饭、包子、面条等，烤羊肉串、烤全羊等菜品颇具地方特色。用小麦粉或高粱粉等制作的各种形状、风格的馕是维吾尔族最具民族特色的食品。羊肉抓饭维语称“朴劳”(朴劳,维吾尔族风味名食,汉语名为“羊肉抓饭”)，主要原料有大米、羊肉、胡萝卜、洋葱、葡萄干、清油等，因其营养丰富、色泽悦目、气味诱人，被俗称为“十全大补饭”。

维吾尔族人吃饭时，在地毯或毡子上铺“饭单”，饭单多用维吾尔族的木模彩色印花布制作。长者坐在上席，全家共席而坐，饭前饭后必须洗手，洗后只能用手帕或布擦干，忌讳顺手甩水。吃完饭后，由长者做祷告。如果有客临门，要请客人坐在上席，摆上馕、糕点、冰糖等，夏天还要摆上一些瓜果，给客人上茶水或奶茶。饭前要请客人洗手。吃饭时，客人不可随便拨弄盘中食物，不可随便到锅灶前去，一般不把食物剩在碗中，并应注意不让饭屑落地，如不慎落地，要拾起来放在自己近前的“饭单”上。共用一盘抓饭时，不可将已抓起来的饭粒再放进盘中，吃饭或与人聚谈时，不可擤鼻涕、吐痰。吃完饭后，由长者领做“都瓦”(亦称“坡度孽鬼节”，旧时维吾尔传统节日)，此时客人不能东张西望或站起，需待主人收拾完食具后，才能离席。

◇ 6.藏族的饮食特点

藏族主要聚居在西藏自治区，还分散居住在青海、甘肃、四川、云南等省。

一般以糌粑为主食，食用时，要拌上浓茶，若再加上奶茶、酥油、“曲拉”（即奶渣，是打出酥油后的奶子经熬好后晾干而成，若用酸奶或甜奶熬制则更香美）、糖等一起食用则更香甜可口，糌粑被称为藏族的“方便面”。四川一些地区的藏族还常食“足玛”（即蕨麻，俗称人参果）、“炸果子”以及用小麦、青稞去麸和牛肉、牛骨入锅熬成的粥。青海、甘肃的藏族也食烙薄饼和用沸水加面搅成的“搅团”，还喜食用酥油、红糖和奶渣做成的“推”。藏族喜饮奶、酥油茶及青稞酒。

藏族民众普遍信奉藏传佛教，藏历年“洛萨节”（汉族新年）是最大的节日。届时，家家都要用酥油炸果子，酿青稞酒。初一，年迈长者先起床从外边打回第一桶“吉祥水”；全家人按长幼排座，边吃食品边相互祝福；长辈先逐次祝大家“扎西德勒”（吉祥如意），晚辈回敬“扎西德勒彭松错”（吉祥如意，功德圆满）；之后，吃酥油熟人参果，并互敬青稞酒。

◊ 7.苗族的饮食特点

苗族广泛分布在贵州、云南、湖南、湖北、广西、四川和海南等省区，以大米为主食，喜吃糯米食，常将糯米做成糯米粑粑。常食的蔬菜有豆类、瓜类和青菜、萝卜，肉食多为猪、牛、狗、鸡等。四川、云南等地的苗族喜吃狗肉，有“苗族的狗，彝族的酒”之说。喜好酸辣，一些地区“无辣不成菜”。广西隆林、田林等地用骨头、辣椒、食盐、生姜、酒加工而成、别具风味的“辣骨汤”，是当地苗民最喜爱的调味品。各地苗族普遍喜食酸味菜肴，蔬菜、鸡、鸭、鱼、肉都喜欢腌成酸味食用。苗民好饮酒，其中“咂酒”别具一格，饮时用竹管插入瓮内，饮者沿酒瓮围成一圈，由长者先饮，再由左而右，依次轮转。酒液吸完后可再冲入饮用水，直至淡而无味为止。

◊ 8.壮族的饮食特点

壮族主要分布在广西壮族自治区，云南、广东、湖南、贵州等省也有分布，习惯于日食三餐，有的也吃四餐，即在中、晚餐中间加一小餐，早、午餐比较简单，一般吃稀饭，晚餐为正餐，多吃干饭，菜肴也较为丰富。大米、玉米是壮族的主食，肉食主要为猪、牛、羊、鸡、鸭、鹅等，有些地区还酷爱吃狗肉。壮族多自酿米酒、红薯酒和木薯酒。壮族的节日与汉族有许多相同之处，以春节为重。除夕晚，宴席上一定要有一只整煮的大公鸡，壮族习俗认为，没有鸡不算过年。年初一喝糯米甜酒、吃汤圆，初二以后开始拜年，互赠糍粑、粽子、米花糖等食品。每年农历三月三日歌节吃妇女烧成的五彩糯米饭；以糯米、去壳绿豆及干酱腌过的猪肉为主料制成的壮粽，尤其是广西宁明壮族春节时以斗米做成的“大驼背粽”，都是壮族独具特色和风味的食品。壮族好客，凡有客至，必定热情接待。平时即有相互做客的习惯，比如一家杀猪，均请全村各户来一人，共吃一餐。

招待客人的餐桌上务必备酒，方显隆重。敬酒的习俗为“喝交杯”，其实并不用杯，而是用白瓷汤匙。两人从酒碗中各舀一匙，相互交饮，眼睛真诚地望着对方。壮族筵席实行男女分席，一般不排坐次，不论辈分大小，均可同桌。按规矩，即使是吃奶的婴儿，凡入席即算一座，有一份菜，由家长代为收存，用干净的阔叶片包好带回家，意为平等相待。每次夹菜，都要由一席之主先夹最好的送到客人碗碟里，其他人才能下筷。

注意细节，东西南北饮食的不同

“十里不同俗，百里不同味。”饮食消费心理学认为，客观环境既是饮食消费心理习惯产生的前提，又是饮食消费心理习惯得以延续的保证。比如，北方人的生活环境决定了他们以咸为主的饮食习惯。而且我们还可以在北方（华北、东北、西北、山东、河南）人中根据地区性环境差异对他们的饮食消费习惯进行探讨。如华北地区：河北大部分人喜吃咸，天津人口味咸中微甜，山西人口味咸中带酸辣；东北人喜吃咸酸辣；西北人喜吃酸辣；山东人喜咸辣；河南人喜酸辣。

然而，客观环境不是一成不变的，特别是在人们对客观环境的认识发生变化的情况下，人们的饮食消费习惯也会变化，但这种变化是缓慢的，在很长一段时

间内人们还会自觉地进行习惯性的饮食消费。所以说，随着客观环境和人的认识的变化，人们只能一点一点地改进饮食消费习惯，而不能迅速地摒弃。这种变化是在潜移默化的过程中完成的。

◊ 1.华南地区的饮食特点

华南地区主要包括广东、广西、海南及港澳地区。由于“花草虫鱼，可为上菜；飞禽走兽，皆成佳肴”，所以该地区居民几乎不忌嘴，食性普遍偏杂。在膳食结构中，每天必食新鲜蔬菜；水产品所占比重较高，尤为喜爱淡水鱼品和生猛海鲜；饮食开支大，烹调审美能力亦强。由于早起晚睡、午眠和生活节奏紧张，不少人有喝早茶与吃夜宵的习惯，一日三至五餐。这一带“吃”具有比较丰富的社会意义，是人们调剂生活、社会交际的重要媒介。它不仅体现人与人之间的情感，有时还是身份、地位、财富的象征，故尚食之风甲于全国。

◊ 2.华北地区的饮食特点

华北地区位于我国的中北部，包括北京市、天津市、河北省、山东省、山西省、内蒙古自治区。民风俭朴，饮食不尚奢华，讲求实惠。多数地区一日三餐，以面食为主，小麦与杂粮间吃，偶有稻米；馒头、面条、玉米粥、烙饼、素饺子、窝窝头，是其常餐。

◊ 3.西南地区的饮食特点

西南地区位于我国西南边陲，主要包括四川省、重庆市、贵州省、云南省、西藏自治区。主食大米和糯米，兼食小麦、玉米、红薯、蚕豆、青稞、荞麦、大豆、红稗和高粱。米制品小吃很有名气，米线鲜香，糌粑特异，糌粑、粽粑、荷叶包饭都用于待客。普遍嗜辣，“宁可无菜，不可缺辣”；大多喜酸，“三天不吃酸，走路打转转（不稳之意）”；肴馔具有平民的饮食文化色彩，价廉物美，“杂烩席”、“火锅席”风靡当地。

◊ 4.华中地区的饮食特点

华中地区位于我国中部偏南，主要包括湖南省、湖北省、河南省，主食多为大米，部分山区兼食番薯、木薯、蕉芋、土豆、玉米、小麦、高粱等。鄂、湘的小吃均以精巧多变取胜；壮、苗、黎、瑶、毛南、土家等族，善于制作粉丝、糍粑和竹筒饭，京族习惯用鱼汁调羹。

◊ 5.华东地区的饮食特点

华东地区位于我国东南部，主要包括上海市、浙江省、江苏省、安徽省、江西省、福建省、台湾地区等。以大米为主食，偶食面粉，杂粮很少，擅长炊制糕、团，其中宁波汤圆颇具特色。一日三餐，有荤有素，干稀调配。四时蔬果、鸡鸭鱼肉供应充裕，嗜好海鲜与野味，还有吃零食的习惯。口味大多清淡（徽、赣两省山区和浙江沿海渔村偏咸），略带微甜，一般少吃或不吃辣椒、大葱、生蒜和老醋；有生食、冷食之古风，炝虾、醉蟹、生鱼片都受欢迎。家庭饭菜丰俭视经济状况而定，一般是菜、汤、主食结合的格局，饭碗小而菜盘大，餐具精致。

◊ 6.西北地区的饮食特点

西北地区位于我国西北边陲，包括甘肃省、陕西省、新疆维吾尔自治区、宁夏回族自治区以及青海省。与其他大区相比，西北一带的食风显得古朴、粗犷、自然、厚实，主食是玉米和小麦并重，也吃其他杂粮，如小米、油茶与莜麦等。家常食馔多为汤面辅以蒸馍、烙饼或是芋豆小吃，粗粮精做，花样繁多。该地区的少数民族，在饮食风味上，肉食以羊、鸡为大宗，兼有山珍野味，而淡水鱼和海鲜甚少，果蔬菜品亦不多。

◊ 7.东北地区的饮食特点

东北地区位于我国的东北部，主要包括吉林、辽宁、黑龙江等省。东北地区一日三餐，杂粮和米麦兼备，高粱米饭和黏豆包最具特色。主食还爱吃窝窝头、饺子、蜂糕、冷面、豆粥和面包；满族的宴席茶点久享盛名。蔬菜以白菜、土豆、大豆、粉条、黄瓜、菌类为主，近年来引进不少南方时令鲜菜，市场供应充裕。爱吃白肉、鱼虾和野味，嗜肥浓，口味重油偏咸。制菜习惯用豆油与葱蒜，或是紧烧、慢煮，使其酥烂入味，或是盐渍、生拌，取其酸脆甘香。

宴请要看场合，吃饭要分档次

现代人讲究“吃文化”，所以宴请不仅仅是为了“吃东西”，更注重吃的环境。要是用餐地点档次过低，环境不佳，即便菜肴再有特色，也会令宴请效果大打折扣。因此，在可能的情况下，一定要争取选择清静、幽雅的用餐地点，要让与宴者吃出档次，吃出身份。

宴请贵宾，可以到具有古朴装修以及精致菜品的高档饭店，那里的环境、服务还有口碑应该都会让其感受到你对他的重视；宴请川西情结颇浓的客人，具有巴蜀风情的旗舰店更能让人过目难忘；宴请喜欢欧式风格的客人，精致的西餐厅是个不错的选择；宴请喜欢清静、对菜品也十分讲究的客人，典雅的农家食府就可以了；想让客人在平和中感受一份大气，满庭芬芳的酒楼他应该会喜欢；想给客人呈上一次视觉盛宴，花园式的餐厅是个好去处；如果客人对传统文化感兴趣，“御膳房”既能让人感受宫廷的大气，又能享受到各种御膳；要是客人非常注重商务宴请的私密性，高级酒店很适合；如果客人比较小资，喜欢时尚，那么尽可以邀请他到时下流行的餐厅或饭店就餐。

商务宴请中菜品也是十分重要的。宴请喜欢葡萄酒或是对葡萄酒有讲究的客人，可以选择领地庄园；宴请喜好海鲜的客人，选择专营海鲜的酒楼是最适合不过的了；要是客人想吃到最具专业精神的生蚝，不妨到最好的海鲜馆。

除此之外，宴请客人还有一些其他注意事项，比如：

（1）官方正式、隆重的宴会一般应安排在政府的宴会场所或客人下榻的酒店内举行。

（2）举行小型正式宴会，宴会厅外应另设休息厅，供宴会前宾主简短交谈用，待主宾到达后，一起进宴会厅入席。

（3）选择一处彼此都喜欢的地点就餐，让聚会中的每个人都有宾至如归的感觉。

（4）请熟悉的人去不熟悉的饭店，请不熟悉的人去熟悉的饭店。对熟人（包括家人朋友），可以去以前没去过的饭店尝尝鲜、探探路，熟人在一起就不必拘束，可畅心问价、临时调换地点等。而请不熟悉的和重要的客人则要求对饭店的菜点、服务质量等了然于胸，这样才能更好地为请客的目的服务，所以应该去一个熟悉的、信誉好的饭店。

男女饮食有差异，食物准备各不同

不同的性别会产生不同的饮食消费心理及行为，这是由两性饮食消费者在记忆、思维、情绪、个性等心理方面存在的差异决定的。比如，在点菜行为上，男性一般较粗略迅速，对食物的奇特性、古怪性往往要求较高，而且男性一般都有个人的某种特殊嗜好。女性点菜时往往选择多，挑选细，反复咨询，占用时间长，具有较强的求全心理。在份量上，男性比女性顾客的食量大、胃口佳。在口味上，男性一般喜欢富含脂肪、蛋白质及碳水化合物的食物；女性则一般喜欢清淡不油腻的菜，素食蔬果尤佳。在需求上，男性顾客重“量”，用餐讲求能果腹、份量足，女性顾客重“质”，对环境较为敏感，重视服务细节。

老幼年龄有差别，饮食应该有区别

年龄是赴宴者社会阅历或经历的一种重要反映。不同年龄的人，由于经历过不同的社会环境，受过不同的文化教育，在赴宴时的欲望和心理方面有着明显的差异。一般来说，年龄愈大，对食物的承受范围愈广；年纪较长者，讲究食物的营养卫生，能节制不良的饮食习惯，特别强调养生之道；而青年人挑食、暴饮暴食，全凭个人喜好，无节制地吃喝。

◊ 1.少年儿童的饮食特点

少年儿童是指18岁以下的未成年群体。现在的家庭人都是独生子女，子女是家庭生活的中心。因此在请客吃饭时，一定要注意客人所带孩子的需要和喜好。例如应备有适当的幼儿坐的椅子、摔不坏的餐具、专为儿童设计的菜点、各种赠品（如气球、图画、玩具、书籍等）、儿童音乐等。

低龄儿童对食物的注意和兴趣一般来自于食物的外观因素，如食物的图案、包装、色彩、造型等。另一方面，少年儿童对食物的认识带有很大的模糊性，他们往往以“好看”、“我要”、感兴趣等情绪因素为主，凭直观、直觉、直感来决定饮食消费。随着年龄的增长，尤其进入初中以后，开始对食物的品牌、知名度、风味和流行情况等表现出关心和兴趣，至此少年儿童对食物认识的直观性、模糊性开始下降。

◊ 2.青年人的饮食特点

青年是人生中从少年向中年过渡的阶段。一般来讲，青年通常是指18岁到35岁的人，处于这一时期的人往往是新食物、新的饮食消费行为的追求者、尝试者和推广者。在饮食消费时的表现是反应灵敏、酝酿短暂、决定果断，在认为合意、值得的心理支配下，感情的作用超过计划的预算，特别是在一些新潮、时尚、紧俏等食物的购买上，冲动性购买多于计划性消费更为明显。

◊ 3.中年人的饮食特点

在我国，中年饮食消费者一般指年龄在35～55岁的人。中年人注意食物的实用性，不像青年人那样更多地追求食物时尚，而是对食物的实用性及价格给予更多的关注，表现出计划性强，具有较强的求实心理和节俭心理。

◊ 4.老年人的饮食特点

老年人一般指男60岁以上、女55岁以上的人。他们要求吃松软易消化、富有营养的食物，他们最为关心的是延年益寿、身体健康和晚年生活丰富。由于感知能力的衰退和体力不足，在饮食活动中希望得到更多的关怀和照顾，这与他们行动迟缓、顾虑重重、唠叨不断等特征相比，恰好是鲜明对照。请老年人吃饭最好选老字号饭店，点传统的名菜、名点和名酒，以满足老年人的饮食惯性心理的需要，同时也能唤起一些人对过去岁月的回忆，使其感到亲切、可信。

准备好音乐，它会成宴会的情调师

音乐伴餐古已有之。中外历史上，帝王将相、达官贵人盛宴飨客时，无不弹奏丝竹管弦以助雅兴。《周礼·天官·膳夫》云：“以乐侑食，膳夫受祭，品偿食，王乃食，卒食，以乐彻于造。”这是说，周代君王在进食时，以奏乐来助兴。而且，吃过了，还要在音乐声中把未吃完的食物撤回到制作食物的地方（即厨房里）。可见，我国早在周代，音乐伴餐就已开始了。

现在医学、心理学的实践也证明，音乐对人的情绪影响极大。适宜的音乐能提高消化系统植物神经的兴奋点，起到增强食欲、帮助消化的作用。通俗地讲，音乐是一种与人的语言及其他声音貌似相同而实质不同的特殊信息，是一种按一

定频率振动的声波。当音乐通过人的听觉器官和神经传入人体内之后，人体各个系统的运动，如声带振动、胃肠蠕动、心脏跳动、肌肉收缩等会与之发生共振，并使体内各种活动协调一致；同时，音乐作为一种振动的能量传入人体后，能激发人体本身的能量，使其从静态变成动态，提高神经细胞的兴奋性，促进人体一些有益于健康的物质（如激素、酶和乙酰胆碱等）分泌，从而增进食欲。

另外，在宴会上，音乐还能转移宾客的注意力，对周围噪声有削弱作用，从而使宾客可以安心品尝美食。

据研究，伴餐音乐一般以我国民间轻音乐和西方古典音乐为佳。古典音乐可以选用欧洲18世纪、19世纪的器乐曲，如巴赫、亨德尔的钢琴曲和小提琴曲、海顿的交响曲、莫扎特的钢琴协奏曲、肖邦的小夜曲等。我国民间轻音乐一般选用江南丝竹乐曲、合奏曲等。这类音乐抒情、平和、优雅，富有亲切、委婉的情调，音量变化适宜，且节奏合乎人的心率。大家知道，当音乐的节拍超过80拍/每分钟（即人的心率正常范围）时，人会感到心跳加快、心情紧张，这也是伴餐音乐不能采用迪斯科、爵士乐等节奏强烈的乐曲的原因。

美国《华盛顿邮报》曾报道过这样一则消息，一富翁在餐馆品尝美味时乐队奏起疯狂的爵士乐，富翁不由自主地想跟上快速的节奏，不慎被食物噎住，几乎憋死。而后，乐队又奏起了肖邦的《葬礼进行曲》，徐缓、稳重的旋律神奇地起到了人工呼吸的作用，富翁才渐渐缓过气来。

伴餐音乐除了考虑到节奏外，还要注意宴会的主题、宾客的审美能力和欣赏习惯等。朋友相聚，主题曲调应该明快、热情；文人聚会的曲调应以优雅、平和为主；在招待外宾的宴会上，更应根据他们的爱好和民族习惯，选择合适的乐曲，这样才能使宾客心情舒畅，食欲增加。

海涅说过，“话语停止的地方就是音乐的开始。”音乐是人类最抒情的语言，而这种语言，不仅能达到放松的目的，有时候别出心裁的音乐，能够赋予一场宴会特别的寓意，如同一个情调师，还能带给宾主特殊的安慰和感受。

1972年，周恩来总理在接待美国总统尼克松时，精心安排乐队演奏了一曲尼克松最喜欢的《美丽的阿美利加》。一曲奏毕，美国客人惊喜之余都非常感动，为周恩来总理细致周到、严谨热情的人格魅力所折服。

此时，一曲音乐的意义已经超越音乐的价值，而是一种手段，以实现沟通交流、互致敬意的目的。

随着生活水平的提高，基本需求得到满足，人们越来越注重精神享受。娱乐活动与宴会结合，满足了人们的这种需求，使人们的享受更完美。娱乐活动具有消遣性、娱乐性，能有效地营造宴会热烈欢快的气氛，人们通过娱乐活动来表达自己的情感，述说心事，沟通感情。唱得开心，舞得尽兴，宴请的目的也就水到渠成。当然，安排余兴节目的前提是宴会的性质及预算允许。此时，安排一些特殊的余兴节目，就有可能成就一次温馨、感人的宴会。

安排余兴节目要考虑一些操作的可能性，例如：

（1）在你担心晚餐会很沉闷时；

（2）在你支付得起艺人提出的价码时；

（3）宴会的时间十分充足时；

（4）有现成的司仪时；

（5）余兴节目不会干扰到在场宾客的谈话。

除此之外，安排余兴节目还要注意以下几点：

（1）当音乐家在演奏，此时客人是在谈话而不是跳舞时，要把音响的音量调低；

（2）如果活动的时间很长，应设法使背景音乐有所变化——比如不仅限于古典音乐，还可以有爵士乐或者流行音乐；

（3）在表演前，要妥当和热情地介绍表演者，让客人知道他们的姓名和经历。

如果为宴会安排了余兴节目，那么必然要找一位合适的司仪。司仪的工作主要是介绍活动明星、发表声明，免得全由主人负责。司仪最好具有相当的幽默感，充当调节宴会气氛的角色。同时还需要有一些临时应变的能力，比如当麦克风突然失效，对这种紧急状况应能应付自如。完美的司仪能使宴会参与者在欣赏余兴节目时获益良多，并能享受一段快乐时光。

第三章 邀请客人应该懂得技巧和方法

饭局不仅仅是简单的请客吃饭，而是人际交往的重要手段之一。因此，在邀请客人赴宴的时候，一定得懂方法和技巧，否则，饭局的第一步就得罪了客人，后面的饭局还有意义吗？

请领导吃饭，应该以敬为先

宴请领导不同于宴请一般朋友，不得马虎丝毫；否则，宴请不当，往往会适得其反，给领导留下不好的印象，甚至还会导致自己日后升职无望。

邀请领导进餐主要有两种目的：一种是表示庆贺。如工作上取得成绩，或者晋升、涨工资等。另一种是有事相求。既然是有求于人，在礼仪上就更应该予以重视。而在餐桌上表现自己最恰当的方法莫过于优雅的举止谈吐。按照这样的思路，运用类似的方式来获得领导的信任，在工作中，领导才会更有信心把任务交给你去做。

在中国，“吃”是万金油，尤其是在物质短缺时代，“吃了别人的嘴软”，这一招特别管用。但是别忘了，对于领导来说，他们早就过了温饱阶段，除非是为了业务，否则根本不会为了吃饭而吃饭。所以，身为下属，邀请领导吃饭要慎重对待，即使与领导之间有深厚的交情也不可大意。

正所谓无功不受禄，邀请领导赴宴必须找个合适的理由，否则领导不来赴你的宴，这场局也进行不下去。所以必须在尊敬领导的前提下，寻找最合适的理由对领导发出邀请。

张林是公司的新人，刚从大学毕业，稚气未脱的他工作很用心，可他总感觉领导不太重视自己，分配给自己的都是些跑腿打杂的事。一次，他从同事口中得知经理觉得他有些木讷，所以想多练练他。张林初入职场，还不太会处理纷繁的人际关系。但他见同事总找理由请经理吃饭，经理时不时欣然前往，总算是明白过来了。

有一天，下班后，同事们下班陆续走了。张林在打印文件，这时经理进来了。“小张，帮我把这份文件复印一份，我明天见客户要用。”经理说完就回办公室了。张林把文件交给经理后，经理顺口问："小张啊，工作还适应不？平常要勤问，不懂的多问问前辈，要提高效率。"

张林说："经理，我正有事要请教您呢！我知道您是咱们这行的专家，经验丰富，希望可以获得您的指导。不过，今天太晚了，要不咱们边吃边聊？经理可一定得赏脸啊，让我做回东。我知道经理是江苏人，对街正好有个不错的江苏菜馆，听说小龙虾做得很不错！"经理说："行，咱们现在就去。"

那天晚上张林和经理相谈甚欢，从工作内容聊到大学生活……后来张林的工作表现越来越好，经理也越来越赏识他，交给他任务也特别放心。

上述案例中张林的这种邀请就很自然，让领导很舒服地接受了，并且达到了自己与经理拉近关系的目的。因此，找一个合适的理由是宴请领导的关键点。

最后，需要强调的是，宴请领导一定要量力而行，务必从实际需要和实际能力出发，切不可虚荣、铺张、打肿脸充胖子，这样领导才领你的情，而不怀疑其是"鸿门宴"，从而拒绝你的邀请。

请客户吃饭，应该以诚为先

做生意的人都说客户是上帝，所以都想搞好与客户的关系，既然如此，宴请是免不了的。成功的商业人士善于记录客户的资料，研究重要客户的各方面资料，分析其喜好。邀请客户吃饭应注意要真诚对待不同类别的客户。"诚"就是真诚相邀，不虚情假意，不违约、不失信，竭尽所能满足客户的需求，令其欢欣而来，满意而归。

一般邀请客户参加宴会的方式有以下几种：

◊ 1.电话邀请

电话邀请非常便捷，是一种十分普遍的邀请方式，借助于电话通知客户宴请的原因、时间、地点，甚至其他赴宴人的基本情况，以让客户感到这是一个交朋友、扩大商业圈的好机会，从而欢欣赴宴。

◇ 2.请柬邀请

（1）请柬的常识

什么是请柬？请柬又叫请帖，是邀请某人或单位参加某项活动的专用文书，是比较正式的一种方式。用请柬的方式邀请宾客，是为了显示出郑重和表示对宾客的尊重。凡发出请柬的，在一般情况下，应邀人必须持请柬赴宴。

请柬一般分为两部分，一部分是名称。“请柬”二字要大写，看起来比较醒目，独占一面。字的要求是工整、美观、大方。请柬上常以烫金为字，以红色做底色，以突出喜庆热烈的气氛。另一部分是正文，其中包括受邀者的称呼、宴会的时间与地点，还有敬辞以及邀请者的落款、发出请柬的时间等内容，具体内容应视宴会具体情况而定。

（2）请柬的印发常识

一般情况下，请柬以印刷为佳，样式宜大方、典雅。邀请外宾参加的小型宴会，请柬可用打字或手写。请柬中应该说明宴会的时间、地点、主人姓名、宴会时间及内容安排；如果是较正式的宴会，那么还应注明赴宴的服装要求；如果是庆祝宴会或者为了某种目的而举行的，也可以写明。请柬宜于宴会举行前两个星期发出，如果是隆重的宴会，则应该更早一些发出请柬；中式请柬应该附上回单，西式请柬最好加注“请赐回音”或者“不能赴宴者请回音”等字样。

◇ 3.登门邀请

运用登门邀请这种方式，表示客户与公司或者公司业务人员已经有了一定的交情，否则客户就不会把自己的住址等个人信息告知宴会主办方了，一般情况是公司的业务员顺路或者专程给自己服务的客户上门发出邀请，同时送点小礼物给客户，以让客户感觉到超值享受，更有一种被重视的欣喜感觉，从而愿意前来赴宴。

◇ 4.信件邀请

有时候，一些公司会采用向客户通过传真发出邀请函的方式邀请其赴宴。邀请函内容一般都比较简单，但措辞要讲究，既要体现出诚恳，又不能让对方感到为难。而收到邀请的人无论应邀与否，都要及时回复，以免耽误了邀请者的宴前准备。

假如邀请方打算在承办方宴会上传达一些有关客户利益的信息，那么在邀请函中应该指明。有时会邀请专业资深人士进行演讲，以传达一些客户关心的信息和行业动态。这种方式广泛地被一些商业协会所采用，一般要求受邀方持邀请函赴宴。为扩大活动影响力，承办方还会邀请一些知名媒体前来采访和报道相关信息。这种方式为行业管理机关、专业研究人士以及行业人士之间构建起了沟通与交流的平台，多方面满足了客户的需求。因此这种活动正呈逐年上升的趋势，信件邀请的方式也就成为如今的商务活动中一个十分重要的环节。

随着时代的进步、科技的发展，现在有些公司也逐渐采用了MSN、QQ、电子信箱等网络工具发送电子邮件。这种方式便捷、简单，为合作关系紧密的公司彼此相互宴请或沟通提供了便捷的资源。在一般情况下，发出电子请柬之前最好电话通知一声，发出后最好再确认一下对方是否收到，以免出现对方没有收到请柬的尴尬情况。

总之，邀请客户时一定要有礼貌且体现出诚意，这样你的邀约才不会被拒绝，这样的成功邀请也就为你的生意开启了成功之门。

请同事吃饭，应该以利为先

说起同事之间的关系，用“没有永远的朋友，也没有永远的敌人，只有永远的利益”来形容是再合适不过了。一般邀请同事进餐比较随便，不必过于正式，开开玩笑，聊聊家常，哪怕是打打闹闹，都是可以的。但是也应严格区分聚餐的不同形式或者场合，在一些正式的宴会或比较正式的场合，同事聚会时也应注意形象与礼仪，不可失礼于人。

如今，同事关系在人们的日常工作和生活中变得越来越重要。很多公司都有了不成文的习俗：升迁者要请其他同事吃饭。身在这样的大环境中，你也应当入乡随俗，不然就会显得过于小气。

此外，宴请同事时要注意：第一，量入为出；第二，注意身份。如果身份级别不高，不要动辄邀请同事去高级餐厅，否则可能会被认为过于招摇，反而引起同事们的反感。

邀请同事吃饭的方式有很多，一般有以下几种：

◊ 1.开门见山

你可以直接提出邀请，说出自己的目的。例如："喂，杨语吗？我和小马他们几个现在在想想火锅店涮肉呢。刚刚下班没找到你，你赶紧过来吧。我们等你来啊。"

◊ 2.喧宾夺主

你可以事先调查一下要邀请的同事所在的环境，就近选择一家有特色的酒店，然后开始发出邀请。例如："马姐，中午有空吗？一起吃饭好吧？我发现对面多了一家川菜馆，咱们走路5分钟就到了。中午咱们就犒劳犒劳自己呗……"

◊ 3.借花献佛

你也可以借自己有什么喜庆作为"花"来献一下"佛"。例如："章哥，今天双色球公布了，我中了三等奖！晚上下班了我请客，哥儿几个喝一杯去！"

◊ 4.步步为营

步步为营是第二次邀请时采用的招数。例如："郑洁，怎么样啊？上次给你介绍的那家西餐厅的菲力不错吧？现在该承认我是寻找美食的专家了吧？最近我又发现了一家不错的法国餐厅，今天晚上下班我们一块儿去尝尝吧！"

虽然邀请同事吃饭的方式很多，但是忌讳也不少，比如席间话题的选择一定要把握"火候"。同事之间谈话，最好选择与工作无关的轻松话题，像与老朋友那样的调侃式的对话在同事聚会时要小心使用，不要无形中得罪了同事。席间也不要谈同事的隐私，即使是闲聊，如被心怀不轨的人听到，也很可能会被添油加醋地到处宣扬。因此，有关同事的隐私和秘密，不说为佳。

除此之外，同事之间聚餐时一定要注意不要在同事面前批评上司。有些人在白天受了上司的批评后，喜欢晚上约个同事喝一杯，然后对着同事发发牢骚，认为同事既然和自己喝酒了，就应是站在自己这一边的，于是借着酒劲对上司大肆批评起来。这种事情一定要避免。不论多么值得信赖的同事，当工作与友情无法兼顾的时候，朋友也可能会变成“敌人”。在同事面前批评上司，无疑是自丢把柄给别人，有一天身受其害都不自知。就算这位同事和自己是肝胆相照的挚友，不会做出出卖自己的事情，但也得小心“隔墙有耳”，不要贪一时的口舌之快而坏了自己的前程。

请下属吃饭，应该以情为先

如果你想要当一个受下属拥护的好上司，就一定要善于笼络下属。你不仅仅要鼓励你的团队努力工作，还应在他们取得成绩时给予奖励。如果公司不能为他们提薪，你不妨自掏腰包请大家出去吃一顿午餐或晚餐。不要摆出一副施恩者的样子，要把你的下属想成跟你一样有价值、有智慧的人，他们只是目前的资历不如你，或者你们各自具有不同的优势。

兵法有云：“攻心为上。”人心最难了解，也最难赢得。要想当好领导，唯有笼络下属。对下属诚恳、真挚，才能凝聚成坚不可摧的向心力。作为一个有心的领导，你必须洞悉下属的心理，了解下属赴宴时普遍存在的问题，这样才能有的放矢，避免下属食不下咽，同时又感受不到你的良苦用心，从而导致无效沟通。

那么，下属被领导请吃饭时普遍存在什么问题呢？主要有以下几点。

◊ 1.脸累

在下属看来，陪领导吃饭，就是看领导的脸色吃饭。领导的脸是一面旗，是总指挥。领导笑自己就得笑，领导不笑自己也得笑。如今，领导请吃饭，自己就更该感恩戴德、一路赔笑了，结果是下属强迫自己笑，常常是皮笑而肉不笑，最后肌肉也生生地笑痛了。

◊ 2.眼苦

陪领导吃饭，下属必须眼观六路。既得盯着端上来的美味佳肴合不合领导胃口，领导脸上变幻复杂的表情是否影响自己的前程，又得盯着领导的酒杯有没有及时续上酒，领导的嘴巴会不会不小心被鱼刺扎痛了。一路下来，少有不眼角抽筋的。

◊ 3.手抖

“官大一级压死人”，体现在饭桌上，陪的领导官越大，下属的手越要发抖，手抖的程度与领导的级别成正比。由于不明白领导为何请自己吃饭，不知道是不是散伙饭，又或者是领导有什么不便在单位讲的东西要私下对自己讲的，所以下属大都会心里直打鼓，手也因为紧张而不住颤抖。

大多数领导都是从下属做起的，或者也是别人的下属，应该明白领导无缘无故请下属吃饭，下属心里总是不踏实的，所以领导向下属发出邀请的时候必须点明邀请的原因，比如“这段时间大家为了手上的项目天天加班，太辛苦了，今天我做东，犒劳犒劳大家。大家都不是铁人啊，还是该放松放松啊，明天再接着干”，“今天我给大伙设了个庆功宴”……这样下属就明白领导的用意是激励和鼓舞，自然可以毫无芥蒂去赴宴了。

不过，需要注意的是，领导也是食五谷杂粮的凡夫俗子，三杯酒下肚，很可能会管不住自己，比如不经思考给下级许下加薪之类的承诺。所以，酒不能喝得太多，要管得住自己。否则，假如下属是个不值得信任的人，第二天一定会搞得满城风雨，更可能让那些觊觎你位置的人有可乘之机。

总而言之，作为别人领导的你，虽然掌握着别人的“生杀大权”，但你不是万能的，总有需要下属帮忙的时候，所以，请下级吃饭要以情动之，不断积累人脉，以备后用。

请异性吃饭，应该以礼为先

“隔座送钩春酒暖，分曹射覆蜡灯红。”沈宏非先生的《写食主义》中有这样一句话：“正常男女凡在一个正常年代谈一场正常的恋爱，很难绕过餐桌而行。”吃饭是热恋中的男女最经常做的事情。吃不是目的，而是方式。在吃饭的时候，可以谈论很多话题，可以对视，可以交杯换盏……反正是什么都好吃，因此热恋期间常常光顾许多餐厅。作为一个文明的现代人，宴请异性朋友，尤其是男士宴请女士时，要特别注意礼仪。这不仅体现了你对对方的尊重，还体现了你的涵养。

在初恋时期，男孩邀请女孩吃饭，最好选择像麦当劳、肯德基这类大众化的快餐厅。因为刚开始双方对于对方的口味不是很了解，而快餐店卖的炸鸡、可乐和汉堡一般人都不会排斥，不失为上上之选。同时，这些快餐店经常会赠送一些别致的小礼物，如果想要女孩子欢心，买套餐搭送一个史奴比玩具狗，对方就能高兴好几天。

男士第一次正式请女性朋友吃饭一定要选人多的、明亮的地方，这样女朋友才会有安全感，才会愿意接受你的第二次邀请。不过，如果女朋友对你本来有意的话，也不妨挑人少、灯光暗淡、周围都是情侣的餐厅，这样更可事半功倍。当然，要注意找一个角落的位置，这样可避开众人的目光，减少女性朋友的紧张心理。而且，你还要请她坐在背向门口的位置，如此她的视线便会以你为中心，同时你自己则可看到整个餐厅的情形，能够在平静的气氛中引导谈话内容。

如果是女性约会男性共餐，也要注意采取什么样的方式邀请，要具体问题具体分析，根据交际的目的、性质和对方的身份而定。学者、专家、企业老总等，大多业务繁多、工作繁忙，对他们最好提前预约，以便与他们安排时间；

对于时间充裕、工作便于调整的人提前预约当然更好，不过即使临时邀请，一般也能随请随到；对一些团体的重要人物，要公开邀请，甚至借助传播媒介，既能体现公正无私、光明磊落，避免对方太太误会，又利于引起关注，从而促进宣传、扩大影响；邀请男朋友则可悄悄进行，没必要大张旗鼓，以便于交往活动顺利进行。

假如是一般往来关系的人，招呼一下、打个电话、发条信息也就可以了。较重要的工作联系、业务关系、公关事务等，就必须采用相应的公文形式，如发书信、寄请柬等，或者派专人传达、亲自登门等，以体现对对方的重视与尊重。总之，邀请的方式要因人而异，因事而异。

遵守约定的时间，让女性在公共场合等5～10分钟还勉强可以接受，时间太长的话，就显得不尊重对方，是一种极其失礼的行为。这时候应用电话事先告知，以免影响对方的情绪，导致社交失败。又比如女性约会已婚男性时，一定要选择尽可能公开的场合，以避免产生对双方不利的流言蜚语。

如果你的宴请被拒绝了怎么办

被拒绝是一件令人沮丧的事情，尤其对于商务人士来说，它往往意味着，为成交而进行的大量的前期准备工作和说服工作付诸东流，功亏一篑。一些人经不住屡遭拒绝的打击，最终放弃了宴请。其实，宴请被拒绝并不可怕，关键是要有一个正确的态度，并掌握一些克服沮丧情绪的心理技巧。

◊ 1.正视拒绝

正视拒绝，要有心理准备，要确立宴邀成功的自信心，在被拒绝时也能泰然处之，妥善处理。不要把失败看成是失败，而把它看成是一次学习的机会，一次发挥幽默感的机会，一次实践和提升素质的机会。相信自己，一定能请出对方。

◊ 2.反躬自省

如果宴请被拒绝，应该查找自己被拒绝的原因。具体来讲，就是向自己提出下述一些问题：

在宴请之前，我有明确的目的吗？

在宴请之前，我了解对方吗？

在邀请时，我有足够的诚意吗？

我宴请的理由（说法）充分吗？

对方拒绝的理由能驳倒吗？

我注意到对方有意赴宴的信号了吗？

我做最后的尝试了吗？

经过这样的反躬自省，可能就会找到问题的症结所在。只有仔细思考，找出问题出在什么地方，被拒绝的沮丧心理会随即转变为跃跃欲试的潜在动力。

◊ 3.要有诚意

所谓诚意，是一种坚持、耐心、毅力，是一种百折不挠精神的混和物。简单地说，这个客户很难请出来，我就不停地邀请。每次出差到了该地，我都第一个电话打给他："赵总，今天我又来出差了。上次您正好有事，今天方便吗？大家一起聚聚？"如果遭到婉拒，你再着手安排别的事情。一年里你去出了10趟差，有多少人忍心拒绝十几次诚意的邀请？

如果邀请单独的客户，建议让他带上家人，来不来是他的事，但是至少你的诚意到了。

◊ 4.说法合理

宴请的理由，更为重要的是一种说法。我们知道，往往同一件事情有不同的说法，请客吃饭也不例外。比如：你若邀请"赵总"吃饭，就有多种"奇妙"的说法：

赵总，昨天朋友从国外旅行回来，送我一瓶洋酒和一些外国名产，我想请您来品尝……

赵总，上次听说您到我们这儿出差，时间忙也来不及到我们公司看看，这次无论如何得让我补一补地主之谊……

赵总，今天实在感谢您对我们公司产品的指教，晚上我来做东……

赵总，听说这儿新开了家海鲜店不错，我自己去吃公司当然不能报销，您就牺牲一次，让我沾回光吧……

赵总，我刚预订了王朝酒家的一个海鲜浓汤，按规定要煲三天。您三天后有时间吗？无论如何给个面子……

邀请客人应该讲究方法和技巧

◊ 1.开门见山

直接对他（她）提出邀请，说出自己的目的。例如："喂，张经理吗？我们现在在朝阳酒楼吃饭，过来认识几个朋友吧，我们等你来啊。""小妹啊，我在东海大酒店和几位老板吃饭呢，你一起过来吧，都等你呢，快点啊！"

◊ 2.借花献佛

以自己有什么喜庆作为"花"来借一下。例如："张经理！今天足球彩票公布了，我中奖了！一等奖（虽然全国人民这期可能都中，奖金可能就20元）！走吧，我们到东方海鲜楼去庆祝庆祝！"

◊ 3.喧宾夺主

事先调查一下要邀请他（她）所在的环境，就近选择家有特色的酒店，然后开始发出邀请。例如："张主任，中午有空儿吗？一起吃饭好吧？我在你这边发现了一家烤味店，就在对面小巷中，距离你这里走路也就三分钟就到了，那里的烤蚝烙真的是一流，而且环境也不错……真的是休闲吃饭的好地方！"……"哦！你中午没有时间啊？没有关系，这样吧，下午我去订个位置，然后晚上你带上你的伴，然后我们一起去吃怎样啊？晚上我给你电话哦！"

◊ 4.暗度陈仓

先用其他的东西来吸引住他（她），然后借口做出邀请，例如："张主任，这份文献不错吧？昨天我在一家专业网站上还看到了一份更加权威的文献！只是昨晚太晚了，没来得及下载……这样吧，我现在就下载那份文献，晚上我们一起吃饭，然后我再把那份文献交给您？"

◊ 5.声东击西

故意拖长拜访时间，然后再发出邀请。例如："张主任，您的观点对极了，我对您真的是佩服得五体投地！看这时间，也不早了，这样吧，我们找个地方，一起吃饭，然后您再把这个观点继续给我细说一下。对面的绿蔷薇西餐馆环境棒极了，极其适合聊天！走吧！我们现在就过去？"

◊ 6.步步为营

第二次邀请的时候，最好采用的招数。例如："张主任，怎么样啊？上次给你介绍的那家海鲜楼不错吧？现在该承认我是寻找美食的专家了吧？最近我又发现了一家川菜馆，里面做的'水煮鱼'真的是一流，今天晚上我们一块儿品尝品尝吧！"

◊ 7.诱敌深入

先对他（她）做一些无关紧要的问话，然后再提出邀请。例如："张主任，你是东北人吧？"……"我就喜欢东北人，直爽！哦！还特别喜欢吃你们那里的菜！那个大骨头蒸出来吃，一股酱香味，叫什么来着？"……

"对！就是'酱骨架'！我特喜欢吃！我知道一个地方，有家东北菜馆，他们那里厨师地道，酱油地道，做出来的'酱骨架'真的是一流，想着就掉口水……这样吧，现在我们就去吃？"

◊ 8.擒贼擒王

凡事要抓住主要矛盾，不能乱弹琴，其实，吃饭也是一个道理！请客的人选，也许只请一个关键人物，他会帮你带来相关的人，总比你盲目地请上好多人好得多！

第四章

别忘记自己就是饭局上的主角

虽然你请客了，可是真正的主角依然是你，而不是客人，因此，你必须注意自己的服饰、言行、礼仪等。如果不注意这些细节问题，不仅丢了自己的面子，同时也丢了客人的面子。

饭局的主角，穿衣不可随便

“西装革履”常用来形容文质彬彬的绅士。西装的主要特点是外观挺括、线条流畅、穿着舒适。若配上领带或领结后，则更显得庄重高雅。

美国行为学家迈克尔·阿盖尔做过实验：当他以不同的仪表装扮出现在同一个地点，得到的反馈是不同的。当他身着西装以绅士的面孔出现时，无论是向他问路还是打听事情的陌生人都彬彬有礼，显得颇有素养；而当他装扮成流浪者模样时，向他来借火或借钱的人以无业游民居多。

这并不是鼓励人们在商务应酬中以貌取人，而是想说明商务应酬中仪表表达出的意义胜过语言，完全可以透视出一个人的灵魂和内在气质，决定你是否能获得别人的好感。

尽管如此，在商务应酬时，许多人还是会因为西装穿着上的失误，严重破坏自己的形象。下面，我们就来看一看，到底有哪些西装穿着的细节会成为你商务形象的败笔。

◊ 1.西装大了一号

商务应酬时，若穿着大一号的西装，往往会暴露出一种“小人穿大衣”的滑稽感。在选择西装的尺寸时，第一要点是合肩、笔挺合身。长度是把双手垂下，衣长刚好到臀部下缘为宜，或差不多到手自然下垂后食指第二关节处，袖长刚好到手掌虎口，或服摆与拇指处齐平，过长或过短都不对。总之，西装给人的视觉印象应为西装上衣与西裤呈一比一的比例，这才是完美比例。

◊ 2.颜色、花色不考究

有些人喜欢追逐时尚潮流，为了显示自己的时尚品位，穿一些色彩鲜艳或发光发亮的西装，前去参加商务应酬，反而遭人鄙夷。这是因为他们不知道西装穿着时的颜色搭配讲究三色原则和三一定律。三色原则是指男士穿西装时全身颜色必须限制在三种以内；三一定律是男士穿西装时必须保证全身三个部位的色彩协调统一，即鞋子、腰带、公文包的颜色必须统一。

◊ 3.扣子通通扣上

商务应酬时，穿西装出席是一种稳重、职业的表现，主要目的不是为了御寒。如果把西装的扣子通通扣上，这是极其失礼的行为，必定会在客户心中留下不懂礼仪的坏印象。一般来说，穿西装时，单排单颗扣时，可扣可不扣；双颗扣时则可以全扣；三颗扣以上，宜保留最下一颗扣不扣；但双排扣时，则一定要扣。

◊ 4.保留袖口卷标

品牌西装的袖口处都会有品牌卷标，在穿西装前一定要把它去掉，否则你将在商务应酬场上落人笑柄。无论你买的西装价值如何昂贵，都要放弃炫耀的念头，去掉袖口的品牌卷标，才不至于在客户面前失礼。

◊ 5.大肚腩遇上三颗扣

商务应酬场上，如果你发现你的客户的大肚腩被紧紧地绑在一件三粒扣的西装之中，你是不是会为他紧张，感觉扣子随时都可能绷开来，你心中的鄙夷顿生：这人会不会穿西装啊？如果一个人身材肥胖，就应选择双排扣西装，给人稳重感；要避免穿腰身过于明显的西装，特别是三粒扣以上款式，容易自曝缺点，造成别人视觉上的压力。

◊ 6.衬衫过于破旧

穿西装时，不仅要注重外在的西装美，也要注意内在的衬衫美。许多男士认为穿在外套内的衬衫就算有些小污点、磨了边，也不至于影响体面的外观，但这容易给人一种不修边幅的感觉，特别是领口的磨损更是明显。一般来说，衬衫袖长超过西装袖长约0.5～1厘米为美观与礼貌。此外，穿西装不能搭配短袖衬衫。

◊ 7.鼓起的西服口袋

平常，男士会在衣服口袋塞满钥匙、手机、零钱等物品，但在穿西装参加商务应酬时，你鼓起的西装口袋会彻底破坏西装的优雅质感，最好选一个质感不错的皮质提包来放置。

◊ 8.黑皮鞋搭白色运动袜

商务应酬时，如果西装革履的你却伸出了一双白色运动袜搭配运动鞋或是黑色皮鞋的脚，你在客户心目中的形象必将急剧下降。一般来说，穿西装时，应穿黑色、灰色等深色袜子搭配黑色皮鞋。

看似小小的西装穿着细节，却大大影响着你商务应酬的成败。从现在开始，关注这些细节，做一个西装达人，你才能当好商务应酬标兵。

过紧的套裙让你成了"肉粽"

商务应酬中，男士宜穿西装，女士则宜穿西装套裙。套裙把潇洒、刚健的西装上衣和柔美、雅致的裙子结合在一起，刚柔并济、相得益彰，很好地表现了女性端庄、典雅、高贵的气质。

但是，如若你不注重穿着套裙的礼仪，而一味地追逐当前服装瘦小贴身的潮流，为自己选择一件小一号的套裙，紧贴着自己的身体曲线，以显出你身材的玲珑美感，反而容易成为商务应酬场上的大笑话。这时的你，在他人的眼中仿佛是一个可移动的"肉粽",让人瞠目结舌。

谢婷婷是某公司的总经理助理，平日里喜欢追赶潮流。她体态丰满，但喜欢穿紧窄的衣服，总是把自己穿得像个鼓鼓囊囊的肉粽一般。总经理多次旁敲侧击地劝她衣服穿宽松一点，可谢婷婷总是装聋作哑，依旧我行我素。鉴于她出色的工作能力，总经理也没有再追究下去。

一次，总经理让谢婷婷代他前去接待一位重要的女客户，为此，总经理特别嘱咐谢婷婷选一身合身的正式服装。谢婷婷倒是挑选了一身白色的简单款套装穿上，可衣服穿在她身上明显小了一号，腰部被勒得死死的，反而衬托出丰满的胸部，还是一如既往的“肉粽”形象。总经理本想让谢婷婷回去换一套衣服，可一看时间来不及了，只得作罢。

到了约定地点，女客户一看到谢婷婷的打扮，眼里就闪过一丝惊讶的神色。在随后的谈话中，女客户总是顾左右而言他，明显带着轻视的神色，谢婷婷怒火中烧，却又不便发作。

事后，总经理对谢婷婷的着装大大批评了一番，责令她立即改正，否则就走人。谢婷婷委屈不已，她不明白：“我不就是穿得紧身了一点吗？至于这么小题大做吗？”

可以说，谢婷婷的委屈完全是自找的，她没有根据自己的身体条件来选择合适的衣服，让自己穿成了一个鼓鼓囊囊的“肉粽”，让人感觉缺乏品位，严重损害自身形象的同时，也损害了公司的形象。商务应酬时，女士们如果不懂得套裙的着装礼仪，就必然落得谢婷婷这样的下场。

一般来说，商务应酬时的套裙选择上，女士们应注意以下几个方面：

◊ 1.尺寸适宜

商务场合中，女士身着的套裙过长过短皆不宜，尤其是不能上衣过长，而下裙又过短。通常情况下，套裙的上衣最短可齐腰，下裙最长可达小腿中部。裙子下摆恰好抵达小腿肚的最丰满处，此为最标准的套裙裙长。此外，套裙不宜过紧，以免有失庄重；也不宜过于宽松，以免有邋遢之嫌。

◊ 2.不选劣质面料

女人在参加商务应酬时所穿的套裙，应该由高档面料缝制，最好是选用纯天然质地的面料，追求匀称、滑润、平整、光洁，丰厚、悬垂、柔软、挺括，要求面料不仅弹性、手感要好，而且应当不起毛、不起球、不起皱。上衣和裙子要选用同一质地、同一色彩的素色面料。

◊ 3.色彩宜素净

套裙应当以冷色调为主，如藏青、炭黑、茶褐、紫红等一些凝重色彩为佳，借以体现出着装者的典雅、端庄与稳重。一套套裙的全部色彩最好不要超过两种，以免产生杂乱之感。在选择套裙的颜色时，女士应注意契合自身的条件。如果你体型偏胖，最好是选择深色套裙；如果你体型偏瘦，则应选择浅色套裙。

◊ 4.套裙的图案

套裙不应以符号、文字、花卉、宠物、人物为主体图案，可适当选用以各种或大或小的圆点、或明或暗的条纹、或宽或窄的格子为主要图案的套裙。

◊ 5.套裙的鞋袜搭配

穿着套裙时，女士宜搭配黑色等深色皮鞋和肉色等浅色丝袜，并注意鞋、袜、裙之间的颜色是否协调，鞋、裙的色彩必须深于或略同于袜子的颜色。

此外，套裙上的点缀宜少不宜多、宜简不宜繁、宜精不宜糙。

商务应酬场上，若不想出现移动“肉粽”这样的难堪局面，女士们就要特别注意套裙的穿着细节以简洁大方为主，着重突出女性的端庄之美，用服装给他人一种专业、可信赖的印象，才利于商务应酬的进行。

饰品失礼，“画虎不成反类犬”

商务应酬时，女人的着装尽管要求端庄大方，但仍应以透露女人的柔美为原则，正如一个著名的公式所说的：“三分姿色+一分化妆+二分服装+二分首饰+二分手袋＝十全十美的女人。”由此可知，首饰虽小，但在打造一个美人的十分资本中却占据了二分。只要女人将饰品点缀得恰到好处，便可夺取二分，实在比那三分姿色要来得容易。

但是，假如你不懂得饰品佩戴的原则，而是盲目跟风，或是单凭个人喜好，随意佩戴，那么在商务应酬时就可能因饰品失礼，而闹出“画虎不成反类犬”的笑话来，你在客户心目中的形象也会因此而大大减分。

方小姐作为一家公司的英文翻译，经常需要和经理去见客户。方小姐本人对穿衣戴帽也很在行，她知道见什么样的客户该穿什么样的衣服。

一次，方小姐和经理去跟一个外商谈业务。方小姐选择了一件浅白色的碎花短旗袍，下面搭配了一双白色高跟皮鞋，中国情调十足。正好前段时间方小姐过生日，好友赠送了一个夸张的骷髅头胸针，款式十分别致，方小姐特别喜欢，这段时间天天都戴着。这次的旗袍打扮，方小姐也没忘记别上这枚骷髅头胸针。

方小姐和经理此次前去拜访的外商是英国人，他们刚一见面，方小姐的衣着就引起了英国商人的注意。他刚想夸方小姐会穿衣服时，却一眼看到了那枚夸张的骷髅头胸针，欲言又止，原本欣喜的神色顿时暗淡了下来。

在接下来的谈判中，那位英国商人的情绪不高，多少显得有些敷衍。最后，双方未能达成协议。经理大为不解：原来还谈得好好的，英国商人兴趣很浓，怎么这次见面他的态度这么冷淡？

事后，经理从那位英国商人的中国翻译那儿得知，原来那位英国商人极其注重服装礼仪，那天方小姐在极具中国风情的旗袍上点缀了那么夸张的一个骷髅头胸针，显得十分突兀，甚至有些不伦不类，十分碍眼，当时就让英国商人倒了胃口，失去了谈判的兴致。

方小姐怎么也想不到，她的一枚胸针，毁了一桩生意。

商务应酬时，女人不想让自己的商务着装显得平庸乏味，可以适当选择一些饰品，以达到“画龙点睛”的点缀效果。但如果选了不合适的饰品，不仅不能“画龙点睛”，反而会闹出“画虎不成反类犬”的笑话。商务应酬场的女士，谁都不会想上文中方小姐的遭遇在自己身上再现吧。

饰品之所以越来越引人注意，主要有两方面的原因：第一，它是一种无声的语言，可借以表达使用者的知识、阅历、教养和审美品位；第二，它是一种有意的暗示，可借以了解使用者的地位、身份、财富和婚恋现状。这两种功能，特别是第二种功能，是普通服装所难以替代的。

一般来说，商务女士在选用饰品时，讲究点到为止，不同种类的饰品尽量只选择一件，不可多用。比如，戒指一枚、项链一条、耳环一对、手表一块、手镯一个、胸针一枚等，全身上下的饰品最多不能超过三件。避免选用款式、色彩超时尚绚丽的那种，以免有失商务人士的稳重感。

不要将自己头弄得像个“鸡窝”

好印象从头开始。按照一般习惯，注意和打量他人，往往是从头部开始的。而头发生长于头顶，位于人体的“制高点”，所以更容易引起别人的注意。鉴于此，要想在商务应酬中给对方留下好印象，就要用心打理自己的头发，别让你的发型给对方留下“老土”或者“不修边幅”的印象。这就需要商务人士平时注意打理好自己的头发，以便随时都能以端庄的形象出入商务应酬场合。

反之，如果你头发凌乱，顶着“鸡窝头”出场，甚至脏兮兮的，你在客户心目中的形象也会和你的头发一样惹人讨厌，客户哪里还会有与你合作的念头?

一个周五的晚上，几个好朋友为了给曹蒙庆祝生日，特意拉着他到理发店烫了个时髦的“鸡窝头”，然后又拉着他去一家知名的摇滚酒吧吃喝玩乐，直到凌晨4点，这帮朋友才各自回家睡觉。

早上8点的时候，电话响了，一接，是单位经理的电话，因为经理临时有事，让曹蒙代他去和一个重要客户签合同，时间安排在上午9点。从曹蒙家到客户那里至少要40分钟的路程，要是堵车的话就可能迟到。曹蒙不敢怠慢，赶紧起床，拿起一套西装穿上就出了门。

果然，曹蒙在去的路上遇上了堵车，还好他在最后几分钟顺利赶到了客户那里。一见到曹蒙，客户的眼里闪过耐人寻味的神色，先让曹蒙坐下，客户就去了隔壁房间。过了一会儿，客户对曹蒙说：“我看今天这个合同就暂时别签了，咱们以后再约时间，好吧！这样，麻烦你跑一趟，还请你先回去吧！”

曹蒙觉得莫名其妙，却又不便深问，只得快快地回去了。随后，曹蒙接到了经理的电话，问他搞什么鬼，顶着一个“鸡窝头”就去了。客户还以为他是个小混混了，把客户吓了一跳，合同的事情也就暂缓了。

曹蒙的“鸡窝头”竟毁了一桩生意。由此可以看出，在商务应酬时，一个人的头发形象不仅体现着他个人的素质和修养，还代表着公司的形象和品位。一个好的头发形象才能赢得客户的信任和好感，而凌乱的头发注定是不讨人喜欢的。

一般来说，商务应酬中的人们要注意这样几个头发上的细节，才不至于失礼于人。

◊ 1.第一要求：干净整洁

如果你没有时间过多照顾你的头发，至少应保持它的干净整洁，一般两天清洗一次头发为宜（夏天可适当增加频率）。平时也应注意对头发的养护，使其具有自然光泽。

◊ 2.啫喱使用有量

不要过多使用啫喱、定型水之类的东西；如要使用，也最好选择无香型，免得和香水、化妆品等气味混杂在一起，令人闻之窒息。

◊ 3.发型不拖沓

发型要大方、高雅、得体、干练，前发不要遮眼、遮脸为好。男士不留披肩长发，不剃光头，不留怪异发型。女士身材矮小者或身材丰满者适宜短发、盘发；身材瘦削者适宜波浪长发。

◊ 4.发色与肤色匹配

一般来说，经常出席商务场合的人们不宜染发；如若染发，则要注意令发色和肤色保持协调。

与深棕色的搭配肤色：任何肤色，肤色白皙者尤佳。

与浅棕色的搭配肤色：白皙肤色或麦芽肤色、古铜肤色者均可。

与铜金色的搭配肤色：白皙或麦芽肤色，也很适合肤色微黑的女性。

与红色的搭配肤色：自然肤色或白皙肤色，非常适合肤色偏黄的亚洲女性。

切忌染过于夸张的黄色、蓝色、绿色等属于街头的颜色，以免和办公室严肃的工作氛围不协调。

商务应酬时，注意你的商务形象别忘了注意你的头发形象，否则会引发“一颗鸡窝头，毁掉一桩生意”的后果。

妆不出好气色，哪有贵人来

有人说："漂亮的外貌是一张特别通行证。"这话虽不完全正确，但商务应酬中，你若保持漂亮怡人的容貌，在人际交往中就比较容易获得他人的好感，有利于商务应酬活动的开展。

天生丽质的人毕竟是少数，而且岁月不饶人。俗话说得好："三分靠长相，七分靠打扮。"自然美给人以朴素、纯真的美感，而化妆有锦上添花的作用。女人化妆，目的是给人以清洁、健康、漂亮的印象，虽然商务应酬场上的女人年龄、行业各异，但都要注意根据自己的脸形、性格、气质等条件来选择适合的妆容，这样才能吸引贵人的目光。

◊ 1.根据脸形来化妆

不同的脸形有着不同的化妆方法。商务女士根据自己的脸形来选择适宜的妆容，才能为自己的形象加分。

一般来说，椭圆形脸可谓公认的理想脸形，化妆时宜注意保持其自然形状，突出其可爱之处。胭脂，应涂在颊骨的最高处，然后向上向外揉化开；唇膏应尽量按自然唇形涂抹（除唇形有缺陷外）；眉毛可顺着眼睛的轮廓修成弧形，眉头应与内眼角齐，眉尾可稍长于外眼角。

圆形脸往往给人以可爱、玲珑之感，胭脂的涂抹可从颧骨起涂至下颌部，切不能简单地在颧骨凸出部位涂成圆形。上嘴唇可用唇膏涂成浅浅的弓形，但不能涂成圆形，否则有圆上加圆之感。可用暗色调粉底，沿额头靠近发际处起向下窄窄地涂抹，至颧骨部下可加宽涂抹的面积，造成脸部亮度自颧骨以下逐步集中于鼻子、嘴唇、下巴附近部位。眉毛可修成自然的弧形，可做少许弯曲。

方形脸的商务人员在化妆时，要设法加以掩蔽，增加其柔和感。胭脂宜涂抹得与眼部平行，切忌涂在颧骨最突出处。可用暗色调粉底在颧骨最宽处造成阴影，令其方正感减弱。下颌部宜用大面积的暗色调粉底制造阴影，从而改变面部轮廓。唇膏可涂丰满一些，增加柔和感。眉毛宜修到稍宽一些，眉形可稍带弯曲，不宜有角。

长形脸的商务人员，在化妆时力求达到的效果应是：增加面部的宽度，弥补脸形的过长。胭脂的涂抹应注意离鼻子稍远些，从而可以在视觉上拉宽面部。涂抹时，可沿颧骨的最高处与太阳穴下方所构成的曲线部位，向外、向上抹开去。双颊下陷或者额部窄小者，应在双颊和额部涂以浅色调的粉底，造成光影，使之看起来丰满一些。在修正眉毛时应令其成弧形，切不可修成有棱有角的，位置不宜太高，眉尾切忌高翘。

三角形脸的特点是额部较窄而两腮较阔，整个脸部呈上小下宽状。因此，化妆时应将下部的宽角“削”去，从而使脸形变成椭圆状。胭脂可由外眼角处起始，向下抹涂，令脸部上半部分稍拉宽。可用较深色调的粉底在两腮部位涂抹、掩饰。眉毛宜保持自然状态，不可太平直或太弯曲。

人们常说的“瓜子脸”、“心形脸”，即是倒三角形脸。这种脸形的特点是额部较宽大而两腮较窄小，呈上阔下窄状。化妆时，掌握的诀窍恰恰与三角形脸相似，而修饰部分正好相反。胭脂应涂在颧骨最突出处，而后向上、向外揉开。可用较深色调的粉底涂在过宽的额头两侧，而用较浅的粉底涂抹在两腮及下巴处，造成掩饰上部、突出下部的效果。宜用稍亮些的唇膏来加强柔和感，唇形宜稍宽厚些。眉毛应顺着眼部轮廓修成自然的眉形，眉尾不可上翘，描时从眉心到眉尾宜由深渐浅。

◊ 2.妆容宜淡不宜浓

一般来说，商务应酬场合中，女士的妆容宜淡不宜浓，而如何化好淡妆，只需这样几个简单的步骤：洗脸后在脸上抹一种比自己肤色稍浅的粉底霜，使脸色增加一层光泽；涂抹一层薄薄的眼影，一般以灰色较好，若是戴眼镜，可以稍浓一些，一般情况不必画眼线；年轻人宜用亮色的口红，随着年龄的增长，颜色宜改用浅色系列或褐色系列。

此外，整个人的化妆与服装、配饰颜色要协调。一般来说，如果眼妆是蓝色系列的话，口红应用粉红色的；若用绿色或褐色系列的眼妆，则用橙色口红。日间化妆以淡雅为宜，夜间可稍浓艳。

◊ 3.切忌当众化妆

商务应酬的场合中，女士在他人面前，尤其是在男士面前化妆是极其不礼貌的行为。当女士发现自己需要补妆时，应选择到化妆室或盥洗室进行。此外，尽量不要在人前有整理头发、整理衣服、照镜子等行为。

此外，商务应酬的场合中人们不宜非议他人的妆容，也不宜借用他人的化妆品。

总之，在商务应酬的场合中，如能选择一个适宜的妆容，则必定能为自己的商务形象大大加分，在你的贵人心目中留下美好的印象，促进彼此商业合作的顺利发展。

只有干净的手才可以与成功握手

社交活动中，人与人之间经常需要握手。握手是一种礼仪，但人与人之间、团体之间、国家之间的交往都赋予了这个动作丰富的内涵。一般说来，握手往往表示友好，是一种交流，可以沟通原本存在隔膜的情感，可以加深双方的理解、信任，可以表示一方的祝贺、鼓励，也能传达出一些人的淡漠、敷衍。团体领袖、国家元首之间的握手则往往象征着合作、和解、和平；在各类商务、公务及普通的宴会场合，握手礼是使用最频繁的礼节，表示对对方前来赴宴的欢迎。既然握手如此重要，那么，就要注意对手的保养。当然，即便不握手，手也是仪表的重要部位，不容忽视。毕竟谁也不想被肮脏的手握着。

小费想争做J化妆品公司的经销商，趁着J公司举办宴会之际，小费就想来个毛遂自荐。J公司经理亲切地与他握手，可是他的长指甲差点划伤经理的手，原来小费双手拇指和食指喜欢留长指甲。看着小费指甲里面藏着那么多“东西”，手上还记着一堆电话号码，经理只觉得“眼前一黑”，迅速收回手，不再理睬他了。最后，J公司以小费的形象与公司产品不符为由，拒绝了小费的加盟。

由小费的例子可见，肮脏的手只会令人作呕，妨碍你获得别人的好感，甚至令你丧失原本到手的成功。而漂亮的手，不但可展现出自己的魅力，同时也会让他人觉得非常舒服，这样一来，成功的机会就多了一分。因此，维护一双健康美观的手是你绝对不可以忽视的细节。

别人看到你的双手，不可避免地会看到你的指甲，因此，保持指甲的良好状态也是保护双手所必不可缺的。如果你由于各种原因不能让专业的美甲师给你设计整修指甲，那么就要靠你自己了，可千万不要找借口对自己的双手置之不理啊，它们可是你的第二张脸。

修剪指甲时，你需要注意以下几点。

（1）长度：手指甲长度不能超过2毫米。

（2）缝隙：不能有异物。

（3）习惯：养成“三天一修剪，每天一检查”的良好习惯。

（4）美甲：日常生活中，涂指甲油要均匀、美观、整洁，不能出现薄厚不一的现象。

（5）行规：除非工作需要，一般上班时不允许涂指甲油或只允许涂无色的指甲油。手的美没有绝对的标准，但对年轻的女子来说，理想的手要丰满、修长、细腻、平滑，它应具有一种观感上形态的美与接触中感觉的美。人的双手因为长时间暴露在空气中，而且还要去做各种各样的事情，因此手部皮肤特别容易干燥、老化。因此就要时刻注意对手部皮肤的保养，延缓皮肤衰老，让双手健康美丽。这样，参加宴会时，当你伸出手才会让人眼前一亮，进而对你产生好感。

一次宴会上，某经理对秘书说：“我不想和那个客户做生意，他是我见过的握手最无力的人，他的手冷冰冰的。我们之前握过几次手，可是他的手一次比一次冰冷，他让我觉得仿佛握着一条死鱼。我现在对他这个人充满怀疑，因为双手冰冷、握手软弱无力的人缺乏活力，缺乏真诚。接下来的宴会多注意他，不要让他给今天的客人带来不快。”秘书听后，立即找了几个人绊住了那位客人，一直到宴会结束他都没法脱身，更别说与现场其他人交流合作了。

事实上，用力握手是一门学问，握手愈用力，愈可以给对方留下深刻的印象。若是对方用力地握你的手，你就会下意识地用力握下去，以免自己居下风。握手，按字面理解为手与手的结合，也是一种心与心的沟通，即人们能够从中感到一种强烈的连带关系。握手可以表现出一个人是否饱含真诚。真诚的人握着你手的时候是暖暖的，虽然他手的实际温度或许并不高，但他的真诚通过两只手热情地传递出来，让人对他产生一种信赖和好感。

既然握手的学问如此之多又如此重要，那么在宴会上，我们行握手礼时应该注意哪些事项呢？

◊ 1.握手要专心致志

当你和别人握手的时候，一定要认真地看着对方，面带笑容，必要时寒暄两句，“欢迎光临”、“我们又见面了”。切忌默默无语。

◊ 2.握手停留的时间和力度

一般来说，两个人握手应该停留的时间在两三秒，稍微握一握，再晃一晃，稍许用力，握力在两公斤左右最佳。

◊ 3.伸手的前后顺序

如果说介绍双方时，先介绍地位低的，地位高的人先伸手；男士和女士握手，女士先伸手；长辈和晚辈握手，长辈先伸手；上级和下级握手，上级先伸手。实际上这主要是表示前者对后者的接纳。

如果客人和主人握手，客人到来时，一般主人先伸手，表示欢迎；而客人离开的时候，一般是客人先伸手，意为让主人留步。

◊ 4.握手的六个忌讳

忌目光游移。握手时精神不集中，四处顾盼，心不在焉；

忌交叉握手。当两人正握手时，跑上去与正握手的人相握，是失礼的；

忌敷衍了事。握手时漫不经心地应付对方；

忌该先伸手不伸手；

忌出手时慢慢腾腾。对方伸出手后，我们自己也应迅速伸出手相握，不应慢慢腾腾；

忌握手时戴着手套或不戴手套与人握手后用手巾擦手，那会让别人误以为你觉得他的手脏，是很失礼的。

别顺手将客人的名片塞进裤兜

一天，大民参加一场宴会，现场大家彼此交换名片。不过，由于名片太多了，没多久大民的名片夹就放不下了，大民只好把对方的名片顺手塞进裤兜里，以便腾出手来接下更多的名片。可是，大民丝毫没有注意，在他转身的一瞬间，对方的脸沉了下来。

人们在参加商务宴会时，大都会互赠名片，这是一种很平常的行为，却有着十分重要的意义。首先，名片可以记录你所遇到的人，而且更为重要的，它们是你与名片主人进一步联系的依据。这些小小的名片很有可能成为你日后成功的垫脚石。那么，在你与别人交换名片时，就一定要注意一些小细节，不可随意对待别人递过来的名片。

如果像大民那样顺手将别人的名片塞进裤兜，常常容易得罪人而不自知。

既然交换名片是如此重要，那么，在互相赠送名片时我们都应该注意什么呢？

◊ 1.发送名片不可贪早

名片交换礼节的第一步是选择适当的时候交换名片，除非对方要求，否则不要在年长的上级面前主动出示名片，那样显得十分不礼貌。

在一群陌生人中最好不要到处传发自己的名片，那样会让别人误以为你是个低素质的推销员，只会鄙视你。因此，在商业社交活动中要有选择地发送名片。

假如你所面对的是一群不认识的人，那么最好等别人先发送名片。名片的发送可在刚见面或告别时，但如果你即将发表自己的意见，就应该在说话之前发名片给周围的人，这样可以有助于他们认识你。

如果你出席重大的社交活动，那么一定要事先准备好名片。交换名片时如果名片已用完，可用干净的纸代替，在上面写下个人资料，不可随便写在别人的名片后面代替，那只会显得你不尊重对方。

◊ 2.递交名片忌随意

递送名片给别人时，不可随随便便，要郑重其事，应该起身站立，走上前去，使用双手或者右手，将名片正面朝上，递交对方。此外，不要用手指夹着名片递给别人，那样会显得你很轻浮且不尊重对方。此外，不要将名片举得高于胸部，也不能低于腰部以下。

如果你所面对的是少数民族或外宾，最好将名片上印有对方认得的文字那一面面对对方。将名片递给他人时，应该说“请多指教”、“多多关照”、“今后保持联系”，或是先向对方做一下自我介绍。

如果是与多个人交换名片，那么要讲究先后次序，或由近而远，或由尊而卑，一定要依次进行。切勿挑三拣四，采用“跳跃式”，否则会被人认为厚此薄彼。地位较低的人或是来访的人要先递出名片。

◊ 3.恭敬地接受别人的名片

当别人要递交名片给你或者与你交换名片时，你应立即停止手上所做的一切事情。如果手上有东西应该立刻放下，起身站立，面含微笑，目视对方。接受名片时应该双手捧接，或以右手接过，切勿单用左手接过。

在你接过对方的名片后，要立即用半分钟左右的时间，从头至尾将其认真默读一遍，意在表示尊重和重视对方。接受他人名片时，应口头道谢，或重复对方所使用的谦词敬语，如“请您多关照”、“请您多指教”，不可一言不发。若需要当场将自己的名片递过去，最好在收好对方名片后再给，不要左右开弓，一来一往同时进行，那样容易出现交叉递送的错误而造成尴尬。

当你看过名片后，应细心地将名片放入上衣口袋或者名片夹中。若接过他人的名片后在手头把玩，或随便放在桌上，或装入臀部后面的口袋，或交与他人，都是十分失礼的行为。

除此之外，不要弄脏名片，不要在用餐时发送名片，切忌折皱、玩耍对方的名片，更不要在别人的名片上做标记，因为类似的做法都会引起对方的反感，导致你社交的失败。

微笑不仅是愉悦自己，也愉悦别人

有人说，如果长得不好，就让自己有才华；如果才华也没有，那就总是微笑着。什么是微笑？有人说："微笑，似蓓蕾初绽。这朵花，植根于美好的心灵，真诚和善良，在微笑中洋溢着沁人肺腑的芳香。"其实微笑就是脸部表情的一种体态语言，它能起到社交的作用。微笑是人类宝贵的财富，是自信的标志，也是礼貌的象征，微笑具有震撼人心的力量。笑与语言配合起来，是人表达高兴心情的最佳方式。在宴会中要想赢得人心，深受人们喜爱，就必须展现动人的微笑，才能在人们心中树立起长久的魅力形象。

随着社会竞争越来越激烈，人们的生活节奏也越来越快，大家只顾着忙自己的事，似乎忘记了去关心别人。在宴会这样的特定场景下，你不可避免会遇到一些不熟悉甚至陌生的人，你要怎么走近他们，让他们感受到你的友善呢？其实，此时的他们心中和你一样对这个陌生的宴会感到不自在，他们渴望被别人理解和关怀，渴望有人能帮助他们走出自我孤立的境地。这时，你给他们一个微笑，他们也会用同样的热情来回报你。

一个人的面部表情亲切、温和，洋溢着笑意，远比他穿着一套高档、华丽的衣服更吸引人，也更容易受人欢迎。当你游走于宴会现场时，别人不小心碰到了你，弄脏了你的礼服，他的紧张显而易见。这时，你会怎么办？怒火中烧吗？大声呵斥他的不小心吗？不，你不能，除非你想成为全场关注的“焦点”。释怀吧，事已至此，你再生气也改变不了眼前礼服脏了的事实。你不妨给对方一个宽容和理解的微笑吧，不要让他像个做错事的小孩一样惊慌失措，让他从你的笑容中感受到谅解。在场的人都会因你的笑容和大度而对你赞赏有加。

微笑是一种无声的行动，是一种宽容、一种接纳，它缩短了彼此间的距离，使人与人之间心心相通；微笑是交友的无价之宝，是社交的最高艺术，是人们交际的一盏永不熄灭的绿灯。在宴会中，喜欢微笑着面对他人的人，往往更容易走入对方的天地。真诚的微笑能够让别人敞开心扉，有微笑面孔的人会让人们不再紧张且看到希望。因为一个人的笑容就是他传递好意的信使，他的笑容可以照亮所有看到它的人。没有人喜欢那些在宴会上愁容满面的人，更不会信任他们。很多人能够在宴会中游刃有余都是从微笑开始的，所以让你的微笑愉悦自己，也愉悦别人吧！

朋友聚会也不可“出口成脏”

现实生活中人们很容易受一些不良社会因素的影响，养成不好的习惯，比如说爆粗口，说粗话。很多人会说：“我跟一般人不会爆粗口，只有关系好的朋友才会，大家都是朋友，都知道我没有恶意，所以没事。”真的是这样吗？跟朋友就可以毫无顾忌地“出口成脏”吗？

陆飞留学回来，带着女友回国，打算宴请几个很久没见的老同学。

吃饭那天，天下着大雨，这时，一男一女相伴进了饭店，只听到男的说：“陆飞这小子可真会挑日子，他××的，这么大的雨跑到他××这么远的××饭店！

真××！”旁边的女的劝他说：“你就少说两句。要让陆飞听见多不好啊！人家好心好意请你吃饭，谁曾想会下雨啊！”那男的不听，还是骂骂咧咧的。看到陆飞，也没有寒暄一番，直接劈头就骂：“陆飞，你这××小子，出国混了几年，真是××，还以为××死外头了呢，真××的……”什么叫脏话连篇，陆飞这回总算见识到了。

陆飞一个劲地说：“抱歉，没想到会下雨，给大家添麻烦了。”在场的老同学都说没事，就听刚刚那位男士又开始了：“陆飞，你这话说得就见外了，咱们是什么关系啊，老朋友了，你××不要以为我刚刚是××抱怨，你知道的，我××就是一大老粗，别××误会啊，没别的意思。”陆飞在一旁赔笑说：“不会，不会。”与宴的其他同学都在笑着议论：“他怎么这样啊，也不看什么场合，一点不顾及咱们的面子。”这时，刚才那位女士对那位脏话不断的仁兄说：“你别那样，这么多人呢，好好说话。”那位仁兄说：“没事，你不懂，咱们都××是老同学了，大伙儿不会介意的，是吧？”说完，他转身“询问”在场众人的意见，只见大家都面露尴尬，勉强点头。那位仁兄更得意了。自然，整顿饭脏话不绝于耳。

朋友聚会就可以“出口成脏”吗？很多人觉得，朋友关系好，都是自己人，不同于其他人，说话可以无所顾忌，想怎么说就怎么说；可是朋友也是人，难道你不该对其给予尊重吗？案例里那位仁兄毫不注意场合，大放厥词，暴露出了自己粗鄙与无知。他不文明的行为只会招致朋友们的反感与厌恶，下次谁还敢与他同桌共餐呢？

朋友聚会相对于其他社交宴会来说，氛围会轻松一些，可是这并不表示你可以毫无顾忌地大爆粗口，那样一方面会让朋友觉得尴尬，如果还有其他人在场，朋友会因你的不注重场合而怨恨你，懊悔自己结交了不该结交的人。另一方面，你也因此成为全场的“中心”，大家都在看你“自我陶醉”于自己的低级趣味，只会对你敬而远之。毕竟谁也不想与一个只会爆粗口的傻瓜待在一起。

因此，我们平常一定要注意养成良好的语言习惯，不可随意讲脏话。参加宴会更要注意文明礼貌，不可留给别人出口成“脏”的坏印象，从而导致社交失败，生意泡汤。

做宴会女达人，不可漏洞百出

如今的宴会是女人们争奇斗艳的场所，女人们为了在宴会上大放异彩，往往不惜重金打造自己的形象；一旦掌握不好分寸，就可能漏洞百出，做一个受尽众人嘲笑的宴会女王。

明星胡小姐是社交界公认的宴会女王。一次参加宴会，胡小姐一进入宴会现场立刻吸引了所有人的目光，只见她身穿一袭名家设计的黑色晚礼服，价值百万的首饰更是为她增色不少。可是红地毯刚走了一半，胡小姐便双手提起晚礼服，踩着那双又细又高的皮鞋快速奔进了会场，并且一下子抱住会场内的一位小姐。原来两人是旧相识，不过胡小姐的“闪亮”登场还是吓了那位小姐一跳，更是让在场的众人大跌眼镜。接着，两人聊了起来，只见胡小姐的一条腿不停地抖动，而且手还不时地拨弄自己的头发，偶尔还会翻开包包拿出自己的小镜子，照来照去，想来是不希望自己的妆容有任何闪失吧。旁边那位小姐对她说：“小胡，你稍微注意点，这么多人在呢，还是去化妆间弄吧。”“没事，大家都很忙，不会注意到我的，你帮我挡挡啊，我补点腮红。”胡小姐说着以迅雷不及掩耳之势拿出粉饼快速地补起妆来。周围其他人都不约而同地露出鄙夷的眼神，场面十分尴尬。

也许胡小姐的性格就是大大咧咧的，然而她在宴会现场的表现绝对不能用大大咧咧一语掩盖。她的漏洞百出，体现出她缺乏基本的素养，更谈不上品位和修养。她的粗俗习惯绝对不会给现场的与宴者感官的愉悦，她甚至连最基本的尊重自己和尊重别人都做不到。胡小姐如此失态根本与她的宴会女王称号不符，甚至连个花瓶都算不上，自然会受到大家的鄙夷。

所以，女性在宴会上一定要注意自己的仪态细节，万不可毛毛躁躁，失礼于人。

具体来说，主要注意以下几个方面：

首先，要选择适合宴会的着装，力求干净整洁。席间，无论现场如何闷热，作为女性的你都不能当众解开纽扣或脱下外衣。

其次，要保持自己发型的高雅端庄。如果头发有些凌乱，应该立即去化妆间整理，而不可当众整理。

再次，不可当众化妆或补妆，处理妆容上的小细节也应该到化妆间去处理。

总之，渴望成为宴会女王的女人们一定记住，在宴会前除了要细心装扮自己以外，还要注意自己在宴会现场的表现，不可有丝毫的大意。否则，仪态尽失，不仅成不了“女王”，还会成别人的笑柄，贻笑大方。

第五章

饭桌上你不得不懂的礼仪细节

如果你是被邀请的客人，就更应该注意饭局上的礼仪，否则，不仅丢了自己的面子，而且还给主人脸上抹黑。

赴宴时应注意仪表整洁

在各种场合，穿着是一种礼仪，而在不同的社交宴会时，符合个人特质的品位装扮，自然地散发出自信丰采及内敛的涵养，而这种属于你才有的独特魅力，将使所有人赞叹。不论男士或女士，装扮自己时一定要有整体观念。尤其是利用餐桌这个舞台来推销自己的时候，因为长时间暴露在别人观视之下，自己身上任何细微末节的优点或缺点，都难逃他人的察觉，更应该处处留意，事事细心。

以参加正式餐宴来说，发型、化妆、服装、饰品的使用与搭配固然重要，但皮包、皮鞋、袜子、香水，乃至于手表和肢体语言的讲究，也是同样重要，否则就有“美中不足”之感。男士们也是一样，穿着得体了，如果指甲没修干净，或手表与戒指搭配土里土气，仍然像“打领带的猴子”。

◊ 1.服装

若是公司同事所参加的晚宴，除了参考邀请函上是否有服装要求外，尽可能了解主人的衣着品位层次，是正式晚礼服，或小礼服？还有参与宴会上司的可能穿着。如此，自己才可做适宜的打扮，千万别随兴而至，很可能抢了主人身份或上司们的丰采，或因太随便而失礼了。

（1）若是一般朋友聚餐或普通邀宴，可以穿着较柔和的套装或亮丽浪漫的洋装，再搭配合宜而具女性风格的手提包，将能营造温馨亲切的聚餐气氛。

（2）如果是参加喜宴，新人当然应以大礼服的主角身份出席，而双方父母，则是以第二主角的身份，自然也应以正式宴会服出现。男士着深色西装及色彩协调的衬衫领带，并配上主婚人的胸花。女士则以中式袍装，组合式长裙式的宴会装为主，由于须佩戴主婚人的胸花，所以，其他饰品的装饰，须以造型简单、多不如巧为原则。一般人员可选择一套合宜的套装，套装的风格和颜色都很重要。若平时非常喜欢穿着暗色或中性色彩服装，此时就要特别挑选一些具有喜气的暖色调衣服，例如枣红或砖红，既不会喧宾夺主，又非常适合当时的气氛。

（3）无论天气如何炎热，不能当众解开纽扣脱下衣服。小型便宴如主人请客人宽衣，男宾可脱下外衣搭在椅背上。

◊ 2.饰品

对女士来说，除了合宜的服装、适当的彩妆之外，整体的饰品搭配也是相当重要的。例如皮包和鞋子是时常被人忽视的重点。

（1）皮包应精致、小巧一点。

（2）鞋子至少是三寸高跟鞋。

（3）夏天穿凉鞋时要穿袜子。

（4）女士出席隆重晚宴时避免戴帽子及穿高筒靴。

◊ 3.化妆

（1）女士参加宴会要做适当化妆，这样显得隆重、重视、有气氛。

（2）因为酒席多半是在晚上举办，最好是浓妆比较适合。

（3）头发要梳理整齐。

（4）不宜涂过浓的香水，以免香水味盖过菜肴味道。

◊ 4.抵达

抵达宴请地点，先到衣帽间脱下大衣和帽子，然后前往主人迎宾处，主动向主人问好。如是节庆活动，应表示祝贺。

客人与主人见面要学会打招呼

◊ 1.打招呼

打招呼就是向对方表示一些良好祝愿或欢迎的话。对人亲切地问候，是增加生活乐趣的一种礼仪形式；对熟人不问候，或者不回答别人对你的问候，都是很失礼的行为。

在餐厅见面，打招呼最简单的话是一声“早上好”、“上午好”、“晚上好”或“您好”等。对不熟悉或者匆匆而过的人，都可以这样打招呼。打招呼时，应注意以下事项：

（1）距离。打招呼时距离不应太远，以正常说话声音使对方能听清为宜。不可因同熟人打招呼而使全场为之侧目，或者突然从座位上跳起来并穿过整个大厅，甚至冲撞了其他人。

（2）目光。打招呼时眼睛应注视对方，不要嘴里叼着香烟或把手插在口袋里，显出一副傲慢的样子。

（3）谁先打招呼。通常年轻者应先向年长者问候，男性应先向女性问候，身份低者应向身份高者问候，遇到一群熟人或要与熟人结伴而行时应主动问候。

（4）分寸。与同事、朋友等每天第一次见面时可以打招呼，再见面时就不必问候，微笑或点头示意即可。

（5）以职衔称呼。一旦介绍对方是谁后，就应以对方的最高职衔称呼他，如王董事长、李经理、刘经理等，这不仅有抬高对方身价的意味，更会让对方感觉你对他的重视。

◊ 2.介绍

在餐饮礼仪当中，介绍的礼仪是相当重要的一环。因为我们在任何场合、任何餐厅用餐，都有可能接触到一些素昧平生的人。通过介绍，可以结识新朋友和新的合作伙伴，也可以为谋求新的职业打开门路，开始新的里程。

“介绍”是人与人之间相互交往的第一座桥梁，是拓展自己人际关系的第一步。从认识、握手到交换名片，如果每一个细节都能确实掌握好，将会使你在任何餐饮场合中，都能更自然、从容地进行交际，更好地展示良好的交际风度。

在餐桌上，介绍的基本方式有两种，即为他人作介绍和自我介绍。

（1）为他人作介绍。

介绍人。在不同场合应有不同的人担任介绍人。在公务宴请中，公关人员是最适当的介绍人；在接待贵宾时，介绍人应为本单位职位最高的人士；在一般宴请场合，主人义不容辞应当做介绍人；在非正式宴请场合，与被介绍人双方都相识的人则应担任介绍人。

介绍顺序。为他人作介绍时，记住一点“尊者居后”，即把身份、地位较低的一方介绍给身份、地位较高贵的一方，以表示对尊者的敬重之意。在口头表达上应先称呼受尊敬的一方，再将被介绍者介绍出来。所以，在介绍的顺序上应该为：将男士介绍给女士，将未婚者介绍给已婚者，将晚辈介绍给长辈，将职位低者介绍给职位高者，将客人介绍给主人、将个人介绍给团体。

在介绍一男一女互相认识时，你要突出女方的地位，先把男方介绍给女方，等女方说过“你好”、“幸会”一类的客套话之后，再将女方介绍给男方。此男先女后的顺序，绝对不可弄颠倒。

介绍年龄有显著差距的两个人相互认识时，则应突出年长者的地位，先把年轻的一方向年长者作介绍，等年长者作过问候表示后，再将年长者介绍给年轻者。此长尊幼卑的顺序，亦绝对不应弄颠倒。

介绍职位有高低差别的两个人互相认识时，应突出职位高者的地位。先介绍职位低者，再介绍职位高者。

若职位高低与年龄、性别有冲突情况，那么介绍规则仍应以职位为优先。即使职位低者为女性或年龄较长，亦应成为先被介绍的一方。

介绍姿势。作介绍时，介绍人应起立，行至被介绍人之间。在介绍一方时，应微笑着用自己的视线把另一方的注意力吸引过来。手的正确姿势应为手指并拢，掌心向上，胳膊略向外伸，指向被介绍者。作为介绍人，在为他人作介绍时，态度要热情友好。认认真真，不要敷衍了事或油腔滑调，也不要用手指对被介绍者指指点点。

作为被介绍的一方，在被介绍时，应起立，用柔和、真诚、专一的目光注视对方；随介绍人的介绍，热情地与对方握手，点头致意，并用“您好”、“认识您很高兴”等语言来表示问候和真诚的态度。

别人介绍一位女士与你认识，你如果原先是坐着的，则应该立刻站起来。而女方被人介绍认识男士，则可坐着答礼，不一定要站起来。

别人介绍一位年长者或职位高者与你认识时，你也应该立刻站起来，但年长者或职位高者被人介绍认识年轻者、职位低者，则可以坐着答礼。

介绍语。介绍人在为他人作介绍语时，语言宜短，内容宜简，并应该使用敬辞。比如，“周小姐，让我来介绍一下，这位是我们单位的刘先生。”“杨洁女士，我想请您认识一下韩光先生。”“张师傅，让我介绍一下，这是我的同事李敏。”“王总经理，请允许我介绍一下，这位是我们集团第一分公司新任经理张丰。”

若时间宽裕、气氛融洽，在为被介绍人作介绍时，除介绍姓名、单位、现任职务和与自己的关系外，还可介绍双方的爱好、特长、学历、荣誉等情况，为双方提供交谈的前提条件。介绍时，语言的使用不可厚此薄彼。

介绍语要清楚明白，不要含糊其辞。凡是容易误解的地方要加以解释，或作补充说明。如，“这位赵先生，是‘作协’的。”如果被介绍者是文艺界以外的人士要作补充说明：“‘作协’就是中国作家协会。”避免出现由于介绍不详闹出笑话，把“作协”误认为“做鞋”的。

介绍时要把握分寸，不要过分地颂扬一个人。一般来讲，谦虚的人，即使在熟人面前，也不喜欢别人替他吹嘘，在新结识的人面前更是如此。不合时宜的吹

捧会令被介绍人尴尬，不好意思，介绍人本人也会给人留下不良的印象，因此介绍时一定要掌握实事求是、适度的原则。

另外，作介绍前，应考虑被介绍人双方有无相识的必要与愿望，故可事先询问被介绍人的意见，以防作介绍时冷场。如“请允许我介绍你们认识一下”，然后再把双方的情况一一介绍。

（2）自我介绍。

在许多社交场合，为了多结交一些朋友或有意接触某人，需要主动趋前介绍自己给对方，这就是自我介绍。进行自我介绍时必须注意以下几方面：

仪态大方，表情亲切。进行自我介绍时，必须举止、仪表庄重大方，表情坦然亲切，面带笑容、热情友好。讲到自己时可将右手放在自己的左胸上，切忌慌慌张张、不知所措或满不在乎。

选准时机。当你进入新环境的时候，与陌生人初次见面时，必须及时、简要、明确地作自我介绍，说明来历，让对方尽快了解你。相反，见面时，相互凝视半天，你仍沉默或前言不搭后语，对方会很不愉快，甚至会产生许多疑问，使对方不愿意与你交往。当然若对方正与他人交谈，或大家的精力正集中在某人、某事上，则不宜作自我介绍；而对方一人独处或春风得意时，进行自我介绍则会产生良好效果。

把握分寸。自我介绍时措辞要适度，既不要过分炫耀自己的部门和本人，也不要过分自我贬低，而应实事求是、恰如其分地介绍自己，给人诚恳、坦率、可以信赖的印象。总之，自我介绍既要表现友好、自信和善解人意，又应力戒虚伪和媚俗。

掌握介绍的基本程序。自我介绍时，介绍者就是当事人，其基本程序是先向对方点头致意，得到回应后再向对方报出自己的姓名、身份、单位及有关情况。介绍时语言要热情友好，充满自信，眼睛要注视对方。

介绍内容要准确、恰当。在社交场合，自我介绍的内容大体由三个要素构成，即本人姓名、本人供职单位和本人职业（职务）。一般的自我介绍要将三者一气呵成，在初见面时，介绍要报姓名全称。如果对方表现出结识的热情和兴趣，还可以进一步介绍一下自己的学历、专长、兴趣、经历等。自我介绍的内容也可根据实际的需要决定繁简。

◊ 3.握手

握手是人与人之间的第一类接触。走入饭店、餐厅，与客人或客人见面时，以及宴会结束、分别时，常常需要握手。通过手与手的相握，可以让两个陌生人更亲近，原本对面不相识的人，会因为握手这个动作，成为见面问声好的工作伙伴。看似简单的握手，却蕴藏着复杂的礼仪规则，表达着丰富的交际信息。如与合作者握手表示期待，与对立者握手表示和解，与成功者握手表示祝贺，与失败者握手表示理解，与悲伤者握手表示慰问，与欢送者握手表示着告别，等等。

（1）握手的姿势。标准的握手姿势应该是平等的，大方地伸出右手，用手掌和手指用一点力握住对方的手掌。这个姿势对男女都是一样的！在大多数人的意识里，以为与女人握手只能握她的手指，许多女人也认为她只需要伸出她的手指，这种想法都是错误的。

通常情况下，在社交场合，人们应该站着握手，不然两个人都应坐着。如果你是坐着的，有人走来和你握手，你就必须站起来。如果你因身体不便或其他原因不能站起来，你一定要说："对不起，我不能站起来。"还要注意以下几点：

在握手时不要把一只手放在口袋里。

要和对方保持一定的距离，才可伸出右手。

右手大拇指朝上，虎口张开，以便与对方的手相握。

握手的力度宜轻，不要让对方感觉你在用力。

握手的动作不可做太久，应尽量简短。

（2）握手的力度与时间。握手的力度要适当，过重过轻都不适宜，特别是在与女人握手时不能太重，因为有很多女性，她们都戴着戒指，如果力度过大，会让她们感到疼痛。握手的时间通常是3秒钟左右，长久地握着不放，有时会让人感到不自在。当然，匆匆握一下就松手，同样也会让人感到不真诚。

（3）握手时的表情。在握手的瞬间，应面带微笑，双目注视对方，显得你非常有诚意，而且对方也感到充满了友谊。你的诚意与信心很容易让对方感受到；

而相对的，如果你在虚伪应付，对方也能从你的手中瞬间察觉出来。

（4）谁先伸手。目前，无论男女老幼，谁先伸手都是可以的，而在我国的传统礼仪里，要等长者和身份高的人先伸出手来，才可以接受握手，但在国际礼仪中已经没有这种要求了。

与长辈握手时。在我国还是要先等长辈伸出手，时间长短依长辈松手来决定，切勿自己先甩开手，因为这是十分不礼貌的行为。

与朋友握手时。自己要先伸手，尤其是碰到熟悉的朋友时。最好远远地就伸出手等着，这不仅表示出诚意与兴奋，更可让对方感受到你的热情。

与女士握手时。在西方的礼仪中，通常介绍朋友认识后都应由女性先伸手，这是一种绅士风度！而且双手相握这种过于热情的动作，男士也不宜对女士使用。

注意卫生。我们的手每天都要接触各种各样的东西，很难时刻保持得很干净，尤其是有些人的手汗多，握上去，让人感到很难受。如果你确定自己的手不太卫生时，在别人伸出手的同时，要及时说："对不起，我的手有些脏。"

避免小动作。有些人喜欢在握手时加入一些小动作，例如用大拇指搓搓对方的手背或是用食指抠手掌心。其实这都是十分要不得的坏习惯，因为容易让人误以为你有不正当的暗示。此外握住对方的手后，紧握一下即可，不要一直频频地摇晃，这容易给人不够稳重的感觉。

注意不要交叉握手。人多时，注意不要交叉式握手，可待别人握完后再握。每逢热烈兴奋的气氛时有些人容易忽略这一点，要特别注意。

到朋友家中，客人多，只须与主人及熟识的人握手，其余的人只需点头致意。但经过主人介绍的，就要逐一握手致意。

握手时不应戴手套。握手时要脱去手套，如因故来不及脱掉就握手，须向对方说明原因并表示歉意。不过据欧美传统礼貌，穿大礼服、戴白羊皮手套者，因不易脱下，按习惯可以不脱手套握手，但须请求对方原谅。另外，据西方传统，地位高的人和妇女也可以戴手套握手。

握手时双眼要正视对方，面露笑容，一边握着对方的手，一边和第三者谈笑，是最要不得的失礼行为。

当需要握手时，若你正在吸烟，不要把烟叼在嘴上或换成左手拿，便把右手伸了出去，而应将烟放在烟灰缸之后，再和人握手。

喧宾夺“座”难免尴尬

一次，小西参加别人的70岁大寿的生日宴会，由于堵车迟到，小西到现场时参加宴会的人已经来得差不多了。小西想趁着没人注意，闪进场找个空位坐下来，可是目光所及之处都是人，根本不见有空位。突然，小西看到一个空座，他赶紧三步并作两步走，以迅雷不见掩耳之势入座，并与同桌的客人打招呼，同桌的客人尽管都给予了回应，但表情都十分勉强。小西只当那不过是别人不认识自己的正常反应，也就不多想了，安下心来等待开席。过了一会儿，小西感觉众人都将目光转向他，心里正纳闷呢，这时，有一位先生指了指他身后，小西转过身一看，只见后方墙壁上竟挂着巨大的红色“寿”字，原来小西情急之下竟坐了寿星公的位置，他顿时感到脸上火辣辣的，尴尬地站了起来，在好心人的指点下找了个角落的位置坐下。小西心想：“唉！要是有个地洞，我一定钻进去。万众瞩目啊！脸丢大了！”

小西由于疏忽大意，一不小心，喧宾夺“座”，惹来众人“关注”的眼光，场面好不尴尬。尽管小西此举是无心之过，可在场的其他与宴者不会这么认为，他们只会觉得小西是个不懂座次之礼的人。何为座次之礼呢？在我们参加宴会时，除了要知道自己当天所扮演的角色外，还要了解男女主人在餐桌上的位置，男女主宾的位置，以及其他男女陪客的位置，然后再按照自己所扮演的角色入座，切不可像小西一样做出喧宾夺“座”的行为来。那么，到底怎么坐才不会失礼呢？

（1）客人到达自己的位子时，一屁股坐下来，是相当不礼貌的行为。正确的入座方式为从左侧入座，先用一只脚跨入桌椅间的空隙，另一只脚再随后跟上。等到双脚到达定位时，上半身保持挺直，下半身弯曲垂直坐下。

（2）赴宴入座不可一见空位就自行坐下，高级饭店往往是由服务员带路入座，以免坐错席位。如是参加宴会，进入宴会厅之前，应先了解自己的桌次和座位，入座时注意桌上座位卡是否写着自己的名字，不要随意乱坐。

（3）应听从主人安排，按主方给定的座位就座。不要随心所欲地寻找熟人或与想要结识的人为邻，或过分客气，以至于拉拉扯扯。另外，入座时，应让年长者、地位高者和女士优先，如邻座是年长者或妇女，应主动协助他们先坐下。然后，自己以右手拉开椅子，从椅子左边入座。同时，应与同桌点头致意。

（4）中式的宴会，多采用圆桌。但每桌照例有一个主人或招待者，在主人两旁的座位，一般是留给上宾或主客。如不是主人邀请，则不宜选此座。

（5）工作餐是一种非正式的商务宴请，对于座次的安排一般没有严格的要求，双方可自由入座。但出于礼貌，主人应等客人落座后再坐，且应把座向较好的位置让给客人。如果主人与客人为同性时，主人可坐于客人的对面，也可坐于客人左侧。客人为异性时，主人应选择客人对面的位置。

（6）如果你是第一个走近桌子的人，那就顺势向里移，以方便其他人就座。在餐厅用餐，当人多椅子不够用时不可乱拉旁桌的椅子，应请服务员协助搬取足量的椅子，或另找个宽敞的餐桌落座。

入座时最容易被你忽视的礼仪

每次参加宴请，总免不了首先得就座位礼让一番，这是中国人吃饭前的重要仪式。少了这个仪式，让大家随便坐了，坐主位者便显得太狂妄尊大，坐次座的人自然也会心中不忿，如此这般的各自心有千千结，也不能胃口大开吃顿好饭。

所以，入座的礼仪十分重要。

◊ 1.私人物品的放置

手提包、手套、钥匙、打火机、香烟等私人的物品，不要放在桌上，因为餐桌只是用餐的地方，放上私人东西，妨碍他人用餐，十分不礼貌。那么应该放在哪里呢？

（1）在较高级的餐厅用餐，餐厅都会备有衣帽间，像大衣、外套、伞具、包裹等物，皆可交给服务人员放置衣帽间，避免弄脏衣物，也可让自己身手利落。取回时记得给服务员小费。

（2）可将手套等零碎物品放进手提包里，手提包则靠在椅背上，随身重要物品可放在椅脚前下方。

（3）可能有很多人不习惯把手提包放在地板上，这时，你可以把手提包放在背后和椅子之间或大腿上（餐巾下）。

（4）若是邻座没有人，也可以放置在椅子上，或挂在皮包架上。

◊ 2.在餐桌上保持良好的坐姿

坐在餐桌上的时候，身体保持挺直，两脚齐放在地板上。当然，这并不是要求在餐桌上必须像军校的学生一般，坐得像枪杆一样笔直，不过也不可能像布娃娃一样，弯腰驼背地瘫在座位上。

用餐时，上臂和背部要靠到椅背，腹部和桌子保持约一个拳头的距离。两脚交叉的坐姿最好避免。在上菜空档，把一只手或两只手的手肘撑在桌面上，并无伤大雅，因为这是正在热烈与人交谈的人自然而然会摆出来的姿势。不过，吃东西时，手肘最好还是要离开桌面。如果两个胳膊不顾一切地往外张开，使得左右两边的同席者感到不便，这样是很不礼貌的。

暂停用餐时，双手如何摆放可以有多种选择。可以把双手放在桌面上，以手腕底部抵住桌子边缘；也可以把手放在桌面下的膝盖上，双手保持静止不动。不管怎样，这样可能比用手去拨弄盘中的食物，或玩弄头发要好得多了。

◊ 3.不应在餐桌上整理服饰

在国际交往中，女士如分不清内外，在餐桌上整理服饰，拿出小镜子补妆，就会引起麻烦了。这种行为，首先说明你缺少自尊，而且还会被西方人误认为你是揽客的妓女。所以，不要在餐桌上补妆。女士们赴宴常会上亮丽的彩妆，用餐过程中或有需要补妆之时，或用餐完毕要修补口红，切记不可在餐桌上进行，此时应向在座宾客说声对不起，到化妆室去补妆。

◊ **4.尊重其他用餐者**

把手机铃声关掉（最好是关机），然后大体留意一下周围环境的喧闹程度。不要盯着其他人看，虽然这很难做到，但是你要知道角落里的那对亲密的伴侣或许正在最后的晚餐中挽救着他们的关系，绝对不要窃听。尽管如此，饭店仍是公共场所，你绝对有权享受欢声笑语，所以也不必默不作声。

座次安排应该有尊卑有序

中国素有“礼仪之邦”之称，“不学礼，无以立”，中国最早的礼中最重要的礼，可以说就是食之礼。检验一个人修养的最好场合，莫过于集群宴会。因此，“子能食食，教以右手”（《礼记・内则》），家庭启蒙礼教的第一课便是食礼。而中国宴会繁缛食礼的基础仪程和中心环节，即是宴席上的座次之礼——“安席”。史载，汉高祖刘邦的发迹就缘于他在沛县令的“重客”群豪宴会上旁若无人“坐上座”的行为。《史记・项羽本纪》中鸿门宴会的座次是一规范：“项王、项伯东向坐，亚父南向坐，亚父者，范增也。沛公北向坐，张良西向坐”，此即顾炎武所谓：“古人之坐，以东向为尊。”这是指的“室”内设宴的座礼。

隋唐以后，出现了方形、矩形等形制餐桌，座次也随之改变。圆桌是应聚宴人多和席面大的要求应运而生的。圆桌在许多家庭中亦普遍使用，尤为今日餐饮业及机关企业食堂的会宴用桌面。其座次一般是依餐厅或室的方位与装饰设计风格而定，或取向门、朝阳，或依厅室设计装饰风格所体现出的重心与突出位置设首位。通常服务员摆台时以口布折叠成花、鸟等造型，首位造型会非常醒目，使人一望而知。而隆重的大型宴会则往往在各餐台座位前预先摆放座位卡（席签），所发请柬上则标明与宴者的台号。这样或由司仪导入，或持柬按图索骥、对号入座，自然不易出错。

宴席位次的设定，既属约定俗成，故其时空差异性较大，而依我国时下理念习尚，则首论职务尊卑，次序年齿，后及性别（先女后男，以示重女观念）。当然，这都是首席座位确定之后再循行的一般模式。

就一张餐台的具体座位来说，目前中餐通行的规范是：主人座于上方的正中，主宾在其右，副主宾居其左，其他与宴者依次按从右至左、从上向下排列。

◊ 1.设两个主陪式

按普通的宴席来讲，一般主陪在面对房门的上方中间位置，副主陪在主陪的对面，1号客人在主陪的右手，2号客人在主陪的左手，3号客人在副主陪的右手，4号客人在副主陪的左手，其他可以随意。

◊ 2.设一个主陪式

这种方式适合客人较少且主宾比较突出的情况下适用。

◊ 3.长条桌式

总的来讲，座次是“尚左尊东”、“面朝大门为尊”。若是圆桌，则正对大门的为主客，主客左右手边的位置，则以离主客的距离来看，越靠近主客位置越尊，相同距离则左侧尊于右侧。若为八仙桌，如果有正对大门的座位，则正对大门一侧的右位为主客。如果不正对大门，则面东的一侧右席为首席。

如果为大宴，桌与桌间的排列讲究首席居前居中，左边依次2、4、6席，右边为3、5、7席，根据主客身份、地位、亲疏分坐。

如果你是主人，你应该提前到达，然后在靠门位置等待，并为来宾引座。如果你是被邀请者，那么就应该听从东道主安排入座。

一般来说，如果你的老板出席的话，你应该将老板引至主座，请客户最高级别的坐在主座左侧位置。除非这次招待对象的领导级别非常高。

餐巾与筷子的使用

◊ 1.餐巾礼仪

餐巾，又名口布、茶巾、茶布、席巾、花巾等，它是宴会酒席上专用的保洁方巾，主要是防止食物沾污衣服，也可用来擦手上或嘴上的油渍。将餐巾折成各种花型，插在酒杯里供人欣赏，已成为一种通行的台面摆设。

在正式宴会上，客人需待主人先拿起餐巾时，自己方可拿起餐巾，反客为主的做法是失礼的。打开餐巾后，应摊放在自己的腿上，以能接住可能滴落的食物为宜，切勿系入腰带，或挂在西装领口。如果一打开餐巾或拿起餐巾纸，就揩擦自己的杯盏刀叉，实际上是对餐厅卫生工作的不信任。对主人来说，是很不礼貌的行为。如果有事临时离座，应将餐巾折好放在餐桌上，不要随意揉成一团或顺手往椅背上一搭。用餐后，可用餐巾揩拭嘴角或手，但千万不要把餐巾当作抹布，在餐桌上乱擦。

餐巾除了用来擦拭嘴巴、手、手指以外，也可以在吐出鱼骨头或水果核时，利用餐巾擦拭嘴唇，所以说餐巾的使用范围可说是相当广泛。擦拭嘴巴时，拿起餐巾的末端顺着嘴唇轻轻压一下，弄脏的部分为了不让人看见，可往内侧卷起。将鱼骨头或水果核吐出时，可利用餐巾遮住嘴后，用手指拿出来或吐在叉子上后再放在餐盘上。也可以直接吐在餐巾内，再将餐巾向内侧折起，服务生会注意到并换上一条新的餐巾。

餐巾是可以弄脏的，如不想将餐巾弄脏而取出自已的手帕或面纸使用，是违反用餐礼仪的。不过，用来擦汗或是擦鼻涕，或是将口红整个印在餐巾上，都是不对的。涂了口红的人应在用餐前以面纸轻压，而不是将口红印在餐巾上。

要记住一个原则：餐巾用得多脏都无所谓。如果餐巾没有好好利用，仍保持原状，极可能会被主人误会："是不是餐巾不干净，所以客人不敢使用？"这么一来就伤感情了。

◊ 2.筷子礼仪

筷子是中国人的终身好伙伴，古人写诗赞筷曰："不可一日无此君。"确实如此，筷子让你酸甜苦辣皆尝遍、享尽美食在人间。但当你在以筷大饱口福时，切不可忘记筷有筷礼、箸有箸规。每位用筷进餐的炎黄子孙，必须重视餐桌之礼、用筷之礼，只有理解尊重箸文化，才能享受箸文化所创造的美食气氛和乐趣。

（1）席间摆筷子的礼仪。

筷子是成双成对出现的，同一餐桌上应使用等长、同色、同质的筷子，摆放时应将它们摆整齐，不要一根长一根短，一头大一头小，更不可一根横放一根竖放或交叉摆放。筷子摆放时应小头向里，搁在筷架上或放在自己的菜盘上，大头与桌沿并齐。席间要暂时放下筷子时，应按开始摆放的样式摆放好。

（2）规范的执筷姿势。

握筷子时，一般用右手握筷子。若左右手不分，在就餐或取菜时会出现筷子"打架"现象。握筷子的位置要适中，不可握得过高或过低。

规范的执筷姿势的取位处，以成人为例，一般应是拇指捏按点在上距筷头（顶）约占筷长1/3（或略少于1/3）处为宜。这样既看起来雅观大方，又便于筷子的适当张合使用。而时下各种不规范执筷姿势的取位，大多是过分向下靠近筷足，一般是中间（或更下）取位，不仅看上去不雅，筷足张合不灵，且会两根筷头碰撞到一起发出不愉快的响声。因为取位过低，筷足不能做适当的张合，因此在取食物时，尤其是夹取诸如粒、丁、块、条一类较细碎食料时，其笨拙不灵活便会充分显现出来。

正确的执筷姿势应是五指协调并用。执筷时，中指兼有上撑下按的更为复杂灵巧的变化。五指的拇指、食指主要负责上支筷，拇指、中指、无名指主要负责下支筷，小指通过支撑无名指以协调其他四指的工作。持筷姿势一般是：拇指第二节前腹（指头肚）、食指全指（三节指骨内侧）、中指第三节骨处与上支筷接触；

拇指第一节后腹将下支筷上端由虎口处压向食指的中手骨位置，中指前腹端将下支筷压向无名指第三节；两根筷基本呈平行状，或筷足略靠近。但不宜两足并拢或张口过大，两筷开距，在中指第三节顶部与第三关节接触处，依成年计算，约当1.5cm。在餐桌上，由拇指做对掌运动压向另三指而使筷巧妙地对食物实施夹、拨、挑、分、搅、拌、刺、剥、剃、切、拆、折、撕、捞、卷、托、放、压、穿、运等灵活精确的动作。

（3）席间使用筷子的礼仪

在席间拿筷子要轻拿轻放，切不可随便扔掷，更不能在菜上来前用筷子敲击桌碗。因为中国人认为用筷子敲碗、碟是乞丐要饭的方式。我国有“杆不出栏，筷不出缘”说法，席间不用筷子时，应将其对一般齐，放在自己的味碟上面，或放在自己的杯子右侧，不可架在公用菜盘上或搁在邻座宾客面前。

（4）用筷子夹菜的礼仪

吃饭时，须等坐正中间位置的人动第一筷后，众人才能跟着各动其筷。灵活、文明的用筷方式，应当是筷足接触食物一下到位，一次成功，即入即出，进退有序，筷不宜与食物接触时间过长。但盘中恰好只余一片瘦肉，恰好掩藏于菜叶之间，关注已久，此时当定睛、提气，慢慢举筷，不动声色地悄悄瞄准，突然一筷下去，夹中目标。如一次没有夹住，切不可在盘中徘徊，也不可空筷而返，一定要顺势夹取其他任何一物。如果筷子行到一半，突然间半路里杀出个程咬金，横刀夺爱，棋先一招，将肉片夹去，也不得乱了分寸，当随机应变，马上筷子转向，投入别的菜盘夹菜。这样，既不给人家添尴尬，也不给自己找气赌，依旧面色如常，谈笑风生，这才是见过世面的大家风范。

用筷子夹菜时不要“举筷不定”。不要从碗里挑菜拣食，不要用筷子来撕口中的鱼肉，更不能用筷子来回戳食菜肴。中国人喜欢多人从一大盘菜中取食，在夹菜时，要注意避开其他客人的筷子，免得伸到盘内时与别人的筷子相交叉。不要伸胳膊去夹取对面较远的菜肴，这是失礼的表现。在餐桌上谈话时要放下筷子，绝不可用筷子做手势，举筷在别人面前指来划去，使筷子在餐桌上乱舞，这是粗鲁和缺乏教养的表现。

（5）各地筷礼不相同

江南人在宴席上用筷还有另一种礼俗，客人入席后，主人先握筷比划一下，然后说："诸位不必客气，没什么好菜招待，大家请！请！请！"这时客人方可动筷，在此以前动筷是失礼的。客人餐毕，要以筷向全桌尚在用膳的客人示意说："各位请慢用！"然后将筷放在碗口上，这表示我在奉陪诸君进餐。直到主人落筷，大家才将筷子从碗口取下，起立离座。向主人和同桌打个招呼，以示礼貌。

在少数民族地区，筷礼有时和汉族不同。汉族请客设宴，主人不动筷，客人先动筷为失礼；而广西芷江侗族山寨请客，主人要等客人先动筷后自己方可动筷。达斡尔族人不得用筷指人；傣族人不能在别人筷子下面挟菜，不能用筷子打猫狗；德昂族人筷子不能用刀削。

延边朝鲜族家中老长辈吃单桌。开饭时，老人面前各自放有小圆桌，上菜后，老人不首先动筷夹菜，晚辈是不能随便动筷的。

广西壮族在吃饭时，最忌把筷子掉在地上，他们认为掉筷是不吉利的征兆。

在台湾，对于用餐时，若筷子不慎落地者，旁人会笑着说："有人要请你吃饭了！"这是以较幽默的方式化解掉筷者的尴尬。

第六章

点餐如点兵，把握不好全盘皆输

点菜看似是一个简单的过程，其实很复杂，每个人的饮食习惯、禁忌不同，口味不同……如果要想满足每一个人的需求就很困难，若点不好菜，难免有人会生气，难怪有人说：点餐如点兵，把握不好全盘皆输。

点菜“硬功夫”之江湖再现

点菜是宴请活动最关键的一环。如果菜品安排太少，就有怠慢客人之嫌；反之，安排得过多，又会造成浪费。如果所安排的菜品，色泽一致，口味一样，盛器相同，又会得到单调无奇的评语。尽是荤菜，有肥腻之嫌；尽是素菜，有清淡之嫌。

芳芳过生日请两个好朋友吃饭。到了餐馆之后，芳芳让两个朋友点菜：“别客气啊，随便点，今天我生日，图的就是高兴，想吃什么点什么。”两个朋友便开始点菜。其中一个好朋友很体谅芳芳的实际收入水平不高，又考虑到现在正是月末“粮紧”的时候，便随意点了两个一般价位的菜，但另一个好朋友听了芳芳的话后便毫无顾忌，专点自己喜欢吃的，有的菜价格很昂贵。芳芳看了菜价后，表面上不动声色，心里却想：以后请客吃饭再也不叫他了。这人还真实在，跟我一点也不客气，专挑贵的点，再请他几回还不得吃死我啊！

芳芳另一个好朋友或许是真实在，或许原本就是抱着“宰”她一顿的想法来的，不管怎样，他点菜的“功夫”已经把芳芳吓到了，相信很难再有下一次了。

在宴会中，点菜相当重要，菜点得好不好，直接关系到宴会的后续发展。为了让大家成为点菜的高手，下面向大家介绍几种点菜的“硬功夫”，相信对大家会有所帮助。

（1）明确宴请的目的。宴请的目的多种多样，有正规待客的，有好友相聚的；有两情相悦的，有闲极无聊的；有论功行赏的，有笼络感情的，林林总总，不一而足。总之，不同的目的决定了不同的菜品和菜质，所以点菜首先要明确宴请的目的。

（2）看人下菜。点菜要看人来点。俗话说，知己知彼，百战不殆。所以掌握同席之人的口味乃点菜之先。选菜不应以主人的爱好为准，而要考虑宾客的喜好与禁忌。作为发起宴请的你要记住：你是请别人，你自己的口味是次要的，对方喜欢就好。

（3）注重特色。特色菜又叫招牌菜，一般是餐厅用来吸引客人的拿手菜，味道不错，价钱也不会太贵。每到一个不熟悉的餐馆，不妨先问问有什么特色菜，这样就可对该餐馆的整体素质心中有数，点菜有底。

（4）巧妙搭配。点菜时要注意巧妙搭配菜色。以中国菜为例，并不要求每个菜都出色精彩，但讲究一桌菜的五味俱全，且要搭配合理，咸淡互补，鲜辣不克，让每种味、每道菜的特色都发挥到极致。菜肴应强调荤素、浓淡、干湿等多种烹调方法搭配，菜品原料尽量不重复。如果有人让你点一桌菜，要求一道鲁菜，一道淮扬菜、一道湖南菜、一道徽菜。应该这样搭配：鲁菜点炒豆腐脑，以鲜嫩之味来清淡开胃；湖南菜点一道东安子鸡，又麻又辣又烫，实为下酒好菜；徽菜点一道蟹粉狮子头，此物亦可下酒，亦可当主食，还可解辣，妙极！淮扬菜点个汤菜鸡汁煮千丝收尾，亦汤亦菜，也好解酒。

点菜时也要注重高、中、低不同档次菜肴的搭配。根据经验来看，10个人聚餐，高档的菜肴只要2～3个就可以了，而且其中最好有一个是其他饭店不常做的菜。在低档菜中选取该饭店的一些特色菜，这样能给予宴者留下深刻印象，主人也不失体面，从而达到宾主尽欢的目的。

（5）尊重买单的人。如果是别人做东，要记得为对方留点余地，多为对方着想，不要点太贵的菜，不能因为是别人付钱，就尽情地点，这是很不礼貌的行为，还会造成铺张浪费。改天若是换成自己做东，别人一定也会存有报复你的心态，那就得不偿失了。另外，当对方问你要点什么的时候，必须先将自己的意见告诉对方，而不是服务员，否则对方会觉得不被尊重，场面也会很尴尬。

你知道谁来点菜更合适吗?

假如把餐桌比喻成战场，那么“点菜”绝不亚于战前的“点兵”。点菜是个人饮食文化的集中表现，融合了地域风格、个人品味，其中大有学问。在餐桌这个战场上，到底谁来点菜更合适呢？这就要具体情况具体对待。

一般情况下，可以有以下几种选择：

◊ 1.主人点菜

宴请之前，主人一定要了解客人的口味。国内客人的口味特征大致为东辣、西酸、南甜、北咸，香港人一般要求清淡。宴请时要根据客人的具体情况点菜。

点菜时，我们一般都会有礼貌地征求一下客人的意见，但怎么问大有讲究。一般来说，主要有两种问法：一种是封闭式问题。比如：“来条草鱼还是鲤鱼？”如此在两者之间进行选择，大大缩小了选择的余地。又如：“喝茶还是喝咖啡？”就是告诉对方，你不要喝酒。而另外一种问法则是问开放式的问题。比如：“您想喝什么酒？”由被问者自由选择。此外，需要注意的是，一定要了解客人不吃什么，尤其注意不要犯客人的饮食禁忌。

◊ 2.客人点菜

入席后，主人往往把优先点菜的权利让给客人，这是出于礼貌而为。一般来说，客人不好意思点价格较贵的菜品。如果你看出客人有些为难，可以从侧面来提醒和帮助他。例如，可用以下问题来打破僵局：“这里的咖喱牛肉比较有特色，你可以试试看”，或者“咱们共同点道海鲜浓汤吧，这里的海鲜比较新鲜，值得一尝”等。用轻松的语气向客人提出建议，意思是这样的价位你可以接受，客人尽管以此类推来点菜，不必感到拘束。

◇ 3.领导点菜

和领导一起吃饭时，往往是领导一个人说了算，决定大家吃什么菜，而部下通常异口同声说“都行都行”、“什么都行”，将选择权拱手让出。当然，也有那种宽厚的领导，让大家群策群力，想吃什么就说，或者索性放手让手下人去点菜，毕竟吃饭不是什么原则问题，轻松一点才好。不过，和领导一起吃饭还是应该优先让领导点菜，这也是职场中的一门艺术。

◇ 4.女宾点菜

在当今世界，除了少数地方外，在一些较正式的场合，“女士优先”这句话可以说是放诸四海皆准。男女在餐馆、饭店约会，点菜时应让女士先点，尊重女士的意见。在西餐厅，如果女士对吃西餐已经轻车熟路，那就大大方方点好了。当然，要不时征询一下在场男士的意见。但如果不熟悉西餐的点法，菜单又全是英文，女士可以坦率而诚恳地说：“你来点吧，你熟悉，我相信你点的菜很美味。”

◇ 5.轮流点菜

亲朋好友一起吃饭，大多是一人点一个菜。不过，如果大家都不爱吃你点的那道菜的话，你就有责任吃掉三分之二。点菜吃饭是个人行为，和工作不一样，每个人都有自己的机会和选择权，不必有太多的顾虑。

◇ 6.职业点菜师代劳

如今，社会上出现了一种职业——点菜师，如果你对饭店的菜实在拿不准，不妨请个职业点菜师。实际上，上档次的饭店都会培养一些训练有素的点菜师，当客人面对菜单无所适从时，点菜师会为客人配出一桌好菜。

如果当着客人的面，不方便讲要花多少钱时，可以通过特定的词汇，比如“来点儿家常菜”、“来点儿清淡爽口的”，这是暗示点菜师自己不想高消费，而“有什么山珍海味”、“来点海鲜”，则是暗示点菜师你请的是贵宾，并不在乎花费多少。这样点菜师会让你既有面子，又不会“荷包大出血”。

像专业的点菜师那样去点菜

宴请选菜不应以主人的爱好为准，而应主要考虑主宾的喜好与禁忌。宴请点菜有不少讲究。

要想成为点菜高手，不是那么容易的事情，可是秘书谢小姐，却是个点菜行家，她总是能够像专业的点菜师一样点出让人满意的菜。她是怎么做到的呢？谢小姐是公关部经理的秘书，她的工作性质决定了她得常常负责饭局宴会的筹备工作。领导一般只会交代她去办一桌席，而不会具体交代怎么办的细节，谢小姐每次都能顺利完成这个任务，办出一桌漂漂亮亮的宴席来，她说："点菜其实并不难，知己知彼，方可百战不殆，掌握同席之人的口味是第一步。

"如果是两人共餐，其中有女性，可以点一荤一素两个冷菜，或加上一个卤水菜肴，再点一个高档的蔬菜、一个海鲜、一个荤素小炒即可。如果是那些注重美食、营养的人，各自再加一个小炖盅就可以吃得风光而体面了。

"如果是与生意上的客户共进晚餐，在双方不熟悉的情况下，点菜点得恰到好处，凉热荤素、鸡鸭鱼肉搭配得当是非常关键的问题。一般工作餐会是三五成群，所以点的冷菜不仅要有海鲜、卤水，最好还要有一些别致的小菜。而热菜要有一道高档海鲜，外加两道荤素小炒，一道带肉主菜，一道清口蔬菜，汤煲、点心、水果各一道即可。

"当然，在点菜前一定要先问问桌上同餐者有没有什么人有特殊忌讳，比方说素食者、不食牛羊肉者、不吃辣椒者、不吃海鲜者等。做到心中有数，点菜时就可以兼而顾之，不会有人大快朵颐，有人停箸默然。

"另外，从营养的角度来看，要注意膳食平衡，即注意谷、果、肉、菜、豆

等各类食物品种齐全、比例适当。根据就餐者的年龄、个人嗜好、身体状况及就餐季节，点菜时应注意以下方面：

首先是荤素搭配：对海鲜、畜肉、禽肉、豆类及其制品、蔬菜及水果等应全面考虑，但要注意肉类不宜太多。在重视饮食营养的今天。一定数量的素菜是必不可少的，菜肴中应有三分之一以上是绿色蔬菜和豆制品。这样可以通过荤素搭配保证营养平衡，在色泽和口感上也有新鲜感。若是担心素菜显得不够高档，可配些草菇、香菇、虾仁等增加'美食感'。

其次是软硬搭配：这主要是考虑照顾好老人和小孩，且注意油炸食物不宜太多。

再次是菜色搭配：整体色彩搭配效果清爽诱人。

最后是口味搭配和冷热搭配：酸、甜、苦、辣、咸各种口味菜肴的搭配要尽量照顾到大多数就餐者的喜好。如果就餐者中有病人。如患有高脂血症、糖尿病等疾病者，应多点一些低脂、无糖、高纤维素的菜。并且注意冷菜及冷食不宜过多。"

也许要我们一下子达到谢小姐点菜的境界有点强人所难，毕竟我们既不是专业的点菜师，也不是天天琢磨研究点菜之道，但我们可以学习谢小姐点菜的方法，了解点菜的一些注意事项，在点菜前多了解即将参加宴会者的喜好与忌讳。相信用不了多久我们也可以像专业的点菜师那样点出令众人满意的菜品。

点一桌既好吃又好看的菜，是成功宴请的必要条件。点菜也是一门艺术，其中大有学问。点得好，色、香、味俱佳，满堂生辉，宾主欢愉；点不好，往往白花了许多钱却讨不到好。

因此，在宴请之前，主人需要事先对菜单进行再三斟酌。点菜时，如果人少，菜最好少而精；人多，菜最好精而全。多人宴席时难免众口难调，常规做法是凉热荤素、鸡鸭鱼肉搭配起来。最好是客人到之前先有一个安排。

（1）菜肴原料要多样化。绿色蔬菜、菇类、豆腐、海鲜、鱼类、畜肉、鸡肉等都应顾及，特别是在重视饮食营养的今天，一定数量的素菜是必不可少的。另外，要多点应时的蔬果。这类的专业点菜程序可以事先请教专业的点菜师，做到有备无患。

（2）考虑来宾的饮食禁忌。在安排菜单时，还必须考虑来宾的饮食禁忌，特别是对主宾的饮食禁忌要高度重视。饮食方面的禁忌主要有四类：

①宗教禁忌。对此一点也不能疏忽大意。例如，有些教徒不吃肉，不喝酒等，当然还包括葱、蒜、韭菜、芥末等气味刺鼻的食物。

②个人禁忌。有些人由于种种原因，在饮食上有一些与众不同的特殊要求。比如，有的人不吃肉，有的人不吃鱼，有的人不吃蛋等。对于这些人的饮食禁忌，也要充分予以照顾。不要明知故犯，或是对此说三道四。出于健康方面的原因，有的人对于某些食品有所禁忌。比如，心脏病、脑血管疾病、动脉硬化、高血压和中风后遗症的人不适合吃狗肉，肝炎病人忌吃羊肉和甲鱼，胃肠炎、胃溃疡等消化系统疾病的人也不适合吃甲鱼，高血压、高胆固醇患者要少喝鸡汤等。

③地方禁忌。不同地区，人们的饮食偏好往往不同。对于这一点，在安排菜单时也要兼顾。比如，湖南人普遍喜欢吃辛辣食物，少吃甜食。

④职业禁忌。有些职业，出于某种原因，在餐饮方面往往也有特殊禁忌。例如，国家公务员在公务宴请时不准大吃大喝，驾驶员在工作期间不得饮酒等。要是忽略了这些，就有可能使对方犯错误，甚至造成事故。

⑤国际禁忌。如果你经常有机会宴请外国朋友的话，最好了解一下他们的饮食禁忌，以免引起不必要的麻烦。以下几点应特别注意：

如果你要宴请外国客户，千万不要点一些由动物内脏烹制的食物。虽然法国名菜肥鹅肝、鹅肝酱很受欢迎，但是这不意味着他们能接受用地道的中式方法烹制的动物内脏食物。

另外，外国人也不太喜欢吃肥肉。

尽量不要点有骨头的菜。外国人吃鸡鸭鱼肉一般都是把骨头剔得干干净净才拿来做菜，吃起来也不费工夫。所以，请外国人吃饭要尽量尊重他们的习惯。

不要肉食为主、素菜为辅。和我们的高碳水化合物、低蛋白、低脂肪的饮食习惯不同，外国人的饮食习惯是高脂肪、高蛋白质、低碳水化合物。他们每餐吃的食物量不多，能量却很高。

避免口味过于油腻辛辣的食物。外国人的口味相对清淡，多数外国人都是不吃辣的。所以，如果你请外国人吃中餐，一般不要点那些油腻辛辣的菜，比如辣子鸡、水煮鱼等。

相信只要你宴请前的准备工作做好了，对即将宴请的人有所了解和关注，再结合专业点菜师的意见，一定能点出令主宾都满意的菜品。

点菜切勿捡了芝麻，丢了西瓜

有些人请客吃饭，喜欢贪图小便宜，进门就问："今天有什么又好又便宜的特价菜啊？"弄得一旁随同前来的客人直皱眉，客人心里想：难道说，我在他心目中是那种只配吃特价便宜菜的人？还是说，他原本就是个贪图小便宜、目光短浅，又毫无生活质量的人？看来我得重新考虑跟他合作（交往）的事情了。这场饭局才开头，你就让对方心里有了疙瘩，那么，接下来你原本想通过饭局进一步与对方加深关系的目的也就落了空。

提倡勤俭节约、拒绝铺张浪费是宴会一贯主张的原则，但是，这需要讲究技巧，而不适宜大张旗鼓地表现出来，或是让对方察觉出来，否则就成了小气吝啬的表现，直接影响对方对你的看法，甚至会打消对方原先打算与你交往的想法。可能因小失大，得不偿失了。

蔡锦英俊帅气，但一直没有女朋友，在姑妈的介绍下，他开始和一位年轻漂亮的姑娘约会。

约会那天，天空下着零星小雨，他俩没有打伞，沿着林间小路边走边聊。从学生时代一直聊到现在的工作，后来雨越下越大，两人便走进了路边的一家餐厅。这是一家西餐厅，看那装潢设计就知道价格不会便宜，翻开菜单一看果然如此，蔡锦连忙对姑娘说："这家餐厅太贵了，咱们在这吃不划算，不远的一条街上有很多家常菜馆，经济又实惠，要不咱们去那边吃吧？"姑娘皱皱眉说："话是不错，可是外面的雨太大了，一出门咱们都得湿透了，还是就在这里吃吧。反正就这一回，也不是天天来，就当奢侈一回了。”姑娘说完还故意眨眨眼，笑了笑。

于是，蔡锦只好心不甘情不愿地开始点菜，他问服务员说：“这个牛排怎么那么贵啊？没有便宜的吗？”服务员说：“对不起，先生，我们这是上等的菲力，您吃了一定会觉得物超所值的。”“那这个浓汤呢？量有多少啊？”“这……”蔡锦一个一个地问，服务员一个一个地答，而姑娘的脸色愈来愈难看。最终蔡锦点了最便宜的面包和浓汤给自己，给姑娘点了一份牛排。

接着，在吃饭的过程中，蔡锦一直在念叨“亏了、不划算”之类的词，听得姑娘火了：“你别念叨了行吗？不就是贵了点吗？咱们AA不就得了吗？至于一直念叨吗？”蔡锦见姑娘误会了，赶紧解释说：“我不是这个意思，我只是觉得这样有点浪费。”姑娘说：“算了，你这个人太小气，别不承认了，你不就是觉得咱俩还没交往，你请我吃大餐太亏吗？算了，这顿咱们AA，以后也别见面了，难怪你一直找不到对象呢！”姑娘说完放下钱起身就走了。

蔡锦只是太过勤俭节约，觉得这样浪费没有必要，结果却捡了颗芝麻，丢了个西瓜，实在是一桩“亏本”的“买卖”啊！

请客吃饭不同于平常吃饭，节约是应该提倡的美德，但请别人吃饭，你必须考虑对方的感受，对方喜欢什么，想吃什么，只有让对方吃得开心、吃得尽兴，你才有可能达到宴请的目的，否则很有可能落得上述案例中蔡锦的下场——竹篮打水一场空，还可能影响你的形象，给对方留下“小气吝啬”的印象。

点菜其实有方法和技巧

◊ 1.阅读菜单

菜单的形式很多，有的菜单会依据菜的性质种类来做分类，有的则不会。如有的餐厅会很体贴的将提供的菜色分成牛肉类、猪肉类、羊肉类、素食类、饭类、面类、汤类、甜点等等。但有的餐厅的菜单则没有这种方便详细的归类，所以点菜时要从菜肴的名称来判断，到底这道菜的内容是什么，它会是我们想要吃的菜吗？有的菜名很清楚，如“凉拌黄瓜”，可想而知这道菜的主角就是黄瓜；糖醋鱼，这是一道加上糖、醋做成的酸酸甜甜的鱼类菜肴。

有时候为了好听，中国菜名会起一些莫名其妙的怪名称，例如蚂蚁上树、东坡绣球、五更肠旺等这类的名字，如果真的看不懂到底这些菜是什么东西，除非你鼓起勇气向服务生问个清楚，否则最好不要乱点，免得到时会吃到自己不想吃的菜。

如果你对某种配料或者对某种菜肴的味道不甚了解，尽管去问服务生。他或许还能把厨师叫出来为你讲解。

◊ 2.点菜的数量

设宴时，所点菜肴的数量，应根据其人数和宴请的方式来决定，不可铺张浪费。菜肴的数量按实际就座的人数安排，一般来说，冷菜加热菜的总量是人数的两倍就可以了。

火爆的家常菜馆，大多“量足”是一大口碑，就是在全聚德，其菜量也是很适中的。三个人就餐，点半只烤鸭、2个热菜、2个凉菜即可。就座不足5人，可按实际人数另加几个菜。如4人吃饭，一般可点3～4个冷碟，3～4个热炒菜，加1个大菜、1道汤，1～2个点心就足够了。当然，也可客气地征求对方的意见。有时候，4人上饭馆4菜1汤或羹足矣，除了1道青菜外，其余3个菜可以是煎、炒、焖各一。12人一席则9菜1汤或8菜1汤比较适宜，至于烹制方法就可以有多种选择了。而且，一般饭店都有例、中、双上的份量，三五个人点个例就可以了，10人就点个中的，如果食客当中有很能吃的，再考虑是否双上。

不必点太多招牌菜。一次点一个招牌菜、一个果腹菜、一个素菜、一个下酒菜，再点一个下饭菜。三五朋友聚餐，就能吃得心满意足，又不浪费。

千万不能有“我有的是钱，我点的菜吃不完有什么关系”这种想法，如果菜吃不完，不但是浪费食物，这样对餐厅和客人都是一种不礼貌的行为。

◊ 3.点菜的顺序和内容

中餐宴席菜肴上桌的顺序，各地不完全相同，但一般普遍依循下列六项原则：

即先冷盘后热炒；先菜肴后点心；先炒后烧；先咸后甜；先味道清淡鲜美，后味道油腻浓烈；好的菜肴先上，普通的后上。一般情况下，点菜也要遵循这个顺序。

上菜时，首先注意一定要先点上几个凉菜，以免桌上空空荡荡。通常是4～8种冷菜，也可点十多种。其次，要根据客人重要程度和要花钱的数额，先点上几个关键菜（主菜。主菜又称为大件、大菜），以此来表达客人的宴请级别，然后将各菜品（鱼、肉、蔬菜、凉菜等）搭配起来。如果人多，可以多点几个肉类，不够则以普通菜等补充。热菜道数通常是4、6、8等偶数。因为，中国人认为偶数是吉利的。在豪华的餐宴上，主菜有时多达16或32道，但普通的标准是6～12道。

注意宴请宾客除要用贵菜来显示尊重外，一些本店的特色菜可能会给各个级别的客人带来兴趣，也多了酒宴中的话题。主菜结束后所供应的点心，或者馅饼、蛋糕、包子、杏仁豆腐等这些食品也可以，最后则是水果。

◊ 4.跟服务生定菜

当你决定好要吃什么，并征求大家的意见之后，可以面向服务生以举手的方式，或是轻声地说一声："先生（姑娘），可以帮我点菜吗？"请服务生过来为你服务。然后你只需要将你想要吃的菜名，念一遍给服务生听，等他记下来，就完成了点菜的手续。

在外面吃饭就要好好享受，大家都不喜欢被催着作决定。把菜单合上是全球通用的"我选好了"的信号，那你也就这样做吧。

点菜不可不知道的宜与忌

如果时间允许，你应该等大多数客人到齐之后，将菜单供客人传阅，并请他们来点菜。当然，作为公务宴请，你会担心预算的问题，因此，要控制预算，你最重要的是要多做饭前功课，选择合适档次的请客地点是比较重要的，这样客人

也能大大领会你的预算。况且一般来说，如果是你来买单，客人也不太好意思点菜，都会让你来作主。如果你的老板也在酒席上，千万不要因为尊重他，或是认为他应酬经验丰富，酒席吃得多，而让他来点菜，除非是他主动要求。否则，他会觉得不够体面。

如果你是赴宴者，你应该知道，你不该在点菜时太过主动，而是要让主人来点菜。如果对方盛情要求，你可以点一个不太贵、又不是大家忌口的菜。记得征询一下桌上人的意见，特别是问一下“有没有哪些是不吃的？”或是“比较喜欢吃什么？”让大家感觉被照顾到了。点菜后，可以请示“我点了菜，不知道是否合几位的口味”，“要不要再来点其他的什么”等等。

（1）点菜时，一定要心中有数。点菜时，可根据以下三个规则：

①看人员组成。一般来说，人均一菜是比较通用的规则。如果是男士较多的餐会可适当加量。

②看菜肴组合。一般来说，一桌菜最好是有荤有素，有冷有热，尽量做到全面。如果桌上男士多，可多点些荤食，如果女士较多，则可多点几道清淡的蔬菜。

③看宴请的重要程度。若是普通的商务宴请，平均一道菜在50元到80元左右可以接受。如果这次宴请的对象是比较关键人物，那么则要点上几个够分量的菜，例如龙虾、刀鱼、鲥鱼，再要上规格一点的，则是鲍鱼、翅粉等。

还有一点需要注意的是，点菜时不应该问服务员菜肴的价格，或是讨价还价，这样会让你公司在客户面前显得有点小家子气，而且客户也会觉得不自在。

（2）中餐点菜指导——三优四忌：

一顿标准的中式大餐，通常，先上冷盘，接下来是热炒，随后是主菜，然后上点心和汤，如果感觉吃得有点腻，可以点一些餐后甜品，最后是上果盘。在点菜中要顾及到各个程序的菜式，优先考虑的菜肴。

①有中餐特色的菜肴。宴请外宾的时候，这一条更要重视。像炸春卷、煮元宵、蒸饺子、狮子头、宫爆鸡丁等，并不是佳肴美味，但因为具有鲜明的中国特色，所以受到很多外国人的推崇。

②有本地特色的菜肴。比如西安的羊肉泡馍，湖南的毛家红烧肉，上海的红烧狮子头，北京的涮羊肉，在本地宴请外地客人时，上这些特色菜，恐怕要比千篇一律的生猛海鲜更受好评。

③本餐馆的特色菜。很多餐馆都有自己的特色菜。上一份本餐馆的特色菜，能说明主人的细心和对被请者的尊重。

（3）在安排菜单时，还必须考虑来宾的饮食禁忌，特别是要对主宾的饮食禁忌高度重视。

不同场合点酒水要注意

请客吃饭时基本都会用到酒水。无论你所要宴请的是什么样的客人，举办什么样的宴会，都离不开酒水。可以说，无酒不成宴，无酒不成欢。在中式的宴会中，酒的种类与菜肴的安排有着一定的联系，甚至与季节、宴会主题也颇为相关。虽然在不同的场合下，酒水会有所不同，但需要注意的事项大同小异。

下面就介绍几个点酒水时需要考虑的方面：

◊ 1.酒要与宴会相配

宴会的档次有高、中、低之分，酒有上品、中品、下品之分，不同的宴会选酒应当与其规格相匹配。如我国举办国宴时，往往选用茅台酒，因为它被称为我国的“国酒”，其质量和价格在我国酒类中最高。但是，如果是普通宴会，则可选用档次稍低的酒品；如果在普通宴会上用茅台酒，酒水的价值高于整桌菜肴的价值，整体显得不协调。

◊ 2.酒要与季节相配

一年四季，不同季节选用的酒也应不同。比如，冬天人们一般喜欢喝“烫酒”，既开胃又养胃；夏天则喜欢冰镇啤酒，有消暑的功效。因此，宴请宾客时，冬天选择白酒较多，而夏天选择啤酒较多。

◊ 3.佳肴还需好酒配

在任何宴席之上，酒与菜都很难分家。尽管中餐没有西餐中酒类的选择与菜肴那么严格的搭配，但是，假如宴请的档次较高，那么选择用红酒搭配鸡鸭菜肴，用竹叶青酒搭配鱼虾菜肴，用加饭酒搭配冷菜冷盘，而吃螃蟹时则应饮黄酒而非白酒。

◊ 4.酒与酒亦有搭配

酒与酒的搭配也是有一定讲究的：低度酒在先，高度酒在后；新酒在先，陈酒在后；普通酒在先，名贵酒在后；软性酒在先，硬性酒在后；有气酒在先，无气酒在后；干烈酒在先，甘甜酒在后；淡雅风格的酒在先，浓郁风格的酒在后；白葡萄酒在先，红葡萄酒在后。从科学饮食的角度来看，最好不要将多种酒混杂饮用，否则很容易喝醉。

一般说来，中餐用酒没有西餐用酒那么复杂，但这并不是说中餐点酒无章可循。

下面是中餐宴席饮用酒水的一般注意事项。

◊ 1.餐前用饮料

一般在餐前，我们中国人喜欢饮茶或软饮料，以饮茶居多，而不像西方人饮餐前酒。软饮料通常是碳酸饮料，但是也可能会有客人点果汁、蒸馏水或者矿泉水。多数客人在选定一种饮料后，用餐过程中不宜再更换。需要注意的是，餐前饮料最好不要点果汁类，因为口味浓郁的果汁会将饭菜的味道冲淡。

◊ 2.佐餐酒

宴会上，很熟悉的客人也许会自己点自己喜爱的酒，但宴席有多桌时，每桌选用的酒品要相对统一，绝对不能区别对待，厚此薄彼，这样才能在敬酒、劝酒时显得更为公平、和谐。

◊ 3.餐后饮料

中餐一般以茶水作为餐后饮料，在民间，人们认为茶水具有止渴、解酒、帮助消化的功能。根据我国许多地方的饮食文化和传统，宴席上所斟的酒大多必须

在上最后一道菜之前“门前清”，同时也宣告饮酒活动告一段落，此后一般不再饮用酒精类的饮料了，所以吃中餐很少喝餐后酒。当然，如果是大家相谈甚欢，酒兴未尽，则另当别论。

另外，由于饮料和酒水一个甜蜜一个浓烈，在不同的饭局上二者巧妙搭配也能取得不错的效果，下面介绍几种搭配可供大家借鉴：

（1）啤酒+牛奶。

按照奶多酒少的原则混搭，外表是牛奶，喝起来却有啤酒的清香。适合任何人士、任何场合。

（2）红酒+绿茶/雪碧/苏打+冰块。

干红里放入冰块和雪碧，减少了酒精的浓度，口感爽冽，别有一种情调。最适合稍具小资情调的KTV、酒吧等交际场合。

（3）白酒+可乐/雪碧。

长期以来大家都习惯在酒席上饮用白酒，饮法也比较单调，多数是“一口干”。其实白酒里也可掺上可乐、雪碧，再加上点冰块和柠檬，这样白酒的度数低了许多，酒质丰润、入口爽滑，还有了点鸡尾酒的味道，适合家宴和聚会等场合。

第七章

进餐过程中不得不注意的问题

无论你是主人还是客人，在进餐的过程中如果不注意餐桌上的细节问题，可能影响到在座的每一个人吃饭的情绪。因此，餐桌上的礼仪你不能不懂。

餐桌上请注意你说话的分贝

西方的一些沟通专家把声音誉为“沟通中最强有力的乐器”，然而很多人却不知道自己的声音是坏了的乐器发出的噪音，其恐怖程度可媲美“超声波”，常常令周围人深感头痛。

蔺戴是公司新来的员工，刚刚大学毕业，性格活泼好动。这天公司在附近餐厅举办迎新会，以便新员工与老员工的进一步交流，为以后的公事交际打下基础。蔺戴作为新员工代表发言，可能是性格原因，也可能是想在大家面前出出风头，蔺戴开始了她的即兴演讲。只见她侃侃而谈，超高分贝的声音震慑全场，甚至连玻璃杯都在隐隐颤动。或许是对自己太过自信，蔺戴发表了半小时的演讲后还意犹未尽，丝毫不顾主持人在一旁朝她使了半天眼色，还在那里没完没了地讲。经理看了直皱眉头，在场的其他同事碍于情面又不好遮起耳朵，邻近门边的同事都借故闪出了门外。

蔺戴原想通过即兴发言给大家留下一个好的印象，谁知由于她的声音过于刺耳，反而让人感到不舒服。更何况她完全忘记了自己所处的场合和身份，只顾没完没了地“自我表现”，怎么能不让人头痛呢？

语言沟通在宴会中是必不可少的，既然如此，我们必须注意塑造自己的声音。要知道，动听的声音应该是饱满的，充满活力，能够调动他人的情感，引起他人的共鸣。如果不注意声音的塑造，以尖锐的声音去获取别人的注意力，只会在不经意间毁坏自己的形象。毕竟谁愿意让那会令自己头痛的“超声波”刺激自己的双耳，扰乱自己的听觉神经，破坏自己的情绪呢？

所以，无论你是设宴还是赴宴，无论你是男士还是女士，都要注意在宴会进行中以生动的声音表现自己，尽量避免自己的地方口音，力求以抑扬顿挫的声调表现自己充满激情的精神风貌，并且要明确自己的身份以及与宴的目的，把握好音量，切忌“不拘小节”，以“超声波”蹂躏宴会上的其他人，惹人生厌。

不要让你的舌头超越你的思想

人们都说大自然赋予人一条舌头和两只耳朵为的是让人多听少说。如果你常常参加宴会，你会发现宴会中有这样一些人，他们似乎更应该和一些三姑六婆在菜市场去谈论东家长西家短，而不是在宴会上毫不顾忌别人的承受力，像个发动机一样，一经发动便滔滔不绝地排泄自己所知道的一切事情。

林然前去参加老同学女儿的10岁生日宴会，她一入席，就拉着几个好久没见的同学滔滔不绝地诉说她的婚姻生活，内容无非是“我老公他们单位今年又发了……”“我儿子考了年级第一……”“我婆婆真烦人啊，整天啰嗦个没完，一会儿嫌我这个，一会儿嫌我那个……”见别人只是微笑应对而没有其他表示时，她可能觉得自己的描述还不够精彩和具体，便接着说：“我这样一个气质美女没想到现在真的只能在家做饭带孩子了。”这时，一位同学接口说：“结婚了，肯定是花在家人身上的时间多了……”还没等这位同学说完，林然又开始说起来了：“要我说啊，婚姻就是爱情的坟墓，我老公追我那会儿……现在他每天半夜才回家……还有我那个婆婆……”整个宴会上林然都在向其他人抱怨婚姻生活的种种琐事，让人不胜其烦。其他同学心想：我要是你老公，也会半夜才回来……

此后，只要在宴会上碰到林然，同学们都离她远远的，就怕她见着他们又没完没了地抱怨起来。

其实，林然参加宴会不过是想找一些人听自己发发牢骚而已，她根本意识不到自己正在向别人倾倒“语言垃圾”。殊不知，她这样做只会徒增别人的反感与厌恶，而不会得到别人的理解和共鸣。她就像一个蹩脚的三流演员一样，演着一出出乏味的家庭情景剧，完全暴露出自己的愚蠢和无知，给别人徒增生活的笑料而已。

宴会中语言交流要注重双方的互动，而不能是一方拼命说，而另一方毫无反应，这样的沟通是无效的。要想在宴会上展现自己的语言才华，必须三思而后“语”，要迎合大多数与宴者的心理，即时调整谈话的内容，千万不可让自己的舌头超越自己的思想，从而成为别人茶余饭后的笑柄。

你在细品食物，别人在细品你

有人说，你怎样品味食物，别人就怎么品味你。也有人说，在你细品食物的同时，别人也在细品你。你在餐桌上的言行举止，会直接影响别人对你的看法，对方能够以你的吃相来判断你是否是一个值得合作的人。真可谓是“成也吃相，败也吃相”。既然吃相如此重要，那么，你该怎么避免不雅的吃相呢？

◊ 1.吃到太烫或变质的食物

假如你吃了一口很烫的东西，一定要迅速地喝一大口水。只有当身边没有凉饮料并且你的嘴要被烫伤时，你才可以把它吐出来。但应该将其吐在你的叉子上或者手上，并快速把它放在盘子边上。遇到变质的食物也要这样处理。例如，如果吃了一口变质的牡蛎或蚌，不要直接吐出它，而要不动声色地将其处理掉。把食物吐到你的餐巾一角是不雅观的，更不可以随便吐到地上。

◊ 2.打哈欠

在餐桌上打哈欠常常给别人这样的感觉：对饭菜或谈话没有兴趣，已感到很不耐烦了。如果在大庭广众下你控制不住打哈欠，一定要马上用手捂住嘴，接着说：“对不起。”千万不可毫无顾忌，张口就来，那样容易让对方心生不快。

◊ 3.在餐桌上咳嗽、擤鼻子

一般情况下应克制这样的行为，因为这样的动作实在是太失礼了。如果无法控制，最好用自己的手巾或手捂住鼻子。如果你使用了餐巾，则要轻声告知服务生，请他们替你更换一下。

◊ 4.在餐桌上剔牙

如果你的牙缝里塞了东西让你感到不适，先喝口水漱口，如果仍无法冲刷出来，也别在餐桌上用牙签剔牙。这时你应到洗手间去处理。如果你确实需要当众剔牙，最好用一只手挡住你的嘴，千万不要咧着嘴冲着他人。

◊ 5.异味或异物入口

异味入口时，不必勉强吃下去，但也不要引起在一起吃饭的人的不快。这时，你最好的办法就是用餐巾把嘴盖住，快速地吐到餐巾上，然后尽快地召唤服务员来处理，并要求他给你更换一块干净的餐巾。

如果食物中有异物，比如说石子，你可以用筷子取出，放在盘子的一边。如果看到让你感到惊讶的异物时，比如说虫子，千万不要大声叫喊，这样会显得你修养不够。你最好心平气和地要求换掉，也可以向主人或服务员示意一下，尽量不要站起来说。切勿花容失色地告知邻座的人，以免影响他人的食欲。

◊ 6.弄洒了汤汁

把汤汁弄洒了，无论对主人还是自己来说，都是一件十分麻烦的事情。如果你不小心弄洒了汤汁，可以用以下方法应付：

（1）如果你在桌椅上泼洒了一点酱汁，可用餐巾擦拭；如果餐巾已经很脏，就应小心折好后交给服务员处理。

（2）如果你不小心把咖啡、汤一类的液体洒在你的茶杯托盘里，可以用餐巾纸吸干，以免你拿着杯底很湿的杯子时，又弄脏别处。

（3）如果你的汤汁洒了很多，应叫服务员来清理你弄脏的地方；如果不能清理干净，服务员会再铺下一块新餐巾，把脏东西盖住。

（4）如果连你的座位上也弄上了大量的污渍，你可以向服务员或主人再要一块餐巾盖在你弄脏的地方，同时向主人和客人致歉：因为你为他们带来了不便；你也可以对自己闯的祸开个玩笑，让大家很快忘记发生的事，从而缓解自己的尴尬。

总之，在宴会中要尽量避免不雅的吃相，毕竟你的事业可能在餐桌上发展起来，也可能在餐桌上跌落，千万不可因为吃相影响别人对你的看法，从而导致你的生意失败。

你的酒杯正凌驾于领导之上

为什么人们在饭桌上祝酒时要碰杯呢？有两种解释：一种解释说这种方式是由古希腊人创造的。传说古希腊人注意到这样一个事实，在举杯饮酒之时，人的五官都可以分享到酒的乐趣：鼻子能嗅到酒的香味，眼睛能看到酒的颜色，舌头能够辨别酒味，而只有耳朵被排除在这一享受之外。怎么办呢？古希腊人想出一个办法，在喝酒之前互相碰一下杯子，杯子发出的清脆响声传到耳朵中，这样耳朵就和其他器官一样，也能享受到饮酒的乐趣了。另一种解释是，喝酒碰杯起源于古罗马。古罗马崇尚武功，常常开展“角力”竞技。竞技前选手们习惯于饮酒，以示相互勉励。由于酒是事先准备的，为了防止心术不正的人在给对方喝的酒中放毒药，人们想出了一种防范方法，即在“角力”前，双方各将自己的酒向对方的酒杯中倾注一些。以后，这样的碰杯便逐渐发展成为一种饮食礼仪。

小陈是大陈的堂弟，刚刚大学毕业，现在给大陈做秘书。一日大陈带着小陈赴宴，一方面是让他多见见世面，另一方面是介绍一些生意上的客户给他认识，也便于小陈日后的工作。

席间敬酒不断，不管谁敬酒，小陈都会随着堂哥站起来陪敬，可是每每举杯时，小陈的杯沿总是高出其他人许多，而且总是碰得酒杯“哐哐”作响。小陈这种表现让大陈深觉脸上无光，不时拿眼睛瞪小陈，可是小陈却不知所以。

为什么大陈不时瞪着小陈呢？小陈做错什么了吗？是的，别人敬酒时，站起来是没错的，可是小陈不知道一般敬酒时自己的酒杯都得略低于对方。如果对方是长辈且是自己的上级，一般是碰其酒杯的三分之一处略低，而且碰杯时不是拿整个杯子去碰，而是略倾斜酒杯，拿自己的酒杯口去碰，但不要太倾斜，否则有做作之嫌。如果对方是官级比你高很多的领导，或是年纪很长的长辈，你就要用双手敬酒。另外，也不必碰得酒杯“哐哐”作响，只要发出清脆的碰撞声即可。

酒桌文化有一定的讲究，如何敬酒要因人而异，也可能因地区文化的差异而有所不同，要具体情况具体对待。

除此之外，饮酒干杯时，即使不喝，也应该将杯口在唇上碰一碰，以示敬意。喝酒时绝对不能吸着喝，而是倾斜酒杯，好像是将酒放在舌头上似的感觉。此外，一饮而尽，边喝边透过酒杯看人，边说话边喝酒，都是失礼的行为。

不要让一个喷嚏“打”跑了生意

喷嚏反射，俗称“打喷嚏”或“打嚏喷”，是鼻黏膜受刺激所引起的防御性反射动作。生活中，打喷嚏是很平常的事。可是，你知道吗，有人的生意正是因为一个意外的喷嚏而飞了。不信吗？老金的亲身经历会告诉你，喷嚏真的会“打”跑生意。

老金是做进出口贸易的。有一次，他邀请一位美国客户及其夫人到一家高档饭店共进晚餐。对方欣然前往。酒菜上齐后，双方就合作意向表达了自己的看法，约好饭后签约。可是在双方谈兴正浓之时，老金突然打了一个响震四座的喷嚏，鼻水连着他嘴里菜渣汤水，全喷在满桌的佳肴上以及那位美国客人的夫人脸上，还没等老刘说“sorry”，那位夫人已经以餐巾捂着脸，跑出了包间。那位美国客人只好说了声“sorry”，就追自己的夫人去了。事后，那笔生意也因此泡汤了。

“心情简直糟透了，辛辛苦苦追了大半年，本已十拿九稳，一年可以赚百万美金的生意，一个喷嚏全打飞了！唉，都怪该死的喷嚏。”提起这件事，老金就郁闷，“想想那两个美国人也真是的，不就是个喷嚏吗？至于那么大反应吗？”

一个喷嚏真的没什么大不了吗？如果你也和老金一样想就错了。且不说喷嚏的飞沫带有病毒或细菌，可能导致呼吸道交叉感染疾病的可能性，就说案例中老金那个惊天动地的喷嚏，一下子弄得对方的夫人满脸都是，而桌上原本正吃着的饭菜里也都是他的鼻水、口水等，实在是让人感到恶心。老金在瞬间就丧失了原本在对方心目中的好印象，生意自然也就无望了。

那么，在宴会中如果真的克制不住想打喷嚏怎么办呢？实在不能抑制，只能用手帕或餐巾纸遮挡口鼻，转身，脸侧向一方（这一方一定是没有人的），尽量低头并压低声音，这样在不影响其他人的情况下，完成全部步骤。千万不可错认为打个喷嚏没什么，所以就震惊四座，那样只会将你的生意一下子“打跑”。

进餐必须知道的细节礼仪

◊ 1.取菜、劝菜与拒菜

（1）菜肴的取用方法。

①取菜的一般原则。菜肴需由主宾先取。菜肴一上桌，理所当然应由主宾先取用。不管是哪一道菜，凡是主宾尚未动手，其他人都不该率先取食。由这点看来，菜上桌后，主宾若不立刻取菜，就会使周围的人感到困扰了。轮到取菜时，无需如此客气、推拒，而应迅速取用。

有时，第一道菜是由主人或主宾替其他同席者服务。此后，除了由服务生分配的菜肴外，其他依然是由主宾开始按顺序取菜。

取菜时，不要盛得过多。盘中食物吃完后，如不够，可以再取。如由招待员分菜，需增添时，待招待员送上时再取。

有时，邻座的男士会替女士服务，这倒无所谓，只是不能太依赖对方，还是需由自己动手。

②注意事项。若需使用公筷或公用调羹，应先用公筷将菜肴夹到自己的碟盘中，然后再用自己的筷子慢慢食用。

应视自己的需要酌量拿取菜肴，不要像饥民一般，猛夹猛拿，无视他人存在。不要刚夹一样菜放于盘中，紧跟着又夹另一道菜；也不要把夹起的菜放回菜盘中，又伸筷夹另一道菜。有些菜比较零碎，如花生米等，不妨用匙子舀到自己的碗碟里来吃。最好先拣离自己身边最近的菜下箸，不可抢在邻座前面，或站起来伸长手去夹远处的菜。如果是汤汁多的菜肴，要用菜盘靠近去接。

挑肥拣瘦并没有错，但最好先看中了一块再下箸，不要在菜碗里翻找。

夹菜偶尔掉下一些在桌上，切不可将其放回菜盘内。

遇邻座夹菜要避让，谨防筷子打架。

在冷餐酒会上，招待员上菜时，不要抢着去取，待送至本人面前再拿。周围的人未拿到第一份时，自己不要急于去取第二份。要注意不要围在菜桌旁边，取完即退开，以便让别人去取。

取菜盘里的菜要尽量吃完。

（2）劝菜有礼。

中国人吃饭，除表现合作外，还倡导礼让。古语有云：食而不让，则近于禽兽。在酒宴上，中国人的劝菜颇有特色，起初是消极地让，一味地说“请请请”，请人先夹菜，劝人多吃好东西；后来又变为直接把各色美味佳肴夹（塞）到别人的碟子里、饭碗里、甚至于嘴巴里。于是，推杯换盏间，经常可以看到这种“蔚为壮观”的场面：一块“好菜”被十几双沾满口水的筷子“真情传递”，周游列国之后，却往往尴尬地物归原主。

中国人一向以热情好客闻名于世，主人会向客人介绍菜的特点，并反复向客人劝菜，希望客人多吃一点。有时热情的主人还会用公筷为宾客夹菜，这是主人热情好客的表示，出于礼节的需要，宾客应表示感谢，并根据自己胃口适量享用。

孟子说：“口之于味，有同嗜好也。”但“物无定味，适口者珍”。主人所喜欢的“好菜”，未必是客人所认为好吃的菜。所以有时候，把客人所不爱吃的东西硬塞给他吃，与其说是有礼貌，不如说是令人难堪。

（3）婉拒不喜爱的菜肴。

碰到不喜欢的菜肴时，假如参加的是自助餐式宴会，比较好办，只要敬而远之就行；但如果是固定一道一道出菜时，该如何对应呢？其实，上桌的菜必须吃才有礼节，否则主人、其他客人、服务生或厨师，心里都会不舒服，尤其是主菜不吃，更会令人介意。

当然，这并不是没有解决的方法，最好的方法是勉强吃下。除了特殊的菜肴之外，其他一律不分好恶地全部吃下，才是礼貌的行为。可是，如果不是因为不喜欢，而是因过敏等疾病，或宗教的理由不能吃，应该告知主人。

若是在婚宴这种无法提出个人意见的宴会上，取菜时就可选小块或取少些。这样纵使留在盘上，也不致过于醒目，否则完全不取也无所谓。但是，不能只取配菜，不取主菜的肉或鱼；相反，可以只取主菜不取配菜。

如果是由服务生分菜，发现不能吃或不想吃的菜肴，可使用刀叉表示不吃，即在盘上摆出用餐完毕的信号。这样，服务生就能理解意思，走到下一位客人身边。

要是菜肴放在盘中才端出来，那该怎么办呢？如果有充分的理由，还是可以婉拒。这样虽然稍微无礼，但总比勉强吃下而觉不舒服好多了。

但事实上没吃，却故意把菜搅乱装作已经吃过，是一件很不礼貌的事。

如果本人不能吃或不爱吃的菜肴，当招待员上菜或主人夹菜时，不要拒绝，可取少量放在盘内，并表示“谢谢，够了。”对不合口味的菜，勿显露出难堪的表情。

如果是在别人的家中碰到了自己不喜欢吃的菜，你不可以拒绝，可以让它待在盘中，如果主人提醒你用这道菜时，你可以回答说：“我吃了一点了”，“我吃不下了”。千万不要说“我讨厌吃这种食物”这类的话。因为无论如何主人都希望自己的招待能得到客人的肯定。

（4）使用转动型餐桌的注意事项。

①旋转桌旋转的方向要由主客向左转，亦即按顺时针方向转动。

②不可以把自己的餐具放在旋转桌上。

③转动旋转桌时，要小心，别太用力，也要注意旁边的餐具，是否有人夹菜。

◊ 2.避免餐桌上的尴尬

（1）当你的口中塞满食物时，不要说话

如果你急于说话，还是先把口中的食物咽下去。在咀嚼食物的时候，你最好把双唇闭住，这样咀嚼时就不会发出任何声音。此外，不要吃得太快，咽下口中的食物后再吃下一口，一定要慢慢咀嚼。

（2）不要当着他人面大搞个人卫生

比如剔牙齿、掏鼻孔、挖眼屎、修指甲等，都要避开他人进行，否则，不仅不雅观，也不尊重别人。即使你感到牙缝中塞了蔬菜叶子或沙粒式的东西，也别在餐桌上用牙签剔，喝口水试试看；如果仍无法清除牙缝中的食物，那就到洗手间去，在那里，你可以用力地漱口，也可以用牙签。如果你不得不在餐桌上使用牙签，那一定要用手优雅地挡一下你“龇牙咧嘴”的形象。

我们会常常见到一些人，把大拇指或小指的指甲留得长长的，目的竟是用来挖鼻孔、掏耳朵等，这个习惯非常不文明。还有些手痒的人，只要看见什么可以用，诸如钥匙、牙签、发夹等，就信手拈来，用于挖鼻孔或者掏耳朵。在餐厅或茶坊，别人正在进餐或喝茶，这种不雅的小动作往往令人感到非常恶心。这是很不雅的举动，如果你需要这样做的话，请在洗手间里或自己的家中，没有人看到的时候进行这种清理。

（3）谈话时不要对着人，口沫四溅

说话时指手画脚，唾液乱飞，不仅不文明，也不符合卫生要求。因此，与人谈话，应保持一定距离，谈话声音也不要太大。

（4）咀嚼避免露齿

嚼食不可张牙露齿肆无忌惮，让人看到嘴中的食物是很不礼貌的，应该小口适量地进食。秋风扫落叶式地进食，自顾自地填饱肚子，自私又惹人厌。

（5）不可随地吐痰

有痰在喉，欲一吐为快时，就应到卫生间处理，老在席间咳个不停，会影响他人的用餐情绪。不要乱吐东西，最好也不要发出“呃——”的声音。

（6）就餐的速度要适中

不可太快，如狼吞虎咽，放肆大嚼；也不可太慢，以致让人感觉不开心，或最后让别人等着你。就餐完毕后，如果同桌仍有人未吃完，应说一声“请慢慢吃”之类的关照语。相反，大多数人已用餐完毕，正在吃的人应加快速度，不让人久等。饭后要尽量避免用牙签，即使非用不可，除了用毛巾或纸巾掩嘴这一规矩外，还应尽快结束。

（7）吃带骨或壳的菜

口里有小骨头时，可以餐巾掩口，用筷子取出，放置盘上。在以前，吃中国菜时，由口中取出的骨头或残渣等都是放在桌上。这是因为放废弃物的小盘只有一个的缘故。因此，若是小盘有好几个可供更换，还是把骨头或壳放在小盘上，较为妥当。当然，如果备有专放骨头的器皿时，就该利用该器具。

再熟悉的人吃菜还是需要讲究

随着职场礼仪越来越被重视，商务饭桌上的吃和吃相也更加讲究。以下以中餐为例，教你如何在餐桌上有礼有仪，得心应手。

中餐宴席进餐伊始，服务员送上的第一道湿毛巾是擦手的，不要用它去擦脸。上龙虾、鸡、水果时，会送上一只小小水盂，其中飘着柠檬片或玫瑰花瓣，它不是饮料，而是洗手用的。洗手时，可两手轮流沾湿指头，轻轻涮洗，然后用小毛巾擦干。

用餐时要注意文明礼貌。对外宾不要反复劝菜，可向对方介绍中国菜的特点，吃不吃由他。有人喜欢向他人劝菜，甚至为对方夹菜。外宾没这个习惯，你要是一再客气，没准人家会反感：“说过不吃了，你非逼我干什么？”以此类推，参加外宾举行的宴会，也不要指望主人会反复给你让菜。你要是等别人给自己布

菜，那就只好饿肚子。

客人入席后，不要立即动手取食。而应待主人打招呼，由主人举杯示意开始时，客人才能开始；客人不能抢在主人前面。夹菜要文明，应等菜肴转到自已面前时，再动筷子，不要抢在邻座前面，一次夹菜也不宜过多。要细嚼慢咽，这不仅有利于消化，也是餐桌上的礼仪要求。绝不能大块往嘴里塞，狼吞虎咽，这样会给人留下贪婪的印象。不要挑食，不要只盯住自己喜欢的菜吃，或者急忙把喜欢的菜堆在自己的盘子里。用餐的动作要文雅，夹菜时不要碰到邻座，不要把盘里的菜拨到桌上，不要把汤泼翻。不要发出不必要的声音，如喝汤时“咕噜咕噜”，吃菜时嘴里“叭叭”作响，这都是粗俗的表现。不要一边吃东西，一边和人聊天。嘴里的骨头和鱼刺不要吐在桌子上，可用餐巾掩口，用筷子取出来放在碟子里。掉在桌子上的菜，不要再吃。进餐过程中不要玩弄碗筷，或用筷子指向别人。不要用手去嘴里乱抠。用牙签剔牙时，应用手或餐巾掩住嘴。不要让餐具发出任何声响。

用餐结束后，可以用餐巾、餐巾纸或服务员送来的小毛巾擦擦嘴，但不宜擦头颈或胸脯；餐后不要不加控制地打饱嗝；在主人还没示意结束时，客人不能先离席。

用餐席间交谈应该把握住分寸

在宴会上，菜点和酒水尽管非常重要，但实际上都是陪衬。宴会的核心在于谈话，以促使各方面因素融为一体，结出友谊的硕果。因此，良好的餐桌礼仪，意味着既掌握吃喝技巧，又精于交谈，从而使宴会达到预期的效果。

无论是赴宴会，还是赴招待会，“吃饭当哑巴”这句俗话是不适用的。人们通常把联系工作、拉家常、谈古论今、结识新交看得比饭食本身更重要。这一点是我们和外国人士共通的。餐桌上你绝不可金口难开，枯坐一隅。美国礼仪之后蒲

爱梅说："礼仪有一条不可破坏的规矩是你必须与席上你的邻席谈话。"不要一个人沉默寡言，这不符合进餐礼仪，最好事先准备些合适的话题。

◊ 1.席间话题

餐桌上的话题十分广泛，我们所做过的、知道的、观察到的、思考过的、怀疑过的那些无与伦比、令人吃惊、内涵丰富的事物都能成为诱人的谈资。我们时常见到有些人通过闲聊一些与新闻、时事、书籍、体育、电影、艺术、经济、政府计划或健康相关的话题而相互熟悉起来。另外，关于餐桌上的菜点的传说、典故、来历等，也是常见的话题。在话题的选择上应注意以下几点：

（1）一般来说，男女共处的社交场合，不宜展开下述四种话题：仆人、疾病、宗教和政治。

（2）严格禁止谈论性的问题，调节气氛的黄段子也尽量少说。

（3）宴会上谈话，忌讳涉及对某一不在场者的恶语中伤、妄加菲薄或传播流言蜚语的话题，而且不宜当着主人的面，对食品制作之精粗等妄加评论。

（4）如果一位客人对宴会或周围环境不加以愉快的赞赏，几乎会被视为失礼。所以在用餐时，我们不妨对周围的环境以及食物给予恰当的称赞，相信宾主都会感到非常愉快。

（5）在商务会餐中，虽然并非所有的话都要涉及工作上的事，但是绝不应像同私人朋友在一起那样，可以随心所欲地东拉西扯。即使在会谈气氛十分友好时也是如此。当你要提出一个话题时，一定要考虑其他人的情况，譬如，不可当着独居的人大谈婚姻方面的事。也不要谈论有关国家或领导人方面的一些小道消息。在谈生意时，更应当注意你要谈些什么，一句无意的话可能要你付出昂贵的代价。

◊ 2.说话的时机

说话要掌握时机，讲话内容要看交谈的对象，不要只顾一个人夸夸其谈，或谈些荒诞离奇的事而引人不悦。

◊ 3.用餐席间交谈注意事项

（1）说话中，哈哈大笑、窃窃私语或者向离你很远的客人大声招呼，都是不允许的。另外，把病情或者关于某人的传闻作为餐桌上的话题也是不妥当的。

（2）举行工作餐时，讲究的是办事与吃饭两不耽误。所以，在为时不多的进餐期间，宾主双方所拟议进行的有关实质性问题的交谈，通常开始得宜早不宜晚。依照商务礼仪的规定，待主宾用毕主菜之后，主人便可以暗示对方交谈能够开始了。此刻，主人说一声“大家谈一谈吧”，道一句“向您请教一件事情”，皆可作为交谈的正式开始。在点菜后、上菜前，亦可开始正式交谈。

（3）参加任何宴会，无论是大型宴会还是小型宴会，正式宴会还是非正式宴会，每个人都应该而且要善于与同桌的人交谈，特别是与左右邻座。在宴会上一声不吭是不礼貌的。如果自己性格内向，确实不善言谈，也可事前稍作准备，选择一些话题，以便在餐饮交谈之际，见机插话。

（4）餐桌上的交谈，主要应在自己左右两侧的邻座之间进行。因此，每桌席位应成偶数。在整个宴会上，只是一味同自己熟识的一两个人交谈，或者只是对一侧的邻座无休止交谈而背向另一位邻座，都是失礼的行为。

（5）笑闹有节制。用餐中少不了谈天说地，在高兴之余，切忌乱拍桌面，或以筷子敲击杯碗唱和起来，或是高声划起酒拳来。一定要记住，谈话宜小声，笑闹也需节制，因为餐厅是公共场合，别人的权益必须尊重，换个角度看，也是尊重自己。

餐桌上抽烟一定要注意礼仪

◇ 1.抽烟的时间

抽烟最好在用餐后等到饮用咖啡时。有些人一入座就开始抽烟，这是违反用餐礼仪的。正式的座席上虽然放置有烟灰缸，但大都是放在手无法拿到的地方，这意味着“抽烟请等到用餐后”。在餐厅也是一样的，可以抽烟的时候应是在用完甜点，饮用咖啡的时候。

如果实在忍不住很想在用餐时抽烟，可以向服务生说明，请他为你在吸烟区找个位置。因为烟味不但有损料理的香味，而且也会让其他人感到不愉快。所以即使你已经在饮用咖啡，但别桌的人也许还在用餐，所以最好还是不要抽烟。

◊ 2.递烟和点火

递烟的时候，应将烟盒盖轻轻打开，将烟盒的上部朝着客人，用手指轻轻弹出或抖出一两支香烟让客人自取，不要自己用手指取烟递给客人。

如果为客人点火，则最好是打着一次火只为一个客人点烟，最多也只能为两人点火；如果用火柴点火，每划燃一根火柴，也不能为两人以上的人点火；点过以后，应先吹灭以后再丢进烟灰缸中。

如果为多位客人点烟，点烟的顺序应是：身份高的、年长的、女士在先。注意：为客人点烟时，刚打着的打火机，你不知道它的火头大小，也不知几次能打着，不可直接送到客人脸前打开；划着的火柴头有浓烈的硫磺味，要等火焰燃烧正常后，再送到客人面前。按西方人的习俗忌讳，同一根火柴不可以给第三个人点烟，招待外宾的时候要注意。

◊ 3.吸烟方法

若想吸烟应礼貌地打声招呼："我可以吸烟吗？"在女性面前吸烟，一般要征得对方同意："我吸烟您不介意吧？"

吸烟时，举止动作应端庄而稳重，持烟之手不能随意舞动，不能把烟雾吹到别人的脸上和饭菜上。一支烟，不能吸到滤嘴边缘，显得吝啬、小气，也不要刚吸到一半就丢掉，故充阔绰。

◊ 4.吸烟注意事项

（1）假如餐桌上没有烟灰缸，吸烟就可能把烟灰缸弄到餐桌上，这是没礼貌的。如果没有准备烟灰缸，餐事完全结束后才拿出自己的烟是一种礼仪（当然要先向女主人问是否可以抽烟）。假如是在餐馆吸烟区里，烟灰缸不在桌上时，吩咐服务员拿来就是。

（2）不能用食皿代替烟灰缸。

（3）不应叼着烟讲话。

（4）无论对方是否吸烟，无论是否故意，都不能把烟喷到别人的脸上。

（5）随时随地都把烟灰、烟头放入烟灰缸中弄熄。

◊ 5.吸烟有害健康

有关专家提醒“烟民”：1/4的吸烟者最终会丧命于与吸烟有关的疾病。同时，研究证实一手烟及二手烟造成的伤害是一样的。所以，为了您和他人的健康，请戒烟！

吸烟可以引起肺、心血管、胃肠道的疾病，如支气管炎、哮喘、肺气肿、高血压、心脏病、胃溃疡等等；还可引起肿瘤，尤其是病死率很高的肺癌；可以加重糖尿病、老年性痴呆等。女性吸烟还会殃及后代，使新生儿体重偏低，体质差，容易得病，智力也会受到影响。

被动吸烟，也叫抽“二手烟”。被动吸烟对心血管的损害比抽烟的人还要严重。这是因为被动吸烟的人不能产生代偿功能来对付烟害造成的某些心血管损伤，没有抵抗力。吸烟对人们的健康有许多害处，因此劝您不要吸烟！

“以茶代酒”的待客之道

◊ 1.选茶的礼仪

按习惯，茶一般可以分为五大类，即红茶、绿茶、乌龙茶、花茶、紧压茶。各类茶都具有与众不同的特色，而不同的人往往对茶又有着各不相同的爱好。以茶待客，当然应该投客人所好。所以沏茶之前，最好先征求客人的意见，根据客人的爱好或要求来选茶。

◊ 2.装茶的礼仪

这里所谓装茶，指的是向客人的杯（碗）中放入茶叶。装茶礼仪主要涉及两个问题：一是茶具必须完好、清洁。一套完整的茶具，一般包括茶杯（碗）、茶托和茶盘等物。当然，由于具体条件的限制，有些时候往往没有茶托或茶盘。完好指的是每一样茶具都不能有破损，清洁指的是每一样茶具都要洗净，茶杯或茶碗中的茶垢一定要擦掉洗净。二是装茶之前要先洗手。因为装茶是需要用手来操作的，将手洗干净，不但是卫生的需要，更是对客人的尊重。装茶时应用茶匙，即便洗过手了也不应该用手去抓茶叶。

◊ 3.上茶的礼仪

上茶时可由主人向客人献茶，也可由工作人员或服务人员直接向客人上茶。主人向客人献茶时，应起身，用双手将茶杯（碗）递给客人，同时道一声“请”。客人亦应起身，用双手接过茶杯（碗），同时道一声“谢谢”。

工作人员或服务人员上茶时，一定要注意上茶的先后顺序。在客人与主人之间，要先给客人上茶；在客人与客人之间，要先给主宾上茶。

◊ 4.斟茶的礼仪

这里所说的斟茶，指的是往茶杯（碗）中加入沸水。它可以是开始沏茶时加入沸水，也可以是初次沏茶之后间隔一段时间再往茶杯（碗）中添上或续上沸水。无论是哪种情况，都一定不能将水斟满。因为中国人待客的常礼是“浅茶满酒”，即泡茶要浅，斟酒要满。泡茶敬水，一般以杯（碗）的2/3处为宜。如果斟满杯（碗），则有厌客或逐客之嫌。

不斟满很快就喝完了怎么办呢？那就勤斟茶好了。事实上，真正欢迎客人的主人是很注意勤斟茶的，而且一般是客人喝了几口马上就给斟上，绝不会等到客人杯（碗）中茶叶“见天”。

在斟茶过程中，作为客人应该有所示意，或起身或欠欠身，或用弯曲的食指或中指轻轻敲打桌面，既表示有礼，也表示足够了。斟茶时客人视若无睹或无动于衷，都是不合礼仪的。

◊ 5.劝茶的礼仪

以茶待客时，通常是一边饮茶一边叙谈。这中间，主人可以而且也应当适时地向客人劝茶。劝茶时态度要热情，而且要注意免生误解。中国过去曾有以再三请茶暗示客人应该告辞的做法。因此以茶招待老年人或海外华人时，不要一而再、再而三地劝对方饮茶。

◊ 6.饮茶的礼仪

俗话说，吃有吃相，睡有睡相。饮茶也是一样，无论客人、主人，饮茶时都应慢慢地一小口一小口地细心品尝，切忌大口大口地吞咽茶水，或者喝得咕噜咕噜直响。如此饮茶，不但暴露出饮茶者满脸蠢相，而且也会对旁人造成影响。

此外，饮茶时如遇水面有漂浮的茶叶，可用茶杯（碗）盖将其轻轻拂去，或用嘴将其轻轻吹开。切不可用手将其捞出，又随手扔在地上。

品茶更应该学会倒茶

这里所说的倒茶学问既适用于客户来公司拜访，同样也适用于商务餐桌。

首先，茶具要清洁。客人进屋后，先让座，后备茶。冲茶之前，一定要把茶具洗干净，尤其是久置未用的茶具，难免沾上灰尘、污垢，更要细心地用清水洗刷一遍。在冲茶、倒茶之前最好用开水烫一下茶壶、茶杯。这样，既讲究卫生，又显得彬彬有礼。另外，现在一般的公司都是一次性杯子，在倒茶前要注意给一次性杯子套上杯托，以免水热烫手，让客人一时无法端杯喝茶。

其次，茶水要适量。先说茶叶，一般要适当。茶叶不宜过多，也不宜太少。茶叶过多，茶味过浓；茶叶太少，冲出的茶没啥味道。假如客人主动介绍自己有喜欢喝浓茶或淡茶的习惯，那就按照客人的口味把茶冲好。再说倒茶，无论是大杯小杯，都不宜倒得太满，太满了容易溢出，把桌子、凳子、地板弄湿。不小心，还会烫伤自己或客人的手脚，使宾主都很难为情。当然，也不宜倒得太少。倘若茶水只遮过杯底就端给客人，会使人觉得是在装模作样，不是诚心实意。

再次，端茶要得法。按照我国人民的传统习惯，只要双手不残废，都是用双手给客人端茶的。但是，现在有的年轻人不懂得这个规矩，用一只手就把茶递给客人了事。双手端茶也要很注意，对有杯耳的茶杯，通常是用一只手抓住杯耳，另一只手托住杯底，把茶端给客人。没有杯耳的茶杯倒满茶之后周身滚烫，双手不好接近，有的人不管三七二十一，用五指捏住杯口边缘就往客人面前送。这种端茶方法虽然可以防止烫伤事故发生，但很不雅观，也不够卫生。请试想，让客人的嘴舐主人的手指痕，好受吗？

添茶。如果上司和客户的杯子里需要添茶了，你要义不容辞地去做。若是在茶餐厅，你可以示意服务生来添茶，或让服务生把茶壶留在餐桌上，由你自己亲自来添则更好，这是不知道该说什么好的时候最好的掩饰办法。当然，添茶的时候要先给上司和客户添茶，最后再给自己添。

第八章

把酒言欢，有劝有拒

无酒不成席，有饭局自然离不开酒。在喝酒的过程中既要学会“感情深一口闷”的劝酒本领，更要学会“千杯不醉”的喝酒本领。

无酒不成席，好席配好酒

俗话说“无酒不成席”，这是因为，在宴会时，除了要有美味的菜品，还要适当点上一些好酒，在敬酒、挡酒、饮酒之间轻松带动宴会的气氛，营造出一种觥筹交错、把酒言欢的和谐画面。在中国人的宴席上，没有酒是万万不行的，即使不胜酒力的人，也需要喝些度数稍低的酒，烘托一下气氛。

宴席不可无酒，纯粹的中餐，应该避免啤酒、欧洲葡萄酒（当然中亚的可以，如波斯葡萄酒）。所以，中餐最好配备高度名酒，但中低度的宴酒（30度左右），各种黄酒、米酒似乎男女老幼皆宜。中餐中，酒的种类与菜肴的安排也有联系，甚至与季节、宴会主题的联系都很多，需要考虑的要素有：

◊ 1.考虑宴会的档次

针对客户在人们心中的地位不同，宴请的档次也有高低之分。在宴请尊贵的客人时，自然是置办高档宴席，选用高档酒类；在宴请普通客户时，宜选用中低档宴席，配备中低档酒类，这样才能使酒菜相得益彰。

◊ 2.考虑宴会的季节

选择菜肴时要依据气候的差异，选择酒类时也要注意配合当时的气候。比如，冬天，一般人们喜欢喝“烫酒”，既开胃又养胃，商务宴会上配备白酒；夏天则喜欢“冰镇啤酒”，有消暑的功效，商务宴会上则应多供应啤酒。

◊ 3.考虑宴会的菜肴

商务宴会时，无论以酒佐食还是以食助饮，酒、菜往往难分家。在西餐中，酒类的选择与菜肴的搭配非常严格，而中餐虽然没有这样严格的搭配要求，但也需要注意菜、酒之间的搭配，才能宾主尽欢。

◊ 4.酒与酒亦有搭配

在西餐中，酒与酒搭配饮用较为常见，而在中国商务宴会上很少采用这样的搭配。这是因为在中国民间有种说法，认为一个人在一场宴会中饮用多种不同性质的酒，更容易醉，所以，很多人在宴席上饮酒大多“从一而终”。但是，随着社会发展，酒的加工制作工艺日益丰富，酒的种类也越来越多，人们开始在同一宴饮活动中，选用两种以上的酒。这时，就需要注意酒与酒之间的搭配，尽量减少酒对人体的危害，最好怡情又不伤身。

至于不含酒精的软饮料，一般是不含糖分的在先，含糖分的在后；无汽的在先，有汽的在后。例如，中餐一般先上茶水，待客人提出要求后再上果汁、汽水等含糖的饮料。

此外，除了佐餐酒外，中餐还会选用软饮料（碳酸饮料）或茶水做餐前饮料，餐后则会供应茶水。因为在中国人眼里，茶水具有止渴、解酒、帮助消化的功能。

好席配好酒，酒水的主要功能是在用餐时开胃助兴。选对了菜肴，还要选对酒水，让二者相得益彰，才能在商务宴会上达到事半功倍的效果。

他人为你斟酒，你行“叩指礼”了吗

敬酒之前需要斟酒，通常，酒水应当在饮用前斟入酒杯。这个工作往往由服务人员承担，但有时候，主人为了表示对来宾的敬重、友好，会亲自为来宾斟酒。

中餐里，别人斟酒的时候，亦可向其回敬以叩指礼，特别是自己的身份比主人身份高的时候。方法即以右手拇指、食指、中指捏在一起，指尖向下，轻叩几下桌面。这种方法适用于中餐宴会上，它表示向对方致敬。

据说，叩指礼来源于乾隆皇帝微服私访时。其时，下属为乾隆皇帝倒茶，乾隆怕下属在皇帝面前的那种毕恭毕敬的神态会引起别人的怀疑，因此施以叩指礼，或是以示制止，或是以暗示下属，不要再为之。不过后来人们就模仿皇帝这种行为，并以模仿皇帝的这种动作为荣，以之为崇高，并敬之为叩指礼，就沿用下来了。

然而，许多人并不知道这种叩指礼，当别人为你斟酒的时候，不仅不知道要行这种叩指礼以示致敬，看见同桌的人对斟酒者行以叩指礼，反而认为别人那是一种颐指气使、居高临下的表现，对此嗤之以鼻。却不知，自己才是井底之蛙，大大失礼。

在为客人斟酒时，你需要注意以下几个方面：

◊ 1.当面开酒

商务宴会时，主办方负责人为客户所斟的酒，应当是本次宴会上最好的酒，并应当将酒当场启封，一一为客户斟酒。

◊ 2.斟酒姿势

斟酒时，每斟完一杯，要把酒瓶稍收后顺手往右轻轻一旋，以免酒水溢出，流滴到桌面或客人身上。斟酒时，酒杯应放在餐桌上，一手扶住酒杯（高脚杯应以手指捏住杯腿，短脚杯应用手掌托住酒杯），一手倒酒，注意酒瓶不要碰触到杯口。而倒啤酒时，应两只手握着酒瓶，将酒慢慢斟入，以免泡沫过多溢出杯子。如果你是接受他人斟酒，则应拿起杯子并稍微倾斜，以便斟酒。

◊ 3.斟酒有量

一般来说，斟酒不宜满，中餐时斟酒以八分满为宜，而西餐中的斟酒要根据酒类不同而定。比如斟红葡萄酒宜八分满；斟白葡萄酒宜六分满；斟白兰地酒宜为杯容量的二分之一；斟香槟宜先斟入杯容量的三分之一，待酒中泡沫消退后，再斟入至七分满；调鸡尾酒入杯也宜三分之一；斟啤酒宜八分酒两分沫。

◊ 4.斟酒有序

商务宴会时，斟酒的顺序也严格地按照从高到低的顺序：斟酒一般要从地位高的人（主宾位）开始，再斟主人位，然后按顺时针斟酒。如在座的有年长者，或者远道来的客户，应先给他们斟酒。如果两人同时为一桌客人斟酒，则一个从

主宾开始，一个从副宾开始，按顺时针方向依次绕台进行。此外还需注意的是，如果宴请亚洲区客户，应先斟男主宾，再斟女主宾；如果宴请欧美客户，则应先斟女主宾，再斟男主宾。

商务宴会时，不仅仅是要懂得叩指礼，更要注意斟酒过程中的一系列礼仪，这样才能使得宾主尽欢。

酒香词美，好酒还需好词劝

在商务宴会上通常要讲一些祝愿、祝福的话。劝酒词往往是酒宴上必不可少的一项内容。劝酒词一般是在饮第一杯酒以前说的，因此，劝酒词必须短小精悍，千万不能太长、太啰嗦。因为大家举杯，情绪高昂，要是你啰嗦半天，热乎劲儿就冷了。

◊ 1.围绕一个主题

一旦开始劝酒，就不要离题，要沿着一个主题，保持一个完整的结构，逐步趋向一个明快、自信的邀请，让每个人都举起酒杯，还要把你所祝愿的那个人（或那些人）的名字准确无误地牢牢记在脑子里。你的主题可以着眼于被祝愿的人的成就或品质、一件事情的重要意义、伙伴们的乐事、个人的成长或集体工作的益处等。无论说什么都要和当时的场合相适应。

例如公司50周年年庆宴会上，公司负责人可以说："此时此刻，我从心里感谢诸位光临，我极为留恋过去的时光，因为有那么多我们一起携手并进的美好回忆，但愿今后的岁月也一如既往。来吧，让我们举杯，彼此赠送一个美好的祝愿。"

◊ 2.尽可能地表现出文采

适当地引用诗词、典故、幽默，能使讲话更有感染力。1984年，缅甸总统吴山友访问上海，市长在劝酒词中引用了陈毅元帅《致缅甸友人》的诗句："我住江之头，君住江之尾，彼此情无限，共饮一江水。”大家都知道中缅交界只有一江之隔，两岸人民共饮一江水。话语亲切，表达了中缅两国人民之间的情谊，外宾十分高兴。商务宴请时的劝酒词，也应添加一些文化性的辞藻，渲染彼此的深厚情谊。

◊ 3.适时进行联想

在劝酒时如能就地取材进行联想，就可以产生出乎意料的好效果，使人生发出许多美好的想象，从而达到使人愉悦、使人振奋的目的。例如你端起席间一杯矿泉水，在不同的情况下可以引起不同的联想，运用不同的语词。在答谢客户的聚会上你可以说：“俗话说，如鱼得水。看见这杯矿泉水使我想起我们的友谊。鱼儿离不开水啊，正因为有了深厚的友谊，才使我们顺利地在艰苦的生活中成长起来。现在我们又建立了更紧密的合作，更是如鱼得水。相信今后我们的友谊将会与日俱增。我建议为友谊干杯！”

◊ 4.真诚地赞美对方

人对于赞美的抵抗力往往是微弱的，特别是在酒桌上，热闹的气氛使得人的虚荣心很容易膨胀起来，而虚荣心一膨胀，人就免不了会有一些超出常规的“豪壮之举”。

◊ 5.强调宴请的特殊意义

劝酒者在劝酒时不妨多强调一下此宴请的特殊性，比如场合的重要性、特殊性，指出它对于对方的价值与意义，这样既能激发对方的喜悦感、幸福感、荣誉感，又使对方碍于特定的场合而不得不愉快地再饮一杯，还使得劝酒变为两人之间独特的情感交流方式。

◊ 6.用反语激将对方

人都有自尊心，为了维护自尊心，人有时很容易打破常规的框框做出某种强硬之举。在酒桌上也是一样，如果能恰到好处地使用反语刺激对方的自尊，使其认识到不喝这杯酒将会多么损害自己的尊严，那么对方就会“喝”出去了，逞一回英雄。

◊ 7.采用以退为进的方法

对于某些酒量委实有限的人，特别是女士，过分勉强显然是不太好的，可以在饮酒量上做些让步，自己喝一杯，别人喝半杯，或改喝啤酒，以此来说服对方。

好酒酒香词美，好酒还需好词劝。饮酒也是文化，尽管是在商务宴会这个相互角逐的场合中，主客之间也可以叙叙旧，谈谈生活，切磋技艺，交流思想，呈现融洽亲切、高雅欢快的场面。

学会挡酒词，杯酒也尽欢

在举行商务宴会时，少不了这类的场面：大家都乘兴举杯而饮。每个人的酒量都有一定限度，如能喝得适量自然是有益无害的。但面对对方的盛情相劝，被劝酒者还是需要巧妙拒绝，学会一些挡酒词，成功拒酒，使自己免受肠胃之苦，而且也不会让对方觉得你不给面子，更不至于伤了和气，坏了事情。

下面，我们主要介绍四种挡酒词，巧妙拒酒：

◊ 1.把身体健康作为挡箭牌

喝酒是为了交流情感，也是为了身心的愉悦。为了喝酒而喝酒，以致于折腾了身体、损害了健康，这是谁都不愿意看到的。因此，我们可以以身体不舒服或是患有某种忌酒的疾病（如肝脏不好、高血压、心脏病等）为由拒绝别人的劝酒，这样对方无论如何是不好再强求了。

◊ 2.提及过度喝酒后果

作为被动者，当酒量喝到一半有余时，应向东道主或劝酒者说明情况。如："感谢你对我的一片盛情，我原本只有三两酒量，今天因喝得格外称心，多贪了几杯，再喝就'不对劲'了，还望你能体谅。"如此推托以后，就再也不要喝了。这种实实在在地说明后果和隐患的拒酒术，只要劝酒者明白"乐极生悲"的道理，就会见好就收。

◊ 3.以家人不同意为由

一般来说，以爱人的禁止为由拒酒往往容易让对方觉得你在找借口推托，这是因为他想象不到这个问题对你有多么严重。因此，你必须在拒酒时讲得真实生动，把自己不听“禁令”的后果展示一番，让对方感到让你喝酒真的是等于害了你，那他也就会停止劝酒了。可以说，把理由讲得真实可信是使用此方式拒酒的关键之处。你可以说：“我爱人一闻我满口酒气就和我翻脸。我不骗你，所以你如果是真为我着想，那我们就以茶代酒吧？”这样一说，对方也就无话可说了。

◊ 4.挑对方劝酒语中的毛病

对方劝我方喝酒，总得找个理由，而这理由有时是靠不住的。特别是一些并不太高明的劝酒者，其劝酒语中往往会有不少漏洞可抓。抓住这些漏洞，分析其中道理，最后证明应该喝酒的不是我方，而是对方，或者是其他人，总之到最后不了了之。只要这漏洞抓得准，分析得又有理有据，那么对方就无话可说，只好放弃了这位难对付的“工作对象”。

学会了以上四种拒酒术，你也就免除了酒精对你身体的深入荼毒，顺利达到“杯酒也尽欢”的境界，完成了一次宾主尽欢的商务宴请。

酒量不好，如何陪酒不失礼

许多人都害怕参加商务酒宴，一场商务酒宴下来，往往是喝得人仰马翻，对身体的损伤极大。对于那些酒量不好，却又不得不出席商务酒宴的人来说，喝酒更是一件痛苦的事情，常常几杯酒下肚就醉了，不仅容易失态，还无法在酒桌上把事办成，让商务酒宴失去了它本来的意义。

庞梅梅是公司的策划部经理，平时和客户打交道很多，公司安排的商务酒宴上都会安排她和市场部经理一起出席，以便和客户进一步沟通策划案细节。刚开始参加这种商务酒宴的时候，客户每次敬酒，庞梅梅都不好意思拒绝，常常被客户灌醉，误了正事。市场部经理大为不满，庞梅梅自己也觉得委屈。庞梅梅把这事向好友抱怨，好友却说她酒量不好就该拒绝，不能逞强，对自己身体不好，还误了正事，吃力不讨好。在商务酒宴久经沙场的好友就教了她几招拒酒术。在后来的商务酒宴中，庞梅梅就很少被灌醉了。的确，商务酒宴时，面对别人的敬酒，酒量不好的你应该学会拒绝，而不能为了不驳客户的面子逞强喝，那不仅对自己身体不利，还容易误了正事。万一你酒后失态，在客户面前失礼，也会影响公司在客户心目中的印象。

如果你由于很多原因不得不参加商务酒宴，而你的酒量又不好，那么，你应该怎样陪别人才显得周到呢？

这可以从以下两种情况分析：

◊ 1.滴酒不沾的人如何陪客

在一些滴酒不沾的人中，有不少人是宴会上的陪客高手。他们在长期的磨炼中，在热情地向客人斟酒的过程中，学到不少陪伴客人的诀窍。其诀窍就是“因为不会喝，所以我就只有一心一意地为客人斟酒服务”。

有的人在自己的酒杯里倒些茶，也像喝酒似的一点点地喝，这样也会使气氛很热闹；也有的办事人员装出喝醉酒的样子，讲一些有趣的话逗大家笑。总而言之，办法很多，只要你想做就做得出来。

◊ 2.会喝酒但喝不多的人如何陪客

会喝但喝不多的人最多了。在宴会上这种会喝但又喝不多的人处境是最难的。因为他们不可能像一滴酒都不能喝的人那样索性为客人斟酒服务，另一方面他们又不能和酒量大的客人干杯痛饮。

酒量小的人不仅要设法控制自己的酒量，还要动脑筋琢磨劝酒的方法。敬酒、劝酒、斟酒的方法愈高明，对方也喝得愈高兴。

宴会上如果对方明知你酒量小而有意想把你灌醉的话，你可直率地把酒杯收起来，并且郑重其事地告诉对方：“我的身体实在是受不了，请您谅解！”

陪酒量大的客人喝酒前，最好先多吃些脂肪多的食物垫垫底，以收到保护胃

壁及阻止酒精吸收的作用。在喝酒的方法上，开始要少喝一点，然后再逐渐增加酒量，使自己有个适应的时间。

如上所述，在喝酒时斟酒是大有学问的，公关办事时，应该在这些问题上多动脑筋、多下工夫才是。千万不要事情还没办好，你就已经醉得不省人事了。

一定要饮好开头两杯酒

中国是礼仪之邦，就是饮酒也有不少礼仪规范。了解并熟练掌握这些规则和习俗，不仅能使你在酒桌上顺风顺水、挥洒自如，更能显出你良好的修养和出色的交际能力。

◊ 1.第一杯酒应该礼貌有加

好的开端是成功的一半。有一个良好的开端，事情的成功就有了基础。因此，第一杯酒十分重要。宴会上的第一杯酒好比一场表演的开场，能否吸引住观众，对后面的影响很大。第一杯酒往往能为整场宴会定下基调，开头顺畅，下面接着也就顺畅了；开头不顺畅，后面的气氛就不大容易调动。

在正式场合，一般由主人举杯，在家宴上一般由晚辈向长辈敬酒，亲友间的欢宴由年长者先行举杯，或由召集者先行举杯。

第一杯酒，一定要饱含祝福，为的是后面的“杯莫停”。这一杯是后面的基础，即使不想拼酒，也要努力为后面的欢愉场面打下基础。因此，第一杯酒，要区别不同情况，以礼待之。

如果是在庄重的外事场合，第一杯酒不但要礼貌有加，而且必须注意来客的身份及风俗习惯。祝酒既要体现应有的热情，又要不卑不亢，绝不能强人所难，自己喝多少就一定要对方陪饮多少，这样不但不能达到热情接待的目的，而且还会造成负面影响。要饮酒有度，热情适度，把握尺度，展现风度。

如果是商务宴请，第一杯酒就关系到后来宴会发展的风格。那么，这杯酒既要自己不醉，还要让客人尽兴。要有大家风范，不论会谈气氛怎样不愉快，都要尽地主之谊，为宴会后的谈判打下基础。因此，祝酒时既要热情有度，又不能与来宾拼酒，以免造成来宾的反感，影响之后的正式会谈。只有做到以礼敬酒，以情祝酒，以智行酒，方能达到自己的目的。

如果是家宴、喜宴、庆典宴，第一杯酒虽然不必考虑宴会上的商战斗智，但同样必须体现宴会的主题、主人的盛情以及对来宾光临的企盼与欢迎。如果是友人小酌，则大可不必拘泥于形式，越是实在、贴切，越能使人感到亲切，也越能让别人开怀畅饮。

千言万语融于酒，倾觞恭贺，千杯百盏尽看开头。假如第一杯酒能够充满感情、礼仪得体，那么后面的敬酒当然会顺畅得多。

◊ 2.第二杯酒应该盛满热情

一般的宴会，主人敬酒后由主宾举杯，作为礼仪性的回敬，然后宴会便进入敬酒阶段。由于第一杯酒已经把宴会的主题、宴会的目的、宴会对主宾的良好祝福等表达出来，这时再次互相举杯就要注重以情祝酒，杯盛热情，将热切感人的话语融入杯中献给来宾。

如果是商战场合，更要融入深情。合作会以谈情为先，酒品如人品，情通事就通。如果能通过自己的深情触动双方的情感，那么，一些争论和分歧也会得到缓和和化解。

如果是朋友小酌，或家宴便宴，也需要借酒抒情。通过热情洋溢的敬辞，用酒使大家融情，使大家抒怀。

如在一次婚宴上，一位友人站起来向新人“以情祝酒”：“在这美好的日子里，我接到了你们的喜帖，于是喜气洋洋地赶来祝福。新郎的潇洒、新娘的美貌是今天最美丽的画面。如今正值秋季丰收的季节，预祝你们的生活和事业像秋天一样硕果累累。”

美酒在心底交汇，啜饮生活的芳菲，溶进心田绽开友谊的花朵，加上美好的

祝酒词，不仅能烘托气氛、温暖人心，而且还能使人深受鼓舞和启发。当所有宴会参加者纷纷举杯，开怀畅饮，宴会也达到了高潮。

饭局形势不妙，敬酒为上策

在饭局上求人办事是很普遍的事情，但是这并不是说只要你请对方吃饭，对方就一定会答应给你提供帮助，这其中有很多技巧性的问题，需要你仔细斟酌。而且饭局上风云变幻，对方的情绪随时都在变化，尽管你会试着尽量避免触犯对方的逆鳞，但是却无法确切探知到对方的心理。你能做的只能是在对方表现出不悦或是有反感迹象的前几秒，迅速作出应变反应，平息对方心中的波澜，缓和现场的气氛。

张勤和周华夫妻俩都是某学校的老师，前段时间教导主任退休了，按资格来说张勤是最有希望晋升这个职位的，而且张勤还连续五年当选为校级模范教师。可是，一个多月过去了，校长那边毫无表示。张勤暗示了几回，校长还是没有丝毫表示。无奈之下，夫妻俩决定请校长吃饭，顺便探听虚实，也好就势争取。

只见席间，校长一再顾左右而言他，就是不提选拔教导主任这件事。张勤性子急，问校长说："校长，李主任退休那么久了，教务处现在都是由副校长管着，副校长一人担两职实在是劳累，这不是长久之计啊！"校长笑了一笑，说："这个嘛，校领导一直在开会讨论，可咱们学校实在是人才济济啊，还得从长计议啊！""可是，这个按照资格来说……再说，这选谁还不是校长你说了算吗？"张勤很不满意校长的话，出口反驳。校长一听张勤说这话，立马变了脸色，正要开口。张勤的妻子周华说："哎哟，真是的，你们男人怎么吃饭也离不开公事啊！今天咱们就是吃饭。不谈公事啊！赶紧吃菜，老张，傻愣着干吗，赶紧给校长满上。"张勤明白妻子的暗示，赶紧给校长倒满了酒，三人碰了杯。

接下来，张勤和校长就学校里的一些事情交换了意见，中间不免有看法不一之处，可是妻子周华每次都能在关键时刻以敬酒为名，避免两人起争执。最后，校长表示这顿饭吃得很愉快，并感谢张勤夫妻俩的款待。

不管张勤最后是否能晋升教导主任，至少这次请校长吃饭的目的是达到了，在此愉快的氛围下，校长势必会对他们夫妻俩留有不错的印象，从而对张勤晋升一事也会多上份心。

请客吃饭，求人办事时，切忌急功近利，一门心思只想着达己所愿而不顾及饭桌上的气氛。我们要想在饭桌上更好地成事，就要善于察言观色，眼见形势不妙，就应以敬酒的方式尽量缓解，不可操之过急，甚至在对方脸色不对、情绪不佳的当口，还只顾着自己的利益，那样是很难真正成事的。

以礼还礼，巧妙拒绝对方敬酒

在宴会进行的过程中，宾主双方出于礼貌会以礼祝酒。这种祝酒方式的特点是彬彬有礼。以礼貌的办法祝酒，往往让人无法回绝。特别是主人的盛情配之以有准备的热情洋溢的语言，的确令人无法拒绝。

一日，某市举办招商引资酒会，市招商局局长举杯祝酒。他端起一只小酒杯，桌子上放着一只大酒杯，说道："尊敬的各位来宾，我们十分欢迎各位嘉宾到我市洽谈合作。为了表达我们的诚意，我向各位敬酒。我们这里有一个特殊的习惯，为了表达我们对最尊贵的客人的敬重，我要代表全市二百万人民向各位敬十杯酒。这第一杯酒，是一见如故，一切如意，一路顺风；第二杯酒，是两方合作，双方携手，二月春风；这第三杯酒，是三阳开泰，三星在户，三江深情；这第四杯酒，是四通八达，四面进财，四海升平；这第五杯酒，是五子登科，五福临门，五谷丰登；这第六杯酒，是六六大顺，六韬三略，六合丰功；这第七杯酒，是七鸟朝阳，七杯见底，七色彩虹；这第八杯酒，是八音迭奏，八方风雨，八面来风；这第九杯酒，是九九归一，九天揽月，九色风鸣；这第十杯酒，是十全十美，十分倾心，十分欢迎。”当然，他在说每一杯的同时，都十分认真地用小杯向大杯里倒上一杯酒。

面对如此敬酒，众来宾大惊失色。简单回绝已无法抵挡，而敬酒者在大家的一片叫好声中将一大杯酒一饮而尽，然后把杯底向客人展示了一下，等着看客人怎么喝这一大杯酒。

上述案例是以礼敬酒的典型范例。案例中局长并没有强劝来宾喝酒，可是来宾如果少喝一杯，似乎对不起人家那代表全市二百万人民的十杯酒的深情。喝了这十杯酒，又哪里能承受得了？而谁又能马上说出与敬酒人相似又相对应的以数字开头的这样新颖的祝酒词呢？

其实，对如此敬酒，最好的办法就是以礼还礼，你以礼敬酒，我礼貌地少喝或不喝酒。你用这么多的数字来限制我，让我喝那么多杯酒，我就巧妙地回避这个数字问题来回敬你，不然，就容易陷入对方设计的圈套中。

这时，只见一位客人举杯答道：“我们一行十分感谢各位领导的盛情，特别是刚才招商局长一到十杯的敬酒，更是既让我们感受到了全市二百万人民的盛情，也让我们领略了局长的风采。我喝不了十杯酒，但我有十杯酒所容不下的激情；我说不出一到十所表达的深意，但我能用一杯酒表达我们对东道主海一样深厚的谢意。我不喝十杯酒而只喝一杯酒，是为了使酒的数量之差让东道主能给我们留下更深刻的印象。只有这样才能让我们感受到局长您所代表的二百万人民坚强如山，却不会挡住我们眺望的视线；他们宽广如海，却不会像海一样变幻使人不安；他们热情如火，却不会像火一样将热量四处传播；他们像水一样温柔，却不会像水那样任意把形象改变。为此，我请大家共同举杯，祝福全市人民像山，像海，像火，像水，让山的庄严、海的激情、火的热烈、水的柔情永远和你们相伴，让你们拥有山一样的康健，海一样的财富，火一样的生活。水一样的风采。干杯！”

礼貌的敬酒得到了礼貌的回答，这种得体、富有诗意的语言赢得了宾主双方

的由衷赞赏，都觉得主人敬酒是事先准备好的一套祝酒词，而客人的即兴答词更加精彩。在一片掌声中，大家纷纷举杯，都同意客人只喝一杯。这样一来，一个精心筹划的以礼敬酒的场面就被巧妙地化解了。

动之以情的拒酒方法

有时候，在酒桌上，当东道主端起酒杯时，尽管他才和你认识几分钟，但也会让你感受到一种多年的深情厚谊："看着你就投缘，想着你就留恋，你喝下这杯酒，人生目标就能实现。"一杯酒承担着这样重的责任。你怎能推辞呢？真的要喝吗？

以情劝酒可以发生在礼仪敬酒之后的中场，也可以在宴会的任何阶段，在酒宴的高潮中，"杯杯酒，表深情"，让你想推也推不掉。这种敬酒要想不伤感情、不失礼仪、不影响气氛地推掉是十分困难的，大多只能采取以情拒酒的办法。

如果说以身体为由推辞敬酒是晓之以理，那么还有一种动之以情的方法可用来拒酒。如果东道主敬酒时已经满含深情，那么回答敬酒词时应该尊重对方，给足面子，同样以真情还之，即所谓以情抵情。

某日。在一场招待酒会上，市领导班子成员和下属相关部门领导频频举杯，让客人欲逃无门。此时，来宾中的一位客人起身向大家敬酒："尊敬的各位领导、各位朋友，我和你们一样，以这杯酒向大家表达一下我们的敬意和感激之情。但是刚才酒饮得过急了，为了给大家一个稍微休息的机会，我给大家背一段现代人改写的饮酒小令——《江城子》以博一笑，同时作为祝酒词。"

"盛宴举杯都祝酒，酒含情，杯难收；还欲举杯，深情江水流。倾觞前辈今日事，真情在，何须酒！真情不会为酒留，情悠悠，水为酒；满盛深情，肠胃难容酒。美酒真情不等量，载真情，几多酒！请大家共同举杯，为我们合作的真情常在；为我们不论喝多少酒，但酒所能承载的真情厚谊永驻我们心头；为我们合作成功，干杯！”宾主听着这饱含哲理的词句和热情得体的祝酒词，不得不共同举杯，以情拼酒的气氛也烟消云散了。

可见，最好的劝酒词是融入了深情而以情动人的。但是，如果在酒宴上别人对你说：“为朋友不能两肋插刀，还不能两肋插酒瓶子吗？”这番浓情厚谊的话总让人难以拒酒。可是要是喝了下去；又会让自己受罪，甚至免不了受损失，真是左右为难。

以酒挟情的劝酒术威力巨大，一般情况下令人无法抗拒；如果拒绝往往是你“不领情”或者“不给面子”。总之，直接拒绝这样的劝酒显得特别伤感情。但实际上，在商务宴会上，这种以浓情作为幌子的劝酒带有很大的欺骗性，但是又不好直接拒绝，所以，采取“以情抵情”法最恰当。

在一个商务宴会上，东道主代表饱含深情，频频举杯，让人难以推却。这时，来宾中一位先生举杯回敬道：“各位朋友。你们端起的不是酒杯，酒杯怎么能包容所有的深情？你们多次举杯也不足以表达你们的心意。我真的想饮尽千杯酒，融进万般情。既然千杯酒才能表达我们的万般情，那么，一杯酒与一千杯酒之间，如果用感情的度来衡量，只能越少越能让人记住这份感情。如果我喝醉了，那么可能连刚刚结识的朋友的姓名都记不住了，那怎么能算是记下了这深厚的情谊？为此，我用一杯酒回敬大家，因为我知道对真朋友敬酒是只喝微醉。与对手喝酒才拼量斗狠。你们之所以向我们频频敬酒，是怕我们喝不到微醉那个境界。我端的杯子里，是咱们当地产的矿泉水，它同样有酒一般只可意会不可言传的境界。请大家共同举杯，让我们拥有水一样的柔情，连绵不断，干杯！”

中国人是讲究情谊的，既然能在同一场宴会中共饮，自然是有一定交情的，所以在拒酒时采用动之以情的办法，定能够获取别人的理解，从而避免醉酒伤身或误事。

宴席“不倒翁”的拒酒七法

参加宴会时，不太会喝酒的人面对别人一再劝酒的盛情往往十分尴尬，不喝显得失礼，喝下去又伤身，真是左右为难。所以，修炼拒酒的基本功，在日常交际中是十分必要的。下面教你几招，可以让你轻松成为宴席上的“不倒翁”。

◊ 1.转嫁法

眼看酒挡不住时就转移话题，或者把注意力转移到在座的其他人身上，这就是宴会上拒酒常用的转嫁法。

◊ 2.巧言法

在应酬中要充分展示自己的能言善辩。一张嘴嬉笑怒骂，往往能轻易地把敬来的酒挡回去，还不得罪人。

◊ 3.装病法

“我身体不适，不能喝酒。”为达到目的，装病法贵在求真，一定要做出逼真的痛苦状，皱眉、捂胸、摩腹、掐腰、抚头，凡此种种，以苦肉计来求得酒友的谅解，也可以达到休战的效果。

◊ 4.开车法

“我开着车来的。”国家法律条文已有规定，凡酒后驾车者，轻则罚款扣分，重则拘留。所以，以开车为由拒酒，合情、合理、合法，但成功率并不理想。

◊ 5.考试法

“我下午要考试。”至于是何种考试，取决于拒酒之决心。一曰考驾照，此类考试严禁喝酒，故说出下午要“路考”，必能拒酒成功；二曰正规学历考试，此类考试不禁止喝酒，但酒后发挥不佳，故可避免饮酒过量；三曰单位开卷考试，此类考试不禁止喝酒，稍多亦无妨，但烂醉如泥似不合适，故借此法可避大醉。

◊ 6.服药法

饮前称用药在前，且所服、所用药物禁忌酒精及含酒精之饮料。

◊ 7.托会法

此法专用于中午酒场，是单位领导或重要工作人员用以拒酒的屡试不爽的法宝。领导逢会必讲话，讲话不能讲醉话，故中午不饮酒属于正常；重要工作人员下午上班，近领导身易被领导嗅出酒气，故中午不饮酒也易被原谅。

练好了上述七种拒酒高招，相信你一定会成为宴会上的“不倒翁”，从而在宴会上左右逢源。

用餐饮酒的礼仪不能不知道

◊ 1.上酒礼节

不论宴会是在家里或餐厅举行，如果你提供的是珍品佳酿，务必把酒瓶拿出来给客人瞧瞧。

款客的红酒温度应相当于室温。如果你的红酒太冰，可建议客人用手暖酒。宴会前请先把白酒摆在冰箱至少两小时，或放入装着冰块和冰水的冰酒器20分钟。记住，白酒品质愈好，降温所需时间也愈短。如果忘记预冰，请把酒瓶放进冰室15分钟。不过，不管你将它放在哪儿，千万别忘了取出来！

许多人偏好整晚只喝自己喜爱的某种酒，所以一个用心的主人会同时准备红酒和白酒。虽然隔热器放在桌上不好看，但在盛夏夜晚用来保持白酒冰度却相当实用。

第一次上酒时，做主人的可以亲自为所有客人倒酒。不过记住，依逆时钟方向进行，从坐在右侧的客人开始，最后才轮到主人自己。客人喝完一杯后，可以

请坐在你对面的人（也就是二主人）帮忙为他附近的人添酒。如果你同时准备了红酒和白酒，请把两种酒瓶分放在桌子两端。绝对不要让客人用同一个杯子喝两种酒，这是基本礼貌。

除非技巧炉火纯青，否则倒酒时请在瓶颈垫上一条毛巾防滑，而且瓶口尽量朝上，免得酒洒出来。

有时你需要一个装酒瓶的篮子，酒瓶以近水平的斜面放置，这样瓶中沉淀物就不会和酒混在一起。

◊ 2.斟酒的礼仪

在纯粹的家宴上斟酒时，如有长辈在座，就得先给长辈斟酒；如属同一辈分或夫妻之间，则应先给对方斟酒；如同一辈分成员较多，则可以按年龄高低或按顺时针方向依次斟酒。

在招待客人的家宴上斟酒，一般应先给年老者、远道客人或职务、职衔较高者斟酒，也可以按顺时针方向依次斟酒。

在正式宴席上斟酒，服务员应在打开酒瓶后先倒上一点，递给主人品尝，主人品评后认为所上之酒合乎要求，服务员再按先主宾后其他客人的顺序依次给客人斟酒。

斟酒时，酒杯应放在桌上，酒瓶不要碰到杯口。斟啤酒时可以例外，因为瓶口挨着杯口斟酒可减少啤酒泡沫。

在国际礼仪中，客人绝不会亲自倒酒，而由主人和服务员来负责斟酒。

宴席上斟酒时，接受斟酒者一般应起身或俯身，以手扶杯或作欲扶杯状，以示感谢或恭敬。但是那些确实不会喝酒或由于种种原因不打算喝酒的人又该怎么办呢？通常可以采取以下办法：

（1）主动地要一些非酒精类饮料，如汽水、果汁、矿泉水或白开水等，并说明不饮酒的原因。

（2）让斟酒者在自己杯子里少许斟上一点，但尽可以不喝。因为一般情形下，杯中酒是可以不喝的。

（3）当斟酒者向自己杯子里斟酒时，用手轻轻敲击酒杯的边缘，意思是：我不喝酒，谢谢。

（4）当斟酒工作是由服务员来服务时，你可轻声告诉他："我已经够了。""不用了，谢谢。"而不是动手把杯子挪开，或捂住杯口，这样会引人侧目。

（5）接受斟酒时，酒杯置于桌上原处即可，你只要对斟酒者微笑致意，便符合礼仪了。

（6）对于拒绝斟酒的人，斟酒者（尤其是斟酒的主人）应该持理解和宽容的态度，而不应该强人所难。

◊ 3.敬酒的礼仪

上菜之前，做主人的，先要向同桌的客人敬酒，照例说一句感谢光临的话，以后每道菜来时，也要举杯邀饮，然后请客人"起筷"。

在大规模的中式宴会中，有时会多至数十席的，照例主人要带主要亲人到每桌去敬酒。这时候就要估计大约需要的时间。在适当的时候，到每桌去敬酒。到了每一桌之前，就能够遍见每一位客人，并且一一致意了。

敬酒时，上身挺直，双腿站稳。需干杯时，应按礼宾顺序由主人与主宾先干杯。正式宴会上，女士一般不宜首先提出为主人、上级、长辈、男士的健康干杯。劝酒要适可而止，尤其在国际交际场合，不宜劝酒。切忌饮酒过量，以控制在本人酒量的1/3为宜。

敬酒时需要注意的礼仪规范主要有以下几点：

（1）敬酒要注意先后顺序。在正式宴席上，一般先由主人向列席的来宾或客人敬酒，会饮酒的人则回敬一杯。如果宴席规模较大，主人则应依次到各桌敬酒，而各桌可由一位代表到主人所在的餐桌上回敬。

（2）向外宾敬酒时，应按礼宾顺序由主人首先向主宾敬酒。而在国外正式宴席上，通常由男主人首先举杯敬酒，并请客人们共同举杯。

（3）一般情形下，客人、长辈、女士不宜首先向主人、晚辈、男士敬酒。

（4）敬酒时态度要热情、大方，应起立举杯并且目视对方，而且整个敬酒过程中都不应将目光移开。

（5）敬酒要适可而止，见好就收。因为在很多情况下，敬酒就意味着干杯，意味着将杯中酒喝干。有些人借敬酒之名，行灌醉别人之实，甚至偷偷在别人饮料中倒上烈性酒，还说什么“感情浅，舔一舔，感情深，一口闷”，这些都是有违礼仪要求的。

◊ 4.喝酒的礼仪

喝酒也能反映出一个人的格调、品位和文明程度。有些人喝酒时，举起酒杯看也不看，便一饮而尽，甚至任凭酒水顺着嘴角往下流，显得极其狼狈、粗俗不堪。而会喝酒的人则截然不同，他们懂得怎样品酒并且懂得怎样喝酒。

所谓品酒，是有严格程序要求的。一般先看酒的颜色，然后将酒杯端到鼻子前面闻一闻酒的香味，最后再呷一小口在嘴里来回转动，以确定酒的味道和“感觉”是否纯正。

所谓懂得喝酒，主要有两个要求：一是戒急，二是戒贪。戒急，就要求慢酌细饮，不要拿起酒杯就一饮而尽。戒贪，就是要留有余地，千万不可贪杯。

◊ 5.祝酒的技巧

并非所有宴会均有祝酒程序。需要祝酒则应了解宴请性质，为何人、何事祝酒，以及对方祝酒习惯，使祝酒的片言只语不失高雅并有针对性。碰杯时，主人和主宾先碰，人多时可同时举杯示意，以不交叉碰为宜。碰杯时要双目平视对方致意，一般视对方的眼鼻组成的三角区为佳。宴会上的相互敬酒，可以活跃气氛，但要适度，不要勉强他人，本人应控制酒量，如不会饮酒，可事先言明喝饮料，切不可因饮酒过多而失言、失态。

在毫无准备的情况下，被推举出来提议祝酒可能是非常令人紧张的。此时最好的解决办法就是说出你的感受。祝酒辞从来用不着太长。如果在毫无准备的情况下被叫起来致祝酒辞，你可以说一些简单的话摆脱困境，如“向出色的朋友和伟大的老板王林先生致意”。

但是如果你想表现得更有风度，更有口才，可增加一些回忆、赞美以及相关的故事或笑话。然而，祝酒辞应当与场合相吻合。幽默感极少会显得不合时宜，但是在婚礼上的祝酒辞应该侧重于情感方面，向退休员工表达敬意的祝酒辞则应当侧重于怀旧，诸如此类。在餐会上，致祝酒辞通常是男主人或女主人的优先

权。如果无人祝酒，客人则可以提议向主人祝酒。如果其中一位主人第一个祝酒，一位客人可以在第二个祝酒。

在仪式场合，通常会有一位酒司仪，如果没有，组委会主席，会在就餐结束，开始发言前，致必要的祝酒辞。在不太正式的场合，可以在葡萄酒和香槟酒上来之后，就提议祝酒。祝酒者并不必要把酒杯里的酒喝干，每次喝一小口足矣。

◊ 6.干杯

“干杯！”中国的餐宴最常说的就是这句话。干杯时，所有的就餐人各居其位，由主办者为所有宾客倒酒，最后再为自己斟满一杯——举起杯来，干杯！

干杯时，必须把酒杯举至与眼齐高，高呼：“干杯！”

干杯，对于不胜酒力的人，是不必勉强的。但是席间的第一次干杯，所有的人都要参加，不可以拒绝主办者的斟酒，或使用果汁代替。如果实在是不能喝，也应稍稍沾唇，做个样子。

◊ 7.劝酒

劝酒是中国饭局最有特色的部分。饭局开始时，主人常要讲上几句话，之后便开始劝酒。主人先将杯中的酒一饮而尽，客人一般也要喝完。不但主人要劝酒，客人与客人之间也要敬酒，为了使对方多饮酒，敬酒者会找出种种必须喝酒的理由，若被敬酒者无法找出反驳的理由，就得喝酒。

中国人的好客，在酒席上发挥得淋漓尽致。人与人的感情交流往往在敬酒时得到升华。中国人敬酒时，往往都想对方多喝点酒，以表示自己尽到了主人之谊，客人喝得越多，主人就越高兴，说明客人看得起自己，如果客人不喝酒，主人就会觉得有失面子。

有人总结道，劝人饮酒有如下几种方式：

（1）“文敬”：是传统酒德的一种体现，也即有礼有节地劝客人饮酒。

酒席开始，主人往往再讲上几句话后，便开始了第一次敬酒。这时，宾主都要起立，主人先将杯中的酒一饮而尽，并将空酒杯口朝下，说明自己已经喝完，以示对客人的尊重。客人一般也要喝完。在席间，主人往往还分别到各桌去敬酒。

（2）“回敬”：这是客人向主人敬酒。

（3）“互敬”：这是客人与客人之间的“敬酒”，为了使对方多饮酒，敬酒者会找出种种必须喝酒理由，若被敬酒者无法找出反驳的理由，就得喝酒。在这种双方寻找论据的同时，人与人的感情交流得到升华。

（4）“代饮”：既不失风度，又不使宾主扫兴的躲避敬酒的方式。本人不会饮酒，或饮酒太多，但是主人或客人又非得敬上以表达敬意，这时，就可请人代酒。代饮酒的人一般与他有特殊的关系。在婚礼上，男方和女方的伴郎和伴娘往往是代饮的首选人物，故酒量必须大。

（5）“罚酒”：这是中国人“敬酒”的一种独特方式。“罚酒”的理由也是五花八门。最为常见的可能是对酒席迟到者的“罚酒三杯”。有时也不免带点开玩笑的性质。

为了劝酒，酒席上有许多趣话，如“感情深，一口闷；感情厚，喝个够”，“感情浅，舔一舔”等。以上这些做法有淳朴民风遗存的一面，也有一定的负作用。

◊ 8.科学饮酒

（1）过量饮酒对身体的危害。

①无节制地饮酒会使食欲受到抑制，影响人体从饮食中获取营养。

②大量饮酒，酒精会刺激食管及胃粘膜，产生溃疡和炎症。

③酒导致手足麻痹颤抖、神经炎，又因为酒精必须在肝脏中代谢，加重了肝脏的负担，从而产生脂肪肝，进而导致酒精中毒性肝硬化。

④过量摄取酒精会造成体内乳酸增多而抑制尿酸的排泄，造成尿酸的累积，所以患有痛风的人应避免过量饮酒。

（2）过度饮酒对形象的损坏

①在宴会上喝酒要适量，始终保持斯文的举止，这是各界人士应共守的礼节。

②不加节制地饮酒除了对身体造成伤害，酒品不好的人更是有当众出丑的可能。人们常说“酒后乱性”，有些人喝了酒便喋喋不休、胡言乱语，甚至动手动脚

的，像这样的情形可真是出尽洋相了。所以自己必须注意控制酒量，别只顾着享受酒的美味而忘了保持形象。

③无论是出外应酬或是参加宴会，要懂得掌握饮酒的分寸，不要因为别人敬酒或为了表现自己的海量，毫无节制地大量饮酒。若是因此误了大事或影响了他人对自己的印象，那后悔可就晚了。

④在餐桌上应该做到助酒不劝酒。国内很多人吃饭时讲究喝一杯，喜欢劝酒，于是在酒桌上耗去了很多时间。交往需要摆正自己的位置，以对方为中心，是否喝酒，应尊重对方的意愿。

（3）科学的饮酒方法

①饮酒四忌。

忌混杂饮。白酒、啤酒、葡萄酒、果酒等各种佳酿不能混杂饮。因为各种佳酿虽然种类不同，但其主要成分都是酒精。人们饮酒后，约80%的酒精由十二指肠的空肠吸收，20%由胃吸收。如饮白酒，虽然相对而言含酒精高，但喝的量较少，加上边饮美酒，边吃佳肴，胃内酒与食物混杂在一起，一时不能流入十二指肠，这就大大减缓了十二指肠吸收酒精的时间。假如白酒、啤酒混杂喝，由于液体量大增，酒很快就会流入十二指肠中，促使吸收酒精的时间加快，因而人易醉，早醉。

忌饮早酒，空腹酒。因为此时饮酒，酒精被吸收得快，使血液中含酒精量迅速提高，同时对胃的刺激也大，易伤身，也易醉。

忌餐餐海量，天天豪饮，或猛饮快饮。据专家测算，嗜酒者和猛饮者的心脏负担，比不饮酒、少饮酒或慢饮酒者增加几倍。由于心脏负担过重，会导致心肌肥厚，心脏扩大，形成一种病态——“牛心”。因而嗜酒者，应忌日日暴饮和猛饮快饮。

忌喝冷酒。一般说来，无论是白酒还是黄酒，喝热酒都比喝冷酒好。因为酒中除了含有酒精外，还掺杂着一些甲醇、甲醛等少量有害物质。如人体摄入4～8毫克甲醛，便会影响视力。而它们的酒精溶液和水溶液混合后的沸点低于60℃。如果喝酒能加热，酒中的这些有害物质就能基本上挥发了。所以喝温酒既舒服又安全。

②饮酒前的准备。

选择最佳的饮品。华夏酒文化已有5000余年的历史，酒过三巡，菜过五味，讲的就是酒文化与饮食文化的一致性，苦酒（不吃菜，单饮酒）伤肝胃是常识。再说酒分蒸馏与酿造两大类，前者如白酒，不仅不含营养成分而且对肝损伤明显；后者如红葡萄、黄酒、啤酒，都含有糖类、氨基酸、多种维生素，其中人体必需的8种氨基酸都能提供，故具有一定的营养价值。据近年动物实验研究报道，在几种经常饮用的酒类中，对肝脏几乎无损伤的品种，首选为红葡萄酒，黄酒次之，而白酒是对肝损害最为严重的酒类。

饮酒前要吃点东西垫底。在喝酒前先吃点饼干、糕点及米饭等食物，以减少酒精对胃肠及肝脏的损害，减少脂肪肝的发生。从酒精的代谢规律看，最佳佐菜当推含高蛋白和多种维生素的食物，如新鲜蔬菜、鲜鱼、瘦肉、豆类、蛋类等。注意，切忌用咸鱼、香肠、腊肉下酒，因为此类熏腊食品含有大量色素与亚硝胺，与酒精发生反应，不仅伤肝，而且损害口腔与食道粘膜，甚至诱发癌症。

③应对醉酒者的招数。

对醉者注意保暖，将头转向一侧，如有呕吐，应及时清除其口内的呕吐物，要当心呕吐物被吸入气管引起肺部感染。

醉酒较明显，又不能配合服用解酒食品时，可设法使醉酒者产生恶心呕吐（用手指、棉棒、鸡毛等搅触病人咽喉），将胃内物吐出，必要时还可用温水或2%碳酸氢钠液洗胃。但注意不可用浓茶、咖啡等来解酒，因为茶和咖啡不但不能帮助解酒，反而会加重醉酒症状。

对行走不稳者，要防止跌倒，以避免跌打损伤。

对重度醉酒者，身边的人应及时拨打120，或者立即送医院进行急诊抢救，千万不能耽误时间。必须注意，不管轻度、重度醉酒一律不准使用镇静剂或麻醉剂，以免引起不良后果。

懂得酒桌上的规矩才能办大事不吃亏

◊ 1.酒桌上的规矩

规矩一：酒桌上虽然“感情深，一口闷；感情浅，舔一舔”，但是喝酒的时候绝不能把这句话挂在嘴上。

规矩二：韬光养晦，厚积薄发，切不可一上酒桌就充大。

规矩三：领导相互喝完才轮到自己敬。

规矩四：可以多人敬一人，绝不可一人敬多人，除非你是领导。

规矩五：自己敬别人，如果不碰杯，自己喝多少可视情况而定，比如对方酒量，对方喝酒态度，切不可比对方喝得少，要知道是自己敬人。

规矩六：自己敬别人，如果碰杯，一句“我喝完，你随意”，方显大度。

规矩七：自己职位卑微，记得多给领导添酒，不要瞎给领导代酒，就是要代，也要在领导确实想找人代，还要装作自己是因为想喝酒而不是为了给领导代酒而喝酒。比如领导甲不胜酒力，可以通过旁敲侧击把准备敬领导甲的人拦下。

规矩八：端起酒杯（啤酒杯），右手扼杯，左手垫杯底，记着自己的杯子永远低于别人。自己如果是领导，知趣点，不要放太低，不然怎么叫下面的做人？

规矩九：如果没有特殊人物在场，碰酒最好按顺时针顺序，不要厚此薄彼。

规矩十：碰杯，敬酒，要有说词，不能干喝。

规矩十一：桌面上不谈生意，喝好了，生意也就差不多了，大家都了然于心，不然人家也不会敞开了跟你喝酒。

规矩十二：不要装蒜，说错话，办错事，不要申辩，自觉罚酒才是硬道理。

规矩十三：假如，纯粹是假如，遇到酒不够的情况，酒瓶放在桌子中间，让人自己添，不要充大去一个一个倒酒，不然后面的人没酒怎么办？

规矩十四：最后一定还有一个闷杯酒，所以，不要让自己的酒杯空着。跑不了的。

规矩十五：注意酒后不要失言，不要说大话，不要失态，不要唾沫横飞，筷子乱甩，不要手指乱指，喝汤噗噗响，不要放屁打嗝，憋不住去厕所，没人拦你。

规矩十六：不要把“我不会喝酒”挂在嘴上（如果你喝的话），免得别人骂你虚伪，不管你信不信，人能不能喝酒还真能看出来。

规矩十七：领导跟你喝酒，是赏脸，不管领导要你喝多少，自己先干为敬，记着啊，双手，杯子要低。

规矩十八：保持清醒的头脑，酒后嘘寒问暖是少不了的，一杯酸奶，一杯热水，一条热毛巾都显得你关怀备至。

◊ 2.如果你不能喝怎么办？

（1）不要主动出击，实行以守为攻战略；

（2）桌前放两个大杯，一杯放白酒，一杯放矿泉水，拿小酒盅干杯，勤喝水，到酒桌上主客基本都喝八分醉时，可以以水代酒，主动出击；

（3）干杯后，不要马上咽下去，找机会用餐巾抹嘴，把酒吐餐巾里；

（4）上座后先吃一些肥肉类、淀粉类食品垫底，喝酒不容易醉；

（5）掌握节奏，不要一下子喝得太猛；

（6）不要几种酒混着喝，这样特别容易醉；

（7）别人夹菜时，千万不要转酒桌中间的圆盘，别人夹菜你转盘是酒桌上大忌；

（8）喝到六分醉时，把你面前的醋碟中的醋喝下，再让服务员添上；

（9）每次干杯时，倒满，然后在喝前假装没有拿稳酒盅，尽量洒出去一些，这样每次可以少喝不少；

（10）喝酒前放好半杯茶，喝了酒不要咽，赶紧拿起茶杯，喝水的功夫把酒吐进酒杯里，吐满了换水就行。

◊ 3.酒宴上的基本常识

（1）众欢同乐，切忌私语

大多数酒宴宾客都较多，所以应尽量多谈论一些大部分人能够参与的话题，得到多数人的认同。因为个人的兴趣爱好、知识面不同，所以话题尽量不要太偏，避免唯我独尊，天南海北，神侃无边，出现跑题现象，而忽略了众人。特别是尽量不要与人贴耳小声私语，往往会使他人产生“就你俩好”的嫉妒心理，影响喝酒的效果。

（2）瞄准宾主，把握大局

大多数酒宴都有一个主题，也就是喝酒的目的。赴宴时首先应环视一下各位的神态表情，分清主次，不要单纯地为了喝酒而喝酒，而失去交友的好机会，更不要让某些哗众取宠的酒徒搅乱东道主的意思。

（3）语言得当，诙谐幽默

酒桌上可以显示出一个人的才华、常识、修养和交际风度，有时一句诙谐幽默的语言，会给客人留下很深的印象，使人无形中对你产生好感。所以，应该知道什么时候该说什么话，语言得当，诙谐幽默很关键。

（4）劝酒适度，切莫强求

在酒桌上往往会遇到劝酒的现象，有的人总喜欢把酒场当战场，想方设法劝别人多喝几杯，认为不喝到量就是不实在。

“以酒论英雄”，对酒量大的人还可以，酒量小的就犯难了，有时过分地劝酒，会将原有的朋友感情完全破坏。

（5）敬酒有序，主次分明

敬酒也是一门学问。一般情况下敬酒应以年龄大小、职位高低、宾主身份为序，敬酒前一定要充分考虑敬酒的顺序，主次分明。若与不熟悉的人在一起喝酒，也要先打听一下身份或是留意别人如何称呼，这一点心中要有数，避免出现尴尬或伤感情的局面。

敬酒时一定要把握好敬酒的顺序。有求于某位在席上的客人时，对他自然要倍加恭敬，但是要注意，如果在场有更高身份或年长的人，则不应只对能帮你忙的人毕恭毕敬，也要先给尊者长者敬酒，不然会使大家都很难为情。

（6）察言观色，了解人心

要想在酒桌上得到大家的赞赏，就必须学会察言观色。因为与人交际，就要了解人心，左右逢源，才能演好酒桌上的角色。

（7）锋芒渐射，稳坐泰山

酒席宴上要看清场合，正确估价自己的实力，不要太冲动，尽量保留一些酒力和说话的分寸，既不让别人小看自己又不要过分地表露自身，选择适当的机会，逐渐放射自己的锋芒，才能稳坐泰山，不致给别人产生“就这点能力”的想法，使大家不敢低估你的实力。

◊ 4.喝酒前的准备

酒能伤肝，这是人人皆知道的，为了尽量减少酒精对胃和肝脏的伤害，减少脂肪肝的发生，喝酒前的准备工作很重要，这是能保证你在酒桌上不醉的关键因素。在去赴宴之前，在家先吃点东西，让胃里有点东西垫着。那具体吃点什么好呢？一般吃点高蛋白的比较好，例如吃两个鸡蛋，喝点牛奶、豆浆等，因为这些高蛋白的食品在胃中可以和酒精结合，发生反应，减少对酒精的吸收。另外，吃点饼干、糕点等也可以，让胃里有点东西，因为空腹喝酒，酒精在胃内很容易被吸收，从而导致容易醉酒。

另外，对于经常喝酒或者经常陪酒的人士，可以试试一些古书上记载的方法。如清代无名氏在《调鼎集》载：“饮酒欲不醉者，服硼砂末少许，其饮葛汤，葛丸者效迟”。《千金方》：“七夕日采石菖蒲，末服之，饮酒不醉。”

◊ 5.喝酒中的保护

“酒过三巡、菜过五味”，这是古代留下来的酒场谚语，这也从另外一方面说明了，喝酒时吃菜的重要性。在喝酒前，尽量先吃点菜，然后再喝酒，其原理和前面说的一样。严禁空腹喝酒，既容易醉，又容易伤胃。

◊ 6.喝酒后的醒酒措施

喝酒后，头晕，头疼，呕吐，甚至人事不醒，醉酒者要经受很大的痛苦，这个时候需要尽快醒酒，以减少醉酒带来的痛苦，并防止有可能出现的更大的伤害。在这里教你几招醒酒的方法，简单易行，饮酒者可以根据自己的情况，选择适合自己的方法，不妨一试。

（1）饮服白萝卜汁：生白萝卜，洗净榨汁，稍加热服下，每次一茶杯，10分钟一次，三次可解去酒气。

（2）吃大白菜心：取出大白菜心切丝，一个不够取俩，加少量白糖和白醋拌匀后腌渍三五分钟服下，此法很快解酒。

（3）服芹菜汁：鲜芹菜洗净切碎榨汁，当茶喝，连续喝三次（隔5分钟），此对酒后头痛脑胀、脸红有特效。

（4）饮鲜桔皮水：2两鲜桔皮加1斤水煮沸，再加入少量食盐摇匀后当茶喝，一次一茶杯，5分钟再饮，三次见效。

（5）喝绿豆汁：绿豆2两，加水煮熟后饮，连汤带豆。如将绿豆捣碎用开水冲服有解酒效果。

醉酒是常常发生的事，如何醒酒，使醉酒者尽快恢复过来，各种解酒方也就应运而生。当然，护理好醉酒者也是很重要的。

从古至今，人们总结出了许多行之有效的解酒方，现介绍几种如下：

《醴乐志》言“甘蔗汁治酒病也”。宋代赵希鹄：“烧酒醉不醒者急用绿豆粉烫皮切片，将筋撬开口，用冷水送粉皮下喉即安。”清王士雄：“饮酒大醉，冲葛粉食之即解，烧酒醉者，饮糖茶或麻油。糯米炒焦，冲水作茶饮。”

《本草纲目》菱角解酒两方：“（菱角）解暑伤寒积热、止消渴、解酒毒”。后人据此开出菱角解酒简方：第一种是菱角250克、连壳捣碎加白糖60克，水煎后滤汁一次服用，可治饮酒过度；第二种是菱角粉50克，白糖少量，水煎成糊状食用，有清解酒毒作用，适用酒后口苦烦渴。

食醋解酒五方。食醋1小杯（20～25毫升），徐徐服下；食醋与白糖浸蘸过的萝卜丝（1大碗）；食醋与白糖浸渍过的大白菜心（1大碗）；食醋浸渍过的松花蛋2个；食醋50克，红糖25克，生姜3片，煎水服。

三豆解酒方。绿豆、红小豆、黑豆各50克，加甘草15克，煮烂，豆、汤一起服下，能提神解酒，减轻酒精中毒。

海扑乐宝。它是一种保肝保健品，由美国马林大药厂生产，已获批进入我国市场。由于它是蛋白质B因子与其他因子的综合配方，用在保持正常肝功能的饮食补充剂方面有一定的作用。

另外怎么来减少醉酒后引起的头疼、头晕、反胃等症状呢？

下面也介绍几种食物，大家不妨做一个参考：

（1）蜂蜜水治酒后头痛：蜂蜜中含有一种特殊的果糖，可以促进酒精的分解吸收，减轻头痛症状，尤其是红酒引起的头痛。另外，蜂蜜还有催眠作用，能使人很快入睡，第二天起床后也不会头痛。

（2）西红柿汁治酒后头晕：西红柿汁也富含特殊果糖，能帮助促进酒精分解，一次饮用300毫升以上，能使酒后头晕感逐渐消失。饮用前若加入少量食盐，还有助于稳定情绪。

（3）新鲜葡萄治酒后反胃、恶心：如果在饮酒前吃，还能有效预防醉酒。

（4）西瓜汁治酒后全身发热：西瓜具可以清热去火，能加速酒精从尿液中排出。

（5）柚子消除口中酒气：柚肉蘸白糖吃，对消除酒后口腔中的酒气有很大帮助。

（6）芹菜汁治酒后胃肠不适、颜面发红：这是因为芹菜中含有丰富的B族维生素，能分解酒精。

（7）酸奶治酒后烦躁：酸奶能保护胃黏膜、延缓酒精吸收，其中钙含量丰富，对缓解酒后烦躁尤其有效。

（8）香蕉治酒后心悸、胸闷：酒后吃1~3根香蕉，能增加血糖浓度，降低酒精在血液中的比例，达到解酒目的。同时，它还能减轻心悸症状、消除胸口郁闷。

（9）橄榄治酒后厌食：橄榄自古以来就是醒酒、清胃热、促食欲的“良药”，既可直接食用，也可加冰糖炖服。

◊ 7.酒后忌饮茶

李时珍在《本草纲目》中记载：酒后饮茶伤肾，腰腿坠重，膀胱冷痛，兼患痰饮水肿。现代医学研究也指出，茶水会刺激胃酸分泌，使酒精更容易损伤到胃黏膜；同时，茶水中的茶碱和酒精一样会导致心跳加速，更加重了心脏负担。

◊ 8.醒酒的药物

目前市场上面出现不少醒酒的药物，例如海王金樽，“客格博”胶囊，陪酒师”解酒茶，还有一种美国进口的ZEO等等，那么这些药物真的有效吗？说到底，所谓的醒酒药物无非都是通过以下两个途径来达到醒酒的目的的：一是能迅速分解酒精，使酒精失去功效，或者阻断酒精在胃肠中的吸收，减少酒精进入血液的量，这样自然也可以达到醒酒的目的。但是，不管什么醒酒药物，也不管其功效如何神奇，都是有一定副作用的，不能常吃，尤其对那些经常陪酒或者经常需要应酬的人，更是如此。一般情况下不要吃，因为即使你吃药了，酒精还是进入了体内，对肝脏造成伤害，最好是不喝，必须要喝的时候，也先用别的方法来醒酒。

第九章

看透对方的心理，应对刁钻客人

请客的目的无非有求于人，但是有些客人吃饭可以，办事不成。此时，要通过饭局的条件，识透这类客人，采取相应的措施，使得客人当众拍板答应你的求援。

滴水不漏应对笑里藏刀的人

宴会上不乏笑里藏刀的人，他们一见你就和你“甜哥哥”、“蜜姐姐”地叫着，等取得你的信任，当你放松戒备的时候，他们会在暗处狠狠地捅你一刀。笑里藏刀是小人在和与宴者交流的过程中，往往显得温和谦恭，很是大度，但实际上并非如此，他们大都心胸狭窄、喜欢猜忌、阴险狠毒。总之，小人们利用此计，目的是想让对手服从自己，在自己设计好的圈套里行事，以此达到获得利益的真正企图和目的。

小王的一个重要项目获得了圆满成功，庆功宴上大家都围着小王祝贺。这个项目的竞争时手都走上前来对小王恭维了一番。但酒宴中途，小王感觉周围的气氛开始有些异常，大家都在悄悄地议论着什么。当了解到真相时，他的怒气简直要冲破天。原来不知是谁无中生有地传播了许多对他不利的谣言，诸如“道德败坏”、“暗箱操作”等。在“舆论”的压力下，小王的处境尴尬无比。其实，这就是笑里藏刀的人在背后给了他一刀，结果使本来光芒四射的小王一下子成了人人防备的阴险小人。

饭局如战场，席间，当你决定要相信一个人之前，一定要先对他进行全面的观察和考验，不要一味地给自己一个“对方是善良的”这样的假设，因为每个人都有私心，你无法阻止他们可能利用你的善良去达到自己的某些目的。所以千万不可掉以轻心，被小人利用。

那些喜欢笑里藏刀的人，在宴会上，一般喜欢低着头，不太去正视别人的眼睛，目光躲闪不定，说起话来总是会有诸多修饰之词。而且笑起来的时候，显得很紧绷，不够放松。通常情况下，他们举止都显得很轻浮。比如，一个会利用你

的人，他可能对性、邪恶等有超乎常人的兴趣。如果你在宴会上发现有下述几类人围绕在你的身边，就一定要加倍小心了，因为他们十有八九是笑里藏刀的人。

（1）他的经历曲折动人，甚至就像电影里的情节一样，波澜起伏。比如苍凉的身世，婉约而凄美的爱情故事，遇人不淑的人生际遇。

（2）他常常自称跟你的经历出奇的“相似”，每当你说到一件事他（她）就会应和，总是给你一种“同是天涯沦落人”的感觉。

（3）他处处总要跟你一样，比如，本来你们从外在到内在，都有着显而易见的差异，但他总是殷勤地说：“咱们相似得就像双胞胎啊！”或者他（她）的口头禅是：“我跟你简直是一模一样……”

（4）他总是对你表现出过分的热情，喜欢给你一些小好处，当你说想认识宴会中的某个人时，他会不顾你需不需要地提出帮助你引荐，却从没付诸到实际行动中。

（5）他没来由地拉拢你，依赖你。甚至为你安排一些活动，喜欢说：“咱们下次一起去……”表面听上去，他好像很热心，但实际上，如果你真的去做了，他就会变着法子排斥你了。

应对笑里藏刀的人，最好的办法是表面上跟他维持友好关系，暗地里却要防范他，与他的交往只限于公事上的交流，个人隐私甚至其他事都一概守口如瓶。只要你能做到滴水不漏，他就对你无可奈何，不再纠缠于你了。

对自私自利的人敬而远之

古人云：“各家自扫门前雪，不管他人瓦上霜。”这句话原本是教人不要管分外的事，要专心打理自己分内的事。但这在很大程度上，反映出人自私的一面。在宴会中，难免遇到自私自利的人，这种人心中只有自己，凡事不肯牺牲，总是把自己的利益放在前头。

这类人在没有利益冲突时，倒也相安无事，其自私自利的一面不易被人发觉。只要在生活上、交往或在工作中涉及一些利害问题时，其自私的本质立刻会暴露无遗。比如他们会在饭后结账时，总爱和别人斤斤计较，或拿着单据，逐项核对。眼见别人犯错，他只会在一旁偷笑，绝不会提醒别人，更不会拔刀相助。一旦有人向你嘲笑某人犯错也不自知时，你便要小心这个人了。

一次，公司举行年终晚宴，小竹和小梅一起进场。过了一会儿，小梅见到一个熟识的客户便走了过去交流，小竹留在原地与几个同事聊着天。这时，同事小佳走过来对小竹说："你怎么跟她一起来啊？""哦，我们在楼下碰到了，就一起上来了，怎么了？"小竹不以为意地说。"啊？你都没注意啊，她的肩带系反了，她肯定不知道，还跟客户有说有笑呢！等她发现了，一定哭死，呵呵！"小佳幸灾乐祸地说。小竹听了，表面不动声色，但她心里明白以后对于自私自利的小佳该敬而远之了。

你要明白自私自利的人心中只有他自己，你大可不必对他们抱有太高的期望，也没有必要希望他们能够像朋友那样以义为重、以情为重。与这类人的交往关系可以是一种交换关系。人们之所以普遍地对这种自私自利的人感到厌恶，在很大程度上是因为人们仅仅按道德标准去衡量人，以其作为社会交往的准绳。虽然这可能有些片面，但是当我们以一种利益标准作为社会交往的尺度时，你就不应对他们采取一种"敬而远之"的态度了。如果换个角度、换种眼光来看待这种人，你会发现他们常常有不同于别人的优点——精打细算。

应对自私自利的人，最好任何时候都对他们保持一种敬而远之的态度，切忌将他们一棍子打入"冷宫"。这种人虽惹人反感，招人讨厌，但如果不害人，对整个宴会也没什么损害。况且，每个人都有自己的优点，使其发扬优点，也可以给人带来收益。所以，你完全可以利用宴会这一特定的场合，巧妙地利用这种人助你成事。

谨慎应对深藏不露的人

在宴会现场，你会发现总有那么几个深藏不露的人，你很难猜到他们心里在想什么，而他们也不会轻易让你知道他们在想什么。他们总是说着不着边际的话，一谈到正题就顾左右而言他。这种人，我们看不透他们的心思，但在宴会中有时又不可避免地要和他们打交道，那么，该如何应对呢？

其实，这种深藏不露的人防范心理极强，他可能是一个工于心计的人，为了在与别人打交道时获得主动，或者出于某种目的不愿让别人了解自己，而把自己保护起来。这种人还希望更多地了解对方，从而在各种矛盾关系中周旋，使自己处于不败之地，所以他在宴会中会扮演老好人、和事佬的角色。对这种人，你应该有所防范，警惕不要为其所利用，成为他的工具，不要让他得知你的底细，从而对你产生不利影响。

小邓的女儿满月，大家都去喝满月酒。小马发现宴会上有个人和所有人都聊得来，可是当他跟自己交流时，小马明显感觉到他的防备，他的眼睛深邃得仿佛看不见底的湖水，遇到什么事都波澜不惊。可是，他对每个人都很友好，对餐桌上的每个人都照顾有加，仿佛是个好好先生，可是小马就是觉得他不是表面看到的那样，是小马想得太多了吗？

事实上，小马遇到的这个人很可能是个深藏不露的人，这样的人总是不显山、不露水，但那不过是他们自我保护的手段罢了。造成他们自我保护的原因有很多，也许他是一位曾经经受过挫折、打击和伤害的人。过去的经历使这种人对社会、对他人有一种强烈的敌视态度，从而对自己采取更多的保护。

对于这种人，你应该选择与其坦诚相见，以真诚感动他。这种人并不是为了害人，而是为了防人。你对他不应有什么防范，为了真正达到沟通的目的，甚至可以对他敞开你的心扉，让他对你放松戒备甚至对你产生好感。

或者他可能对某些事情缺乏了解，拿不出更有价值的意见。在这种情况下，为了掩饰自己的无知，以不置可否的方式或含糊其辞的语气与人交往，装出一副城府很深的样子。对这种人你不必有什么太高的期望，也不必要求他提供某种看法或判断。

事实上，在宴会上人际交往的目的是了解彼此情况，以利于相互的合作或问题的解决。因此，彼此都会挖空心思去刺探对方的情报，以期使对方露出他的“庐山真面目”来。但是与深藏不露的人交往，你只有把自己预先准备好了的资料拿给他看，让他根据你所提供的资料，作出最后决断。

应对某些城府较深的人，如果必须与他们交往，最好的办法就是凡事谨慎，然后再决定自己该怎么做；千万不要冒冒失失，断了与其交流的途径。

远离那些搬弄是非的人

喜欢搬弄是非的人在宴会中表现得相当活跃，他们出席宴会不为别的，就为挖空心思打探别人隐私，东家长西家短地在背后说别人的坏话，仿佛狗仔队一样，除了无事生非，就是故意找借口与人争执，以此打响自己在宴会中的知名度。

搬弄是非的人和自私自利的人一样，喜欢把自己的利益放在第一位，但其思想非常狭隘，有幸灾乐祸的病态心理，他们在宴会过程中总是以挑起事端为己任，意图在别人分歧之间谋取个人利益。他们往往主观臆断、妄加猜测；他们幸灾乐祸，干涉别人的隐私；他们唧唧喳喳，不负责任地传播小道消息。另外，他们在搬弄是非的同时嘟嘟囔囔，似乎对什么都不满意，无论大事小事，都是牢骚满腹。但是，尽管他们表现得如此，你也不可信以为真，甚至对他们表示理解和安慰，那样只会中了他们的圈套，成为他们搬弄是非的主角。

搬弄是非的人最明显的特征就是油嘴滑舌，他们往往很会说话，很会套近乎，很通情达理，擅长以三寸不烂之舌“玩转”会场，并在短时间内获得比较好的人缘。所以，人们有时会把参加宴会的主要目的告诉他，或者把在场的某位曾有过生意往来人士的褒贬评价和是非好歹也倾囊吐出。用不了几分钟，此话便被张扬出去，全场的人都知道了，而且他会在你的原话的基础上添油加醋，力求夸张，将你和其他人的关系弄得越来越紧张。结果是，你因一言之失，不仅得罪了一两个人，还使更多的人对你顾忌重重。那么，你该怎样应对这种人呢？

（1）与这种人相处时要保持沉默

与好搬弄是非的人相处时，一定要注意，涉及他人是非的话不说，关系到自己利害的话不说，不给挑拨离间者留下任何可利用的把柄和作料，让他无处下手、无非生事。如果是为了工作上的交流，你可多谈积极的，少谈或不谈消极的，或者讲些好听的话，以进一步促进彼此间的合作关系，但决不牵连任何人际关系。

（2）适当时候挺身而出

在背后议论别人是一种不道德的行为，不能迁就，更不可姑息。所以在适当时候你必须站出来，帮助议论者改正不良习惯。帮助搬弄是非者改正恶习，行之有效的办法，是尊重对方，以朋友式的态度，进行善意的规劝；同时，巧妙地引导对方获得正确认识人的方法。比如，当对方谈论他人时，可以先顺着对方的话音，谈谈这个人确实存在的缺点，然后再谈这个人的长处，从而形成一个正确的结论。不过你善意的规劝也要适可而止，如果对方冥顽不灵，毫不领情，你也不必太过执著，否则容易弄巧成拙，让对方记恨于你。

（3）见情况不对掉头就走

如果对方搬弄是非的恶习已成为他的性格特征，那你就干脆不必理睬他。“走自己的路，让别人说去吧！”千万不可一听到搬弄是非的话，就立即去找那人对质。这样会使大家都很难堪，解决不了根本问题。更不要一时性急，去找那人算账，打起来那就更难堪了。这样也会使大家把你和他等同起来，看成没见识的人，你和他便因此成了宴会上的两个“小丑”。

谁人背后不被人说，谁人背后不说人。人生在世难免被人议论，明白了这一点后，我们要努力做一个为了自己的理想而活着的强者，而不要做一个被议论所左右的弱者。

宽厚平和对待尖酸刻薄的人

尖酸刻薄的人，往往爱取笑和挖苦别人，挖人隐私不留余地，冷嘲热讽无所不知，直到对方颜面丢尽才肯罢休，所以，在宴会中，很少有人愿意与他们交往。

与刻薄的人交往，唯一方法就是以宽厚来对待他，一笑了之。一般有以下几方面的技巧：

◊ 1.用微笑反“刻薄”

遇到尖酸刻薄的人，最好别把他的话当真，一笑了之是最好的办法。比如，有人嘲笑参加宴会的一位小姐说：“你这条丝巾是现在××商场正在打折的吧！”那位小姐笑着说：“你怎么知道，你的眼光可真准，我前几天刚知道打折，特地去买的，你也去看了吗？”把机智派上用场，持开玩笑的态度，的确是应对刻薄者的有力武器。同时，还应尽量和他保持距离，不要惹他。万一吃亏，听到一两句刺激的话或闲言碎语，就装作没有听见，千万不能动怒，否则可能招惹麻烦上身。

◊ 2.顺着说下去

对待尖酸刻薄的人，有一个方法是他说什么你不必动怒，反而顺着他的意思说下去，这也是一种抗拒之法。如他说：“你怎么今天穿得花里胡哨的。”你可以这样笑着回答：“我想做个小妖妹，你看好吧？”像这样的应对，既显出你的修养和素质，也避免了对方的得寸进尺。

◇ 3.勇敢面对

尖酸刻薄的人，天生一副伶牙俐齿，得理不饶人。对于你来说，能够勇敢地对抗别人的侮辱而又不至于反唇相讥，实在不是一件容易的事。一个有效的办法是不要回避，而采取直截了当的反问；另一个办法，就是当着其他参加宴会者的面要求对方解释他的话，一旦嘲弄你的人知道你看穿了他，也就自觉无趣，不会再骚扰你了。

◇ 4.宽恕之心

当你听到尖酸刻薄的话时，虽然你知道那话是冲着你来的，如果你这样想，那句话实际上与你无关，你也就自然能平心静气地对待了。记住，有一颗宽恕之心是重要的生存之道，在宴会中尤其适用。

◇ 5.脸皮不妨厚点

谁都无法避免尖酸刻薄话的侵犯，就算是最好的朋友，有时也可能由于某些原因而说出一些伤人的话。在这种情况下，最好学得脸皮“厚”一点，既然人人都有这种缺点，又何必去计较呢？

虽说恶人还需恶人磨，但作为宴会中的一员，你有责任维持宴会的友好氛围，而且你不是为斗嘴而来赴宴的，不是吗？所以不要与那些尖酸刻薄的人计较，保持良好的心态，去完成你赴宴的使命，让他们自讨没趣去吧！

身体语言比口头语言更有力度

客人接受或拒绝你的请求，更多的时候客人为了顾及你的面子，并不给你明确的答案，而是一味沉默。此时，你一定要通过客人的举手投足读懂客人的真实意图，采取相应的措施，转不利为有利。

留心你的表情，表情爱出卖你

人的表情最能反映情绪的变化。表情是反映一个人态度、情绪和动机等心理因素的基本线索和外在表现形式。通过对一个人面部表情的观察和分析，可以了解其内心的欲望、意图和状态，借此即可形成对他的认知。

商务应酬时，人们要学会对他人的表情进行解析，从中查找对方心中所想的蛛丝马迹，再据其所想来制定相应的对策，知己知彼，方能百战百胜。当一个人心术不正，正在心里打着什么歪主意的时候，更是要从他的表情中看到其内在的险恶用心，从而避免自己的利益损失。

魏蜀吴三国鼎足而立时，有一天，一名陌生男子前来拜见刘备，并声称有重大的事情要见他。侍卫为了安全起见，拦住了此人。不料，此人竟在殿外大喊："玄德公，早就听说您是个爱才如命的人，为何不肯见我呢？"

侍卫将他推出门外，他就更大声地喊："当今三国鼎立，谁都想一统天下。但这岂非易事，若得到我的良策便可使他方俯首称臣，玄德公！玄德公！"

这人的声音越来越大，刘备听说此人有治国良策，就心动了，不禁走到殿外，亲自迎接他到殿内。那人恭维了一番，便与刘备谈论起来。两人谈论各国的英雄，谈论三国地理、人文和各自施政的得失。刘备觉得此人谈吐不凡，对他的喜爱之情油然而生，两人越谈越起兴，竟如多年的老朋友一般。

正当谈得十分投机的时候，诸葛亮突然走了进来。还没等诸葛亮开口，此人就神色慌张，起身托词说要上厕所，便匆匆离开了。

这时刘备就向诸葛亮极力夸奖此人，说此人是个不可多得的人才，上知天文，下晓地理。

可诸葛亮却不以为然地说："主公！我看此人并非善类，他见了臣，脸色骤变而神情紧张，连眼睛都不敢正视我，而是左顾右盼、行色不安，奸相外露。从他那慌乱不安的眼神就可以看出此人心怀不轨，要不又怎么会有如此的变化呢？我想，他一定是暗藏杀机而来，幸亏我早来一步啊！"

刘备听了，大吃一惊，赶忙命人前去捉拿。岂料，厕所哪有人影，那人早就翻越院墙逃之夭夭了。刘备此时才知道自己险些丧命，不由得惊骇得大汗淋漓。

那人的险恶用心，被他的表情出卖了，所以诸葛亮才能洞悉他的奸计，使刘备免遭一劫。商务应酬时，人们也要学会辨别表情这种身体语言，做到应对有策。

面部表情是一种"世界语"。在几乎所有的生物中，人的表情是最丰富，也是最复杂的。一个人的表情可以流露出你当时的情绪变化状况。在高明的观察者看来，每个人的脸上都挂着一张反映自己生理和精神状况的"海报"。狄德罗在他的《绘画论》一书中说过："一个人，他心灵的每一个活动都表现在他的脸上，刻画得很清晰，很明显。"

我们可以从一个人的表情来判断其当时的情绪变化，比如：

蹙眉：表示关怀、专注、不满、愤怒、受挫

双眉上扬、双目张大：表示惊奇、惊讶

皱眉：表示不高兴、遇到麻烦、不满

嘴角拉向后方、面颊往上抬、眉毛平舒、眼睛变小：愉快

商务应酬时，学会解密他人的表情，你就能知己知彼，在应酬场上应付自如。

微笑是打败对手最有威力的武器

真诚的微笑可以拉近人与人之间的距离。微笑是阳光，它能消除人们脸上的冷漠。

试想，当你遇到一个陌生人正对着你笑时，你是否感觉到有一种无形的力量在推着你跟他认识；如果你看到的是一张“苦瓜脸”，你还会有好心情吗？商务应酬过程中，更需要微笑的阳光来温暖彼此的心扉，增添彼此的信任感，从而更好地合作。

美国钢铁大王安德鲁·卡内基的高级助理查尔斯·史考伯说过，他的微笑值100万美金。

微笑是人类宝贵的财富，是自信的标志，也是礼貌的象征。微笑具有震撼人心的力量，它会助你赢得事业上的成功。

姜雯琦是一家大型电子仪器公司的市场部副经理，她出色的销售业绩让她屡受嘉奖，在短短一年的时间内她就由一个普通的销售人员提升为公司的市场部副经理。然而，谁都难以想象，在最初的三个月里，姜雯琦的销售业绩一直没有突破，几次面临被辞退的命运。还好，她的主管了解她的性格，认为她是一块有待雕琢的璞玉，只要稍加指导，销售业绩必定突飞猛进。

主管仔细分析了姜雯琦失败的经历，找出了问题的关键所在：“优秀的销售人员必须有一张迷人的笑脸，而你却没有。”

听了经理的话，姜雯琦如醍醐灌顶，立志苦练笑脸。她每天在家里放声大笑百次。邻居都以为她发神经了，为避免误解，她干脆躲在厕所里大笑。

经过一段时间的练习后，她再次去见主管，可主管说：“还是不行。”

姜雯琦并不泄气，仍旧继续苦练。她搜集了许多公众人物迷人的笑脸照片，贴满屋子，以便随时观摩。

为了每天大笑三次，她还买了一面与身体同高的大镜子摆在厕所里。一段时间后，她又去找经理，主管冷淡地说："好一点儿了，不过还是不够吸引人。"

姜雯琦不服输，回去加紧练习。有一天，她散步时碰到社区的管理员，很自然地笑着跟管理员打招呼，管理员对她说："姜小姐，你看起来跟过去不大一样。"这句话使她信心大增，立刻又跑去见主管，主管对她说："是有点味道，不过那仍然不是发自内心的笑。"

姜雯琦不死心，又回去苦练了一段时间，终于悟出"发自内心如婴儿般天真无邪的笑容"最迷人，也最终提高了自己的销售业绩，并成为公司销售的常青树。

姜雯琦通过练就动人的微笑，拯救了自己岌岌可危的销售工作，还成了公司销售的常青树。由此可见，懂得微笑的人才会成为商场上的胜者。

有句谚语说得好："一家无笑脸，不要忙开店。"当你去参加商务应酬时，别把微笑落在家里，要让美丽的微笑之花时时在你脸上绽放，让客户感受到你的真诚，对你的信任感也就自然生成了。

讨人喜欢很简单，身躯挺拔就行

站如松，坐如钟，让观者在心里暗暗惊呼：好一副挺拔的身材！这是对一个人体态举止最精妙的赞美。在商务应酬中，挺拔的身躯是一个重要的衡量修养的标志。它在礼节上是一种文明修养的表现，也是一个人良好素质的反映。挺拔的身躯联系着一个人的心灵，可以说是心灵舞姿的外化。它不仅可以传情达意，更可透露一个人的心态。不同的身体姿势可以反映一个人特定条件下的心态，通过

身体姿势可以准确地窥测其心灵的俗与雅。如果“站无站相”、“坐无坐相”，即使相貌再漂亮也会大打折扣。相貌是天生的，而体态可以通过后天的训练塑造。

小芳毕业后进了一家服装企业当经理助理。某天，公司有个重要的客户前来拜访，行政员已经把客户带到了会议室。经理一时忙得抽不开身，就让小芳先帮着接待一下，和客户简单沟通沟通。

那天，小芳身体不舒服，原本想请假，可公司实在抽不出人手，她只能硬撑着。她强打起精神前去会议室会见客户，尽量使自己看起来精神奕奕。客户看到她徐徐走来的身影，也笑意盈盈地起身示敬，同时在心里感叹：好一个气质美女。客户对小芳的好感倍增。本来小芳就是强撑着走过来，一看见座位，顿时松懈下来，和客户打过招呼之后，就一屁股坐了下来，坐满了整张椅子，背靠在椅背上，顿时感到轻松了许多。小芳是轻松了，可客户不高兴了，认为小芳的待客态度过于随意，不尊重他。因此，在接下来的谈话中，客户的态度显得较为冷漠，直到经理到来才有所改善。事后，经理告诉小芳，客户本来要将小芳失礼的待客之道投诉到公司，得知小芳身体有恙才谅解。小芳在心里惊呼“好险”。

只因为一个不雅的坐姿，就显出了对他人的不尊重，小芳差点被客户投诉。商务应酬时，无论是站姿，还是坐姿，都要给人以挺拔之感，既表现出你精神饱满的状态，也体现出你对他人的一种尊重。

商务应酬时，以一副挺拔身躯出现，自然能获得他人的赞美和好感。这就需要人们注意自己的站姿和坐姿，随时维护自己的挺拔形象。

◇ 1.站如松

商务应酬时，我们要力求做到“站如松”，即站得端正、挺拔、优美、典雅。

站立时，应头正颈直，双眼平视，嘴唇微闭，下颌微收，挺胸直腰，上体自然挺拔，双肩保持水平，两臂自然下垂，手指并拢自然微曲，双手中指压裤缝，腿膝伸直，脚跟并拢，两脚尖张开夹角45°，身体重心落在两脚之间。男女的立姿略有不同。男子站立时身体重心放在两脚中间，不要偏左或偏右；双脚与肩同宽而立；手可自然下垂，向体前交叉或背后交叉也可以。女子站立时身体重心在两足中间脚弓前端位置，双脚呈倒“八”字站立；手自然下垂或向前向后交叉放置。

站立后，竖看要有直立感，即以鼻子为中线的人体应大体成直线；横看要有开阔感，即肢体及身段应给人以舒展的感觉；侧看要有垂直感，即从耳与颈相接处至脚的踝骨前侧亦应大体成直线，给人一种挺、直、高的美感。男女的立姿亦应形成不同侧重的形象，男子应站得刚毅洒脱，挺拔向上，舒展俊美，精力充沛；女子应站得庄重大方，亲切有礼，秀雅优美，亭亭玉立。

◊ 2.坐如钟

商务应酬时，我们要力求做到"坐如钟"，即坐得端正、稳重、温文尔雅。

入座时，应轻、缓、稳，动作协调柔和，神态从容自如。应走到椅子前，转身背对椅子平稳坐下；若离椅子较远，可用右脚向后移半步落座。女子入座尤要娴雅、文静、柔美，若穿裙子则应注意收好裙脚。一般应从椅子左边入座，起身时也应从椅子左边站立，这是一种礼貌。如要挪动椅子的位置，应当先把椅子移到欲就座处，然后坐下去。坐在椅子上移动位置，是有违社交礼仪的。

落座后，应双目平视，嘴唇微闭，面带微笑，挺胸收腹，腰部挺起，重心垂直向下，双肩平正放松，上身微向前倾，手自然放在双膝上，双膝要并拢。亦可双脚一脚稍前，一脚稍后；两臂曲放在桌子上或沙发两侧的扶手上，掌心向下。坐椅子时，一般只坐满三分之二，脊背轻靠椅背。端坐时间过长，可以将身体略为倾斜，头面向主人，双腿交叉，足部重叠，脚尖朝下，斜放一侧，双手互叠或互握，放在膝上。若是着西装裙的女子，最好不要交叉两脚，而是并靠两脚，向左或向右一方稍倾斜放置。起立时，右脚先向后收半步，然后站起。

站如松，坐如钟，显出你的挺拔身躯，自然能在商务应酬中从容而得体地与客户交流，顺利获得客户的好感和信任。

第十一章

饭桌上教你几招制胜策略

饭局上就是你与客人斗智斗勇的过程，不是你制胜客人，就是客人战胜你。如何让自己胜算的把握更大一些呢？那就必须懂得几招制胜客人的办法。

投石问路，利用好反馈试探法

商务应酬中，将行动和言语相互对照，是最迅速而准确的透视人心法。但是，如果对方始终没有行为表现，我们也不能一直等待下去，必须积极采取主动，诱使对方有所行动，再加以观察。

啄木鸟在吃小虫前，总是先以它尖长的喙试探一下何处有虫，再行啄食。而人们在观察他人时，也是先采取主动，诱使对方产生行为之后，再进行观察测验，这和啄木鸟啄食的道理完全相同。

《孙子兵法》上记载了一个有关看破敌人内幕的方法。

魏武侯有一次请教善于用兵的大军事家吴起有关探知敌情的问题时，问道："和敌军对阵之时，如果不明敌情，应该采取什么策略？"

吴起答道："应该采取诱敌之策。当两军交锋的时候，我们先虚应一下，然后退下阵来，借此机会观察敌军反应。如果敌军仍然阵容严整，不轻易追赶的话，表示敌军将领很有智慧；相反的，如果他们一点也没有纪律地追赶的话，就显示出这个将领是愚笨无能的。"

商务应酬中，在未知对方态度的时候，不妨采取这种反馈试探法，以便知己知彼。尤其是对于那些虚伪不实的人，要判别他的行为，使用这种方法极为有效。

从前在位官员回到自己的故乡选拔人才。考试之后，他发现有九十九个人的考卷成绩相同，都应列为头名，只有一个人稍差，可以列为第二。这样一来，仅头名二名加起来就有一百人。官员知道这是考题泄密，于是决定进行复试。官员宣布："现在正是谷雨季节，你们每人带一点谷种回去，秋后以收谷为卷。"随后，分给每人谷种一百颗。

秋后交卷时，九十九个头名都让家人背筐挑担，争着多交谷子，只有那个考第二名的农家小伙子，捧着一个小土罐，最后一个来到府门。官员逐个检验每个人的成绩，他看到那成筐成担的谷子，脸色阴沉沉的，当看到青年农民的小土罐时，眼睛一亮，兴奋地问："你一共收了多少颗谷子？"小伙子不安地回答说："九百多颗，您发的谷种有九十七颗不发芽，只有这三颗打粮食。"那九十九个头名听到这里，"哄"的一声大笑起来。官员却严肃地大声说："这个青年最诚实，他是这次当选的唯一贤才。我发给每人的谷种都有九十七颗煮熟的，你们却都交来这么多谷子，显然是假的。"

官员别出心裁地用三颗谷种辨出了贤才，显然这种行为反馈试探是成功的。

一般而言，试探人的方法，有下列八种：

（1）直截了当地询问，从他对事情了解的程度来判断；

（2）追根究底，层层逼问，看他的反应如何；

（3）让不相干的人，从侧面探询，观察他的反应；

（4）把秘密泄露给他，从其的反应观察其人格；

（5）将经济重任托付给他，从旁观察他的品格为人；

（6）以美色试探；

（7）以艰难的工作试探他的勇气；

（8）劝他喝酒，利用酒醉之时，试探他的真意。

但要注意的是，在运用反馈试探法时，不要耍花招，否则可能弄巧成拙。因为商务应酬中的人际关系是相互的，在你试探别人的时候，不要忘记你也有可能被别人试探。

制造假象，假作真时假亦真

生活中不乏一些势利人，在利益攸关的生意场上，他们的势利表现得更为明显。

狐狸是很聪明的动物，但它没有力气，个子矮小，在森林中得不到尊敬，谁也不把它放在眼里。因此狐狸想办法说服老虎与它做朋友。与力大无比、令人敬畏的老虎密切交往后，狐狸常伴随老虎左右在丛林中四处行走，享受众兽给予老虎的提心吊胆的尊敬。即使老虎不在狐狸身边，大家知道狐狸与老虎交往甚密，也都畏惧狐狸几分。

假如一只狐狸不能够与老虎交朋友，那么这只狐狸就应该制造一种跟老虎密切交往的假象，小心翼翼地跟在老虎的后边，与此同时，大吹大擂它们之间有着笃深的友谊。这样做，它便制造出一种假象，即它的安危受到老虎极大的关注。

商务应酬中，人们也要学会“狐假虎威”，借助一些贵人的势力为自己造势，从而让对方不至于轻视自己，并进一步促进商务应酬的顺利开展。

特别是在商业场合有求于陌生人时，如果自身力量较弱，处于劣势，那么你不妨巧用一些手段，往自己脸上贴金，抬高身价，再去求人。

网上流行这样一个笑话：

一天，父亲对儿子说：“我想给你找个媳妇。”

儿子说：“可我愿意自己找！”

父亲说：“但这个女孩子是比尔·盖茨的女儿！”

儿子说：“要是这样，可以。”

然后他父亲找到比尔·盖茨，说：“我给你女儿找了一个老公。”

比尔·盖茨说："不行，我女儿还小！"

父亲说："可是这个小伙子是世界银行的副总裁！"

比尔·盖茨说："这样，啊，行！"

最后，父亲找到了世界银行的总裁，说："我给你推荐一个副总裁！"

总裁说："可是我有太多副总裁了，多余了！"

父亲说："可是这个小伙子是比尔·盖茨的女婿！"

总裁说："这样呀，行！"

这个笑话就是借他人之势为自己贴金的绝佳典范，也是现代版"空手套白狼"的典型案例。这位"父亲"正是懂得借助贵人之力，才让"儿子"不仅成了比尔·盖茨的女婿，还成了世界银行的副总裁，可谓事业爱情双丰收。这个笑话告诉商务应酬中的人们，只要善于借助贵人的力量，就能为自己谋取一定的利益。

商务应酬本就虚虚实实，谁也无法完全摸清商业伙伴和竞争对手的底细。在这种大环境下，如果你实力弱，又想把自己事业做大，那你就应该多往脸上贴金，抬高身价，至少给对方一个你实力强大的假象，只有这样你才能成功地借助对方的力量。但也要注意，借助他人的力量也是有一定限度的，太过了只会玩火自焚。

适时沉默，无声地威慑对方

很多时候，做事越多错误越多，不做事的人反倒不会犯什么错误。商务应酬有时也会遇到这类情况，做得越多错得越多，尤其是当你在面对陌生客户时，你还不了解他的喜好，无从探知他的想法，贸然行动，只会暴露出你自身的缺点。这时，你要懂得"沉默是金"的道理，采取"他不动我不动，他动我动"的策

略，让对方先出手，仔细观察分析完他的举动后再采取相应的对策。

而且，你的沉默还可能让你在商务应酬场上显得与众不同，从而吸引别人对你产生兴趣。

总之，沉默是一种养晦之术，是力量的深层积累。

某领导有一次交代属下办一件较困难的事。交代完之后，下属讲起了“条件”，可该领导只是一味沉默。“困难如何大……”“条件如何差……”“时间如何紧……”说着说着下属就不说了，最后说了一句：“好，我一定完成。”

沉默是金，求人办事时也要注意。有时沉默不语能够出奇制胜，如果滔滔不绝，反而有理说不清。

古人云：“非有城府，不足以立世。”含蓄低调，来自于自我控制的黑白转化之功。能够像冰山一样只露出一角，让人摸不透你的心思，你不仅自保无虞，还具有强大的威慑力。

聪明人如果想得到别人的尊敬，绝对不会让别人看出他有多大的智慧和勇气。你要不断培养别人对你的期望，不要一开始就展示你的全部才能。隐瞒你的力量和知识的诀窍是要“胸有城府”。当别人侮辱你的时候，能够克制情绪，而不是火冒三丈、恼羞成怒，更不能抱着一种“人不犯我，我不犯人；人若犯我，我必犯人”的心理，大打出手，破口大骂，非要把面子争回来不可。在这种情况下，“不惊”首先是心平气和地接受这一事实，至于以后如何，等等再说。

有人说：“深沉缄默是天才的标志。”一切伟大都是在沉默中孕育的。智者们从沉默中得到了好处，只有他们才理解沉默的价值。所以，印度圣雄甘地说：“沉默是信奉真理者的精神训练之一。”英国作家乔治·吉辛则说：“人世愈来愈吵闹，我不愿在增长着的喧嚣中加上一份，单凭了我的沉默，我也向一切人奉献了一种好处。”由此可知，人们也不应该忘记圣人“沉默是金”的教诲，在商务应酬场上用好沉默这个巨大的力量，促成谋事。

蛇打七寸，抓住要害处下手

中国有句古话叫“打蛇打七寸”，说的是要抓住对方的要害，从而掌握对方。商务应酬场上，要想说服别人就该像“打蛇打七寸”一样，抓住对方切身利益，使他的心弦受到颤动，促使他深入思考，从而放弃自己原有的想法，转而支持你的观点。

战国时，齐国人张丑被送到燕国做人质。不久，齐、燕两国关系紧张，燕国人想把张丑杀掉。张丑得了这个消息后，立即寻机逃走，可尚未逃出边境，又被燕国一名官吏抓住。

张丑见硬拼不行，便对官吏说：“你知道燕王为什么要杀我吗？”

“不知道！”

“因为有人向燕王告了密，说我有许多财宝，但我并没有什么金银财宝。燕王偏偏不信我。”张丑说到这里，见官吏糊里糊涂，接着又说，“我被你捉到了，你会有什么好处呢？”

“燕王悬赏一百两捉你，这就是我的好处。”

“你肯定拿不到银子！如果你把我交给燕王，我肯定会对燕王说，是你独吞了我所有的财宝。燕王听到后一定会暴跳如雷，到时候你就等着陪我死吧！”张丑边说边笑。

官吏听到这里，心中十分害怕，便把张丑放了。

张丑之所以能死里逃生，是因为他抓住了官吏的心理要害，然后一举击中。

商务应酬时也是一样，如果你不能抓住对方的心理要害，就无法赢得对方的尊重和重视，更不要说让他心甘情愿为你服务了。

某面料公司有位业务员很会做销售，他的销售业绩比一般业务员高。有人问他："是不是因为你能说会道，所以生意兴隆？"他回答说："不是，我的秘密武器是永远为客户着想。"

有一天，他接待某位客户选看最新的面料产品手册。这位客户翻翻这本，瞧瞧那本，还不时用手摸摸产品手册上的样品面料，却迟迟没有做决定。凭经验，业务员判断这位客户是想订购一款面料，于是介绍说："您是看中了这款面料吗？这块面料很不错，但是您要看仔细，这块布料染色深浅不一，我要是您，就不买这一款，而买最新出的和它类似的一款。"

说着，业务员从最新的产品册里挑出一款产品，将上面的样品面料放在灯光下展开，接着说："贵公司是国内知名的服装企业，生产的服装总是走在时尚的前面。而我们公司新出品的这款面料表面上看和以前的那款差不多，实际上它添加了许多高科技的环保材料，用这种面料做出的衣服既美观大方，又容易清洗；而且它的价格也只比旧的那一款面料每米多五毛钱，实在是价廉物美。您可以仔细盘算盘算，哪个更合算。"听业务员这么一分析，客户对两款面料进行了仔细比较，最终订购了一大批业务员推荐的那款面料。

这位营业员之所以能成功地做成这笔生意，就是因为运用了"打蛇打七寸"的方法，抓住了顾客的心理要害，从而站在对方立场上替对方精打细算，使对方的戒备心理大大降低，从而促成了生意。

俗话说："人为财死，鸟为食亡。"虽然不一定每个人都如此，但人要生存，就离不开各种与己有关的利益。生意场上，人们最关心的还是与自己有关的利益，所以，当你想要劝说某人同意你的商务提议时，应当告诉他这样做对他有什么好处，不这样做则会带来什么样的不利后果。如此一来，他一定会接受你的提议。

声东击西，出对方意料之外

商务应酬是一个合作的过程，每一人都在竭力说服对方，从而为自己争取最大化的利益。在这场利益的争夺战中，谁能“出奇”，运用巧妙的应酬方法，谁就能“制胜”，成为笑到最后的王者。

但是，商务应酬时要想说服对方同意自己的方案，答应自己的请求，不是那么容易的。所以，要使对方心甘情愿地帮你，你不仅需要练就一副好口才，更需要练就一个坚强灵活的心灵，懂得适时而变，机智灵活地处理事情，而不是像只多舌的鹦鹉一般只会说些“劳您大驾，请您帮忙”类的套话，那只会让对方更加不耐烦，更看轻你而已。

巧妙地说服别人帮你办事有很多技巧，其中有一种很重要的方法就是声东击西。对于执迷不悟者来说，最好的说服办法是声东击西，明说“东”，却暗示是“西”，让对方从中明白到你的用意，从而接受你的意见。

春秋时期，齐景公非常喜欢打猎，于是让人养了很多老鹰和猎犬。有一次，负责养老鹰的烛邹不小心放跑了一只。齐景公大怒，要把烛邹杀掉。晏子听说后想劝说齐景公不杀烛邹，但他没有直接劝，而是采用了声东击西的方法，暗示景公不该杀烛邹。

晏子说：“烛邹有三条大罪，不能轻饶了他。让我先数说他的罪状再杀吧！”景公点头称是。

晏子就当着齐景公的面，指着烛邹，一边扳着手指数说道：“烛邹，你替大王养鸟，却让鸟逃了，这是第一条大罪；你使大王为了一只鸟而要杀人，这是第二条大罪；杀了你，让天下诸侯都知道我们大王重鸟轻士，这是你的第三大罪。三条大罪，不杀不行！大王，我说完了，请您杀死他吧！”齐景公听了晏子话，停了半晌，慢吞吞地说：“不杀了，我已听懂你的话了。”

其实晏子列举的三大罪状表面上是在指责烛邹，实际上是说给齐景公听的，说烛邹犯了三大罪，暗示如果因此而杀死烛邹会给齐国带来不好的影响，人人都能听明白，齐景公自然也不例外。

当你在商务应酬中遭遇阻碍时，完全可以采用这种背道而驰、指东说西的方法，让对方从你的话中领悟出内在道理，从而改变自己的决定。

跳出“两难”问题的圈套

有时候，在饭局上你不便完全根据对方的问题来答话时，可采用回避正题的模糊回答，它能让你巧妙避开对方问题中的确指性内容，让对方感觉到你没有拒绝他的问题，但又没有给出他期望的答案。

项羽自为西楚霸王后，想杀刘邦。范增出主意说：“等会儿刘邦入宴，大王就问他：‘寡人封你到南郑去，你愿不愿意去？’如果他说愿意，你就说他意图养精蓄锐，有谋反之心，可以绑出去杀掉；如果他说不愿意去，你以其违抗王命杀掉他。”刘邦入宴后，项羽一拍案桌，高声问道：“刘邦，寡人封你到南郑去，你愿不愿意去？”刘邦答道：“臣食君禄，命悬于君。臣如陛下坐骑，鞭之则行，收辔则止。臣唯命是听。”项羽一听。无可奈何，只好说：“刘邦，你要听我的，南郑你就不要去了。”刘邦说：“臣遵旨。”

刘邦的回答就避开了项羽问话，并显示出自己对项羽的忠心耿耿，从而让项羽找不到借口杀自己，也为自己日后的胜利创造了机会。

两难问题中有一种复杂问语，是指利用“沉锚效应”，隐含着某种错误假定的问语。对这种问语，无论采取肯定还是否定的答复，结果都得承认问语中的错误假定，从而落入问者圈套。如一个人借了别人的钱不还，但又死不承认。这时你便可以问：“那么你以后借钱还还不还了？”无论其回答“还”还是“不还”，都陷入你问语中隐含的“你借钱不还”的这个错误假定中。　　有时，有些两难问题被问及，无论怎样回答都会让人觉得脸面无光。此时不妨自嘲一下，给自己圆圆场。

在一次棋友交流会上，A君端着酒杯敬B君，顺口问B君之前的一场对弈胜败如何。B君喝着酒，笑着说：“第一局，他没有输；第二局，我没有赢；第三局，本是和局，可他又不肯。”乍一听来，似乎他一局也没有输：第一局他没输，不等于我输，因下棋还有个和局；第二局我没赢，也不等于我输，还有和局嘛；第三局也不等于我输，本是和局，可他争强好胜，我让他了。

总之，在宴会上，面对两难问题时，切忌立即反唇相讥，对方问这种问题固然有失妥当，但如果你反唇相讥（尤其是在公众场合），也将有失风度。而且对于非“左”即“右”的问题，切忌在对方问题所提供的选择中做单一选择，无论是“左”还是“右”，都正中了对方的“圈套”。

别人当众刁难你，你该怎么办

饭局之上，当你正在和一大群朋友侃侃而谈的时候，突然有人接过你的话头，当着众人的面刁难你，让你下不了台；或者你正在一个正式的场合和别人交流的时候，有人冒出一句“语不惊人死不休”的话来，当时就让你面红耳赤、满脸是汗，气愤而且难堪至极。遇到别人这样的有意刁难，你该如何应对呢？

人生在世，并非所有的事都顺心如意，也并非所有的人都对你友好和善。我们生活的世界异彩纷呈，这就铸就了人的五花八门，性格各异。你在为人处世之时，不免要碰到一些刁钻古怪之人，他们会在一些正式或非正式场合对你有意刁难。那你就得提防点，并要适时采取恰当而有效的应对措施。要想面对别人的有意刁难保持平静和理智，这是十分困难的。同时，既要保住自己的面子，又不至于因回敬过头而显得无礼，如何说话才能把握好其中的度，这也是很难的。下面为你提供几种应对方法，希望对你有所帮助。

◊ 1.请君入瓮

宴会上，当对方蓄意刁难，说出一些使你难堪窘迫的话时，最好的解脱方法是“请君入瓮”，巧用话语把对方也引入这种局面中，然后自身撤退，让对方作茧自缚、自食其果。

◊ 2.用相同思维反击

当别人有意刁难你，你又不能直接回答时，不妨采用与对方一样的思维，照他那样的逻辑方式，如法炮制一个相同句式的问题来反问对方，这样就巧妙地把球踢给了对方。

◊ 3.大智若愚

在宴会上，如果有人在不是什么大是大非的原则问题上刁难你的话，你大可一笑了之、大智若愚，权当不懂对方的话，而让对方自讨没趣。你就可不战而敌自退了。

◊ 4.巧用反问

巧用反问是应对尖酸刻薄之人的一个很普遍、实用的技巧。当对方的问题很难回答或发问的角度很刁钻，你回答肯定、否定都可能出差错，那就不要回答，你可以把问题再还给对方，巧用反问，将对方一军。

◊ 5.化被动为主动

化被动为主动。先有意放松，解除对方的戒备心理，为能牢固地把握主动权打基础，等到对方上钩了，再予以反击，让对方措手不及、哑口无言。在应对别人有意刁难时这也不失为一个很好的办法。

综上所述，在宴会上当你面对别人的有意刁难时，切忌恼羞成怒，对刁难者进行指责。这样只会激起对方的反唇相讥，由此陷入进一步的言语大战。也不可表现过于温和，说一些拖泥带水的话。这样会让对方觉得你是一个软弱易欺负的人，没准还会找机会再刁难你。

面临是非，你应当“急刹车”

小马、小林、小飞三人都在同一公司上班，且平日都相交甚好，可是在最近几次的饭局上，小林、小飞都因工作问题在小马面前数落对方的不是，似有与对方决裂之势，而他们表面上却伪装依然友好。小马明显地意识到自己可能会被拉扯到别人的是非之中，于是他选择了沉默，不偏向任何一方。

如果面临小马这种处境，你也应迅速远离是非之地，这实际上就是在遇到即将出现的危险时，设法脱离困境，以保护自己为最终目的之举。是是非非几乎存在于社会的每一个角落里。可能你是个很有正义感的人，忍不住要挺身而出；可能你是个容易冲动的人，眼里不能揉沙子，碰上看不过的事就要马上说出来；也可能你是个……

但不管你是什么性格的人，奉劝一句，是非不要轻易招惹，等粘在了身上想甩也甩不掉，说不定哪天就会招来飞来横祸。万一你不幸卷入是非之境了，你要明智地采取相应的应对措施，及早脱身离开才是，以免祸及自身。这同时也是提防危险人物的一大良策。

工作中各级平行领导之间，有太多的微妙关系存在，大部分是亦斗亦友的关系，无论私交如何要好，在上级领导面前，他们还是有数不完的斗争。今天，两人像最佳拍档，在办公室成了“铁哥们”，但很可能几天后，两人却反目变成了仇人。

所以，某些人可能为了某些目标，希望化干戈为玉帛，以方便日后好做事，但亲自出面又太唐突，于是便找来“和事佬”。本来使人家化敌为友，是一件好事，但做好事之余，你要做好保护自己的工作，也就是说要适可而止，给自己的

行动定一个界线，使自己最终实现全身而退。

你最好是对双方的对与错都不予置评，更不要为某人去对另一人解释，告诉他俩“解铃还需系铃人”，你的义务到此为止。

如果平日很要好的两个人，最近竟然分别在你跟前数落对方的不是，然而两人表面上依然友好。这时候，你该怎么办呢？两头为难是一方面，除此之外，你更该小心，因为有种可能是，两人是在对你试探。

有些人心胸狭窄，十分小气，又善妒忌，所以因为某些问题，令两人发生矛盾，这是不足为奇的，但表面上又不愿翻脸，故向较亲近者倾诉心中情，是自然不过的事。这时，你这个“夹心人”并不难做，于两人都冷淡待之，对方发现没有人同情，必然蛮不是味儿，就会掉头另找他人，那么你就自动脱身了。如两人是别有用心，旨在试探你对他俩的喜恶程度，这下你就很难做了，就该采用步步为营的战术了。

既然对方的动机不良，你亦不必过分慈悲，不妨还以颜色。分别跟他们说：“对不起，我不愿听你说朋友的坏话，因为我根本不想批评你俩！其实，我的看法对你们并不重要呀！”利用这一招，他们必然会知趣而退。

不沾上是非最典型的莫过于“走为上”之计。我们知道，“走”不是消极逃跑，而是主动脱离一种极为尴尬的是非处境，待时机成熟，情况有所转机后，再去积极处理，以图重新打开自己的人生局面。任何是非都会让你受累，而如何彻底摆脱它，则是做人的真学问。

面临是非之境，逃离是最佳之策，切忌老是充当“和事佬”和“夹心人”；不幸充当，也要谨慎待之。

如何才能说服明确拒绝自己的人

在一次饭局上，小路想请同事小葛在自己负责的一个研讨会上担当司仪。小葛说："开玩笑，我怎么担当得起？"才开始就被拒绝，看起来似乎连一点余地都没有。但是，小路已经向对他相当器重的总务科长请示批准过了，这下子要再向他报告"被拒绝了"，岂不是一点面子都没有。

小路鼓起勇气再找小葛游说，不料小葛却先发制人地说："若是司仪的事，绝对没有办法。"这么一来，小路更不知道如何应对了……说服一个人并非易事，说服一个明确拒绝自己的人更是不易。这里存在着两方面的原因。一是，所谓覆水难收，拒绝方已做出明确表态，为保全其颜面，不到万不得已是不会大改初衷，令自己脸面无光的。二是，被拒绝方因遭明确回绝，自尊心大受其伤，如再要厚起脸皮来进行说服，则需要鼓起万般的勇气。

人生在世并非处处都如意，磕头碰壁的事时而有之，有时并不能为了一时的自尊和争那么一口气而放弃努力。虽遭明确拒绝还是要努力说服对方，以改变他（她）的决定。但说服对方还是要随机应变采取一些灵活而有效的办法。

◊ 1.晓以利害

当我们向别人求助遭到拒绝时，往往会发现，对方其实并没有经过深思熟虑，只不过是意气用事，或是因为其他一些细小的原因，而断然拒绝。这时候，我们就应当站在第三者的立场上，帮助对方分析情况并道出其决定的不明智。

为了强化分析的效果，我们可以先对对方的才能或成就表示赞赏，令其意识到自己的价值和重要性，然后再分析对方拒绝我方可能导致的破坏性后果，使其珍视已有的成就和声誉，不得不答应我方的请求。

◊ 2.将拒绝理由变为求助的原因

一般来说，有强烈理由拒绝者，要他改口答应是相当困难的，因为这种人有充分的心理准备，所以“请你帮忙……”之类的恳求语，会使他感到厌烦。对付这类人，要将对方的拒绝理由夸奖一番，并把对方拒绝你的理由变成你之所以找他的原因，之后再提要求也许有效。

◊ 3.利用对方的兴趣

利用对方感兴趣或引以为豪的话题展开交谈，在满足对方心理需要的基础上再提出自己的请求。

总而言之，在宴会场合，如果别人明确拒绝了你，你千万不要以一种毫不服气的口气向对方提出质问：“怎么可以这样就拒绝我了呢？难道这对你没好处吗？”你这么一说，对方是断然不会再改口的。而且面对拒绝不可轻易就灰心丧气，要知道任何事情都是蕴藏着希望的转机。

怎样有效指责别人的错误又保留面子

在这个世界上，人人都会犯错误。在错误面前，你可能会忍不住大发雷霆。而当狂风暴雨过后，你可能会沮丧地发现，你的“善意”并没有被对方所接纳，甚至出现了让你追悔莫及的结果。挨批评对谁来说都不是一件让人愉快的事。但是如果你能够掌握适当的批评技巧的话，相信你一定能在无形之中增强自身的影响力。

如何指正别人的错误，很大程度上决定于你采用的态度。没有人喜欢被批评，不要相信“闻过则喜”。如果你一味地指责别人或者简单说明你的看法，你将会发现，除了别人的厌恶和不满外，你将一无所获。然而，如果你能够让对方感觉到你是为解决问题来纠正错误的，而不是仅仅来发泄你的不满，你将会获得成

功。

有时候，人难免会因一时糊涂做一些不适当的、错误的事。遇到这种情况，就需要把握住指责别人的分寸：既要指出对方的错误，又要保留对方的面子。这种情况下，如果分寸把握得不适当，就会使对方难堪，破坏交往的气氛和基础，并因此而带来一系列严重的后果；或者让对方占便宜的愿望得逞，给己方造成不必要的损失。

心理学家研究表明，谁都不愿把自己的错处或隐私在公众面前曝光；一旦曝光，就会感到难堪或恼怒。因此，在交际中，如果不是为了某种特殊需要，一般应尽量避免触及对方所避讳的敏感区，避免使对方当众出丑。因此，指责别人的错误时不可过分，只需“点到为止”。

在一家大酒店里，一位外宾吃完最后一道茶点，顺手把一双精美的景泰蓝食筷悄悄“插入”了自己的西装口袋里。服务小姐不露声色地迎上前去，双手擎着一只装有一双景泰蓝食筷的绸面小匣子说：“我发现先生在用餐时对我们的景泰蓝食筷爱不释手，我们非常感谢您对这种精细工艺品的赏识。因此，为了表达我们的感激之情，经餐厅主管批准，我代表本店，将这双图案最为精美的景泰蓝食筷经严格消毒后送给您，并按照大酒家的‘优惠价格’记在您的账簿上，您看好吗？”那位外宾当然明白这些话的弦外之音，在表示了一番谢意之后，说自己多喝了两杯白兰地，头脑有点发晕，误将食筷插入了衣袋里，并且聪明地借此“台阶”下台，说：“既然如此，我就‘以旧换新’吧！哈哈哈。”说着取出西服衣袋里的食筷恭敬地放回餐桌上，接过服务小姐给他的小匣，不失风度地向收银处走去。

被批评可不是什么光彩的事，没有人希望在自己受到批评的时候召开一个“新闻发布会”。所以，为了被批评者的“面子”，在批评的时候，要尽可能避免有第三者在场。不要把门大开着，不要高声叫嚷，似乎要全世界的人都知道被批评者的过错。在这种时候，你的语气越“温柔”，越容易让人接受。

批评应就事论事，一就是一，二就是二，哪儿疼就治哪儿，而不能夸大其词，借机整人。更不能因一时一事的失误，就将被批评者的过去全盘否定，形成限定印象，觉得此人“朽木不可雕也”或是“不可救药”。

此外，批评和发脾气不是一回事。发脾气有时不但无助于批评的效果，往往还会把事情搞僵。员工做了错事，或说了错话，你难免生气，生气归生气，做上级的总要有气度和涵养，要能够把握自己的情绪，批评时千万不要声嘶力竭。要以理服人，摆事实，讲道理。你一味地挖苦侮辱，或者以对方的缺陷为笑柄，过分地伤害对方的自尊，往往会适得其反。对方一旦产生抵触情绪，就很可能在日后对你进行报复。

第十二章

饭局中不得不懂的心理操纵术

饭局上虽然大家面对面，可是人心隔肚皮，稍不留神就可能陷入对方设置好的陷阱中。因此，在饭局这种看似简单，实则复杂的环境中懂得心理操纵术，在对方还未行动之前，先发制人，才可保证最终获胜。

明求遇阻，不妨以智暗取

商务应酬中，难免遇到有求于人的时候，这时如果你采取正面求援的方式，往往会碰钉子，徒生一肚子委屈。这时，不妨开动脑筋，放弃明求的方式，选择在暗中智取，反而能达到自己的目的，让对方在不知不觉间为你办事。明里强攻不成，就该暗中智取。

商务应酬中的人们要懂得巧妙运用智慧的力量，智取自己的利益。

有位著名演员因患颈椎病，在家休养。一天，一位年轻人突然找上门来。

一番寒暄之后，那位年轻人说："是这样，我们生产了一种治疗颈椎病的特效药。听说您正患此病，推荐您试用一下，如果能治好，也算是对祖国的演艺事业作点贡献了。"

演员："那就先谢谢你们的关心了。这几个月我正在接受医院的物理疗法，等过一段时间看看，如果不见效，我再去找你，好吗？"

年轻人："您的物理疗法持续多久了？"

演员："两个月。"

年轻人："效果怎样？"

演员："不太明显。"

年轻人（掏出一个盒子来）："那么，您不妨先吃这个试试，半个月就能见效。"

那演员被小伙子的真诚感动了，答应先试试看这种产品。没想到，试用了一段时间后，他那颈椎病好转了许多，这位老演员感激之余还亲自登门道谢。这时候，那个年轻人才说明其用意：想邀请这位演员担任该治疗仪器厂的顾问与宣传员。受人恩惠的演员，自然满口答应了。

这里，年轻人劝说演员做“形象大使”，采用的就是暗中智取的方式。他以“试用”为切入点，以“关心”为说服的中心，以“结成友情”为情感交流中介的方式，恰到好处地绕了一个大圈子，从而为后面的“攻心”打下了良好的基础。

商务应酬时，面对别人的拒绝，应灵活运用智慧的力量，采取智取的方式一步步接近对方，攻破对方的防线，最终赢得对方的垂青和信赖，达到自己的目的。

化繁为简，再困难也变轻而易举

再困难的事情，只要经过巧心妙手将其“化繁为简”，就能变得轻而易举，甚至不值一提。这就是心理学中的“心理除法”：通过变换单位来对同样数量的东西进行分割，将困难化繁为简、化大为小，给人以减轻负担的错觉。

陈玲所著的《心理学的诡计》一书中就讲述了这样一个故事：

一只新组装好的小钟被放到了两只旧钟之中。两只旧钟“滴答、滴答”一分一秒地走着。

其中一只旧钟对小钟说：“来吧，你也该工作了。可是我有点担心，你走完三千二百万次以后，恐怕便吃不消了。”

“天哪，三千二百万次！”小钟吃惊不已，“要我做这么大的事情？办不到！办不到！”

另一只旧钟说：“别听他胡说八道。不用害怕，你只要每秒钟滴答摆一下就行了。”

“就这么简单吗？”小钟将信将疑，“如果是这样，那我就试试吧。”

小钟很轻松地每秒钟“滴答”摆一下，不知不觉中，一年过去了，它摆了三千二百万次。

由这个故事可知，事先设定一个过于远大的目标，往往会让人心生畏惧，而将这个大目标分解为无数个小目标，你就能在轻而易举中完成一个又一个的小目标，最终实现大目标。

一家贸易公司老总令其下属向一家服装加工厂下订单，希望对方在三个月内制作九万件连衣裙。当时，这家工厂业务较为繁忙，工厂负责人一听说三个月要赶制九万件连衣裙，便一口回绝了，并且态度十分强硬。下属无奈地将这个结果告诉公司老总，公司老总决定亲自出马。

这位外贸公司老总一出马，便轻松搞定了这笔订单，顺利让对方接下了这笔业务。因为这位公司老总对那家工厂的负责人说："三个月赶制九万件连衣裙的确有点累，不过，你仔细算算，其实只是每天赶制一千件连衣裙而已。你们那么大的工厂一天赶制一千多件连衣裙应该没有问题吧？"那家工厂负责人一听，想了想，便答应了。

人的心理就是这么奇怪，一听说三个月赶制九万件连衣裙，就吓得说无法完成，坚决拒绝。而只要将这三个月赶制九万件连衣裙的目标细化到每天一千件，便又会觉得轻而易举，十分愉快地接受下来。

因此，在商务应酬时要想给对方提出一个较为困难的要求，应事先将困难"化繁为简"，细化分割，这样就能将这个看似无法完成的提议变得轻而易举，顺利获得对方的支持。

以情感人，让对方主动帮忙

微笑让人倍感亲切，而适当的伤感情绪能触动人们的内心深处，博得人们的同情和好感。商务应酬时，要想博取利益，在微笑之余，不妨尝试运用情感的力量，触动对方的心灵深处，引起共鸣，从而促进彼此间的沟通与合作。

商务应酬时，要想得到别人的帮助，就要适当让对方对你的行为和经历表示同情和怜悯，并由此生出好感；这样你总有一天会攻克对方心中的堡垒，让对方爽快地答应你的要求。当你向别人讲述自己的遭遇时，不妨用眼泪来博得同情，让对方随着你的情感一起波动，这样就会促使对方伸出热情之手，帮助你把事情办成。

运用情感的手段最容易达到求人的目的，古今中外有过不少这样的成功案例。

宋朝太宗年间，将军曹翰因罪被罚到汝州。他不甘心，于是苦思返京之策。一天，宫里派了一位使者到汝州办事，曹翰决定抓住这次机会让太宗回心转意。

他想办法见到了使者后，流着泪说："我的罪恶深重，就是死也赎不清，真不知该如何报答皇上的不杀之恩，现在只想在这里认真悔过，来日有机会一定誓死报效朝廷。我在这里服罪尚可勉强度日，只是可怜那一家老小，衣食没有着落。我这里有几件衣服，请您帮我抵押换些银两，交给我家里人换点粮食，好使一家老小暂且糊口。"

说到伤心之处，曹翰越发泪流不止。使者深受感动，回到宫中如实向太宗做了汇报。太宗打开包袱一看，里面原来是一幅画，画题为《下江南图》，画的是当年曹翰奉宋太祖旨意，任先锋攻南唐的情景。太宗看到此图，想起曹翰当年浴血奋战、拼死杀敌的场景，十分难过，怜悯之情油然而生，于是决定把曹翰召回京城。

求人办事时，要想把事情办成，必须在人之常情上下工夫，必须把自己所面临的困难说得合情合理，令人怜悯与惋惜。曹翰正是抓住这点，才使太宗重新把他召回京城的。所以，越是给自己带来遗憾或痛苦的事情，越要拿出来大加渲染。必要的时候，还可以声泪俱下博取办事人的同情。这样，对方才愿意以拯救苦难者的姿态伸出手来帮你办事，让你终生对他感恩戴德。

人是感情型动物，只要你能博得对方的同情，你的所求目的就能达到。商务应酬时要懂得运用情感的力量，迅速博取对方的同情心，从而满足你的要求。

软磨硬泡，迫使对方答应帮忙

好事多磨，水滴石穿。商务应酬中为了与对方达成协议，很多时候就需要有一种“磨”的精神和意志，敢于缠着对方不放，以消极的形式争取积极的效果，既表现出毅力，又给对方增加压力，从而达到自己的目的。

人心都是肉长的。不管商务应酬的双方之间认识差距有多大，只要你善于用行动来证明自己的诚意，就会促使对方去思索，进而理解你的苦心，从固执的框子里跳出来，并对你伸出援助之手。

某工地急需一批钢筋。采购员小王接到命令后到物资部门去领，但负责此事的马处长推说工作忙，要等一个月才能提货。小王非常着急，那边工程马上就要开工了，他怎么能等一个月呢?

后来他从仓库保管员那里了解到有现货，马处长之所以没有让他提货，是因为他没有“进贡”。得知这个消息，他简直气愤极了，恨不得马上找到那个厚脸皮的马处长理论一番。但他竭力控制自己的情绪，思考解决问题的办法。自己手头一无钱二无物，给那位马处长“进贡”是不可能了。可是工期拖延不得，他急得像热锅上的蚂蚁。最后他决心和那位处长大人软磨硬泡。

从第二天起他天天到处长办公室来，耐心地向处长恳求诉说。处长厌烦，根本不理睬他。他就坐在一边等，一有机会就张口，面带微笑，心平气和，不吵不闹。处长急不得火不得，劝不走也赶不跑。小王一副“坚决要把牢底坐穿”的样子，就这样一直耗着。“泡”到第五天，处长坐不住了，他长吁一声：“唉，我算是服你了。就照顾你这一次，提前批给你吧。”小王终于如愿以偿，高高兴兴地回去交差了。

上面的例子中，采购员小王通过反复催问马处长，直问得马处长心烦意乱，招架不住，不得不让他提货。表面看来，小王是耗费了四五天的时间，但与两个月的等待时间相比，他还是争取到了更多的时间。试想，对于马处长这样的人，如果小王与他坐下来理论一番，甚至一脸怒气地去质问他，那么事情肯定会变得更糟。小王知道工期不能耽搁，也知道马处“做贼心虚”，在这种情况下，软磨硬泡，反复催问是最有效的办法。

商务应酬中，面对别人的冷落或有意刁难，最好采取不软不硬的方法，凸显一种“不达目的誓不罢休”的顽强精神。即不怕对方不高兴，在保证对方不发怒的前提下，让对方在无可奈何中答应你的要求。但使用这种方法要适度，也就是说这种方法不是让你消极地耗时间，也不是硬和人家耍无赖，而是要善于采取积极的行动影响对方，感化对方，使事态向好的方向转化。

用“激将法”让对方出手办事

商务应酬时，常常会遇到一些“软硬不吃”的人，无论你直求、婉求都无法改变他的想法。此时，不妨抛开礼数，尝试采用“激将法”激对方出手。

裴文是大唐开元盛世时期东都洛阳的一位将军，剑法超群。

亲人亡故，为表达对死者敬意，他想请人在天宫寺绘制一幅壁画，一来为亲人超度亡灵，二来也暗合了自己的嗜好。可他遍访各地，一直未找到合适的画师。

一日，裴文来到天宫寺，巧遇画家吴道子和书法家张旭。他热情迎上前去，主动报上姓名，盛情邀请两位艺术家到一家酒家吃顿便饭。他们也不推辞，口呼“幸会”，毫不犹豫地迈向酒家。

席间，裴文虚心请教画坛之事。吴道子像是遇到知己般大谈画坛境况。裴文直点头，大叫深刻、精辟，很受启发。

酒过三巡，裴文道出自己的心事，并分别给他们送上玉帛十四、纹银百两，作为作画、题字的酬礼。

哪知两位艺术家笑意全消，立刻冷若冰霜，拂袖而去。

裴文见状，心想大概是两位艺术家嫌这报酬太低，有辱“大师”的名声。

他痛心疾首，立即带着痛改前非的诚恳表情拦住两位，赶忙赔礼道歉：“二位先生莫嫌钱少，等画作好之后，我再补齐。”

吴道子听罢，怒从心起：“裴将军不是太小看人了吗？”说罢，气呼呼地转头要走。

裴文觉得十分难堪。他想：“论社会地位，我不比你们低，我是将军；论本事，也是各有所长，说不上谁高谁低。你画画得好，字写得棒，我的剑术亦堪称一流。今天我屈尊求画，反在这公共场合受到冷落，好生尴尬。”裴文不由得怒气上升，一时难以压下。

裴文有个“毛病”，一怒就要舞剑，一边口中念念有词：“什么大师！什么书圣！画圣！我看是欺世盗名，徒有其表！光会舞文弄墨，描些香草美人，于世道无补，甚至不能助我尽一份人子孝心……还不如咱手中这把剑，可以斩妖驱邪，换来人间太平。有能耐来呀，是骡子是马牵出来遛遛！”

吴道子、张旭听着，面面相觑，不禁汗颜，看罢舞剑，上前与裴文长时间地热情握手、拥抱。“刚才不是我们故意使你难堪，实在是我们太厌恶铜臭味。我们决不为了钱而出卖艺术。”说罢，吴道子灵感大发，挥动大笔，在画壁上舞墨作画，一气呵成地绘成一幅巨型壁画。这就是吴道子平生最得意的《除灾灭患图》。

裴文怒斥吴道子和张旭徒有其名，怀疑他们是否真称得上是“画圣”、“书圣”。吴道子和张旭听完后当然感到自己的声誉受损，因此毫不犹豫地挥毫泼墨。

俗话说：“请将不如激将。”商务应酬时，面对“软硬不吃”的客户，不妨大胆采取激将法，反而能收到积极的效果，达到预期的目的。但值得注意的是，巧言激将，一定要根据不同的交谈对象，选择不同的方法，才能收到满意的效果。

巧抓时机，求人办事事半功倍

求人办事，把握住时机是非常重要的。当我们摸清对方心理，并等到一个合适的时机时，应该学会当机立断，避免犹豫不决，贻误良机，这样就可以迅速达到自己的目的。

慈禧太后60岁大寿这一天，宫里大摆筵席。慈禧按预先安排好的计划，在颐和园的佛香阁下放鸟。一笼笼的鸟摆在那里，慈禧亲自抽开鸟笼的门，鸟儿自由飞出，腾空而去。等李莲英让小太监搬出最后一批鸟笼，慈禧抽开笼门后，鸟儿就纷纷飞出，但这些鸟儿在空中只盘旋了一阵，又唧唧喳喳地飞进笼子来了。慈禧又惊奇又纳闷，还有几分高兴，便向李莲英说："小李子，这些鸟怎么不飞走啊？"李莲英跪下叩头道："奴才回老佛爷的话，这是老佛爷德威天地，泽及禽兽，鸟儿才不愿飞走。这是祥瑞之兆，老佛爷一定万寿无疆！"

慈禧太后听后，怒斥李莲英道："好大胆的奴才，竟敢拿驯熟了的鸟儿来骗我！"

可是李莲英并不慌张，他不慌不忙地躬腰禀道："奴才怎敢欺骗老佛爷，这实在是老佛爷德威天地所致。如果奴才欺骗了老佛爷，就请老佛爷按欺君之罪办奴才。不过在老佛爷降罪之前，请先答应奴才一个请求。"

在场的人一听，李莲英竟敢讨价还价，吓得脸都白了，哪个还敢吱声。大家知道，慈禧虽号为老佛爷，却是一个杀人不眨眼的刽子手，许多人因服侍不周或出言犯忌而被她处死，哪个敢像李莲英这样大胆。慈禧听了这番话，立刻铁青了脸，说："你这奴才还有什么请求？"李莲英说："天下只有驯熟的鸟儿，没听说有驯熟的鱼儿。如果老佛爷不信自己德威天地，泽及鱼鸟禽兽，就请把湖畔的百桶鲤鱼放入湖中，以测天心佛意。我想，鱼儿也必定不肯游走。如果我错了，请老佛爷一并治罪。”

慈禧也有些疑惑了，她随即走到湖边，下令把鲤鱼倒入昆明湖。

稀奇的事情真就出现了，那些鲤鱼游了一圈之后，竟又纷纷游回岸边，排成一溜儿，远远望去，仿佛朝拜一般。这下子，不仅众人惊呆了，连慈禧也有些迷惑。她知道这肯定是李莲英糊弄自己，但至于用了什么法子，她一时也猜不透。

李莲英见火候已到，哪能错过时机，便跪在慈禧面前说："老佛爷真是德威天地，如此看来，天心佛意都是一样的，由不得老佛爷谦辞了。这鸟儿不飞去，鱼儿不游走，那是有目共睹的，哪是奴才敢蒙骗老佛爷，今天这赏，奴才是讨定了。”

李莲英说完，立刻口呼万岁拜起来，随行的太监、宫女、大臣，哪能不来凑趣，一齐跪倒，个个都向他们的“大总管”投来了奉承的眼光。事情到了这份上，慈禧太后哪里还能发怒，她满心欢喜，还把脖子上挂的念珠赏给了李莲英。

从这个故事我们可以看出，李莲英抓住时机讨巧的功夫实在高明至极。现实生活中，我们也应该抓住时机尽快办成自己要办的事。

比如你要升官晋职。由于本单位、本部门的领导者因为某种原因，或者是工作突出被提拔了，或者到了法定年龄而离休、退休了，或者因工作犯了错误而被解职了，总之，使原来的领导职位出现了空缺，这个空缺就为你创造了一个升迁的机会。如果这个机会来临之时，你不知道想尽办法抓住机会，甚至在工作中犯了错误，那官运就会与你失之交臂。

也许有人对此不以为然，他们总认为自己的提升仅仅是因为自己出色的才能。这种说法，带有很大的片面性。因为谁都知道，一个人被提升时，首先要有职位。没有空出的位置，任你才高八斗、学富五车，也不会被提拔到一个“悬空”的位置上。当然，我们不否认才能在提拔中的作用。可是，如果时机不出现，任你费尽九牛二虎之力，也办不好，办不成功；一旦时机出现了，你没想过争取，却反而歪打正着，然而，这属于一种非普遍的情况。

所以，要想办事成功，关键的还是要靠自己的主观努力来把握时机。把握时

机，最重要的是要认清时机。所谓时机，就是指双方能谈得开、说得拢的时候，对方愿意接受的时候。一个人在车祸丧子的悲痛中还没解脱出来，你却上门托他给你的儿子保媒说媳妇，你分明是在自讨苦吃；领导正为应付上级检查而忙得焦头烂额的时候，你却找他去谈待遇的不公，那你肯定要吃“闭门羹”，甚至遭到训斥。掌握好说话的时机，才能提高办事的成功率，取得事半功倍的效果。

善于退让，才能以退为进

找人办事，一定要在忍耐中懂得进退之法，处于弱势时，就先退几步。进退之法，是许多成大事者心知肚明的行动要略。

李鸿章在权力的争斗中，就擅长以退为进的谋略之道，绝不冒险，所以才有步步高升的机会。当时大太监李莲英深受慈禧太后的宠爱，权倾朝野，人人望而生畏，人称“九千岁”。此人狐假虎威，老谋深算，心狠手辣。李鸿章以军功而升高官后，最初看不起这些奴才，在几次宫廷宴会上有意无意地得罪了李莲英，因此，李莲英就想给他点颜色瞧瞧。

不久后，慈禧太后有意静居，想把清漪园修缮一番，以便颐养天年。但却苦于筹款无术，时常焦躁。李莲英趁机说：“李伯爷是朝廷重臣，若能体仰上意，玉成此事，以慰太后，以宽圣心，当立下不世之功。”

李鸿章听到有这样贴近慈禧太后的好机会，岂肯轻易放过？当即满口应承，并马上献计献策，同李莲英商量。李莲英听了大喜，拍手称善，笑容可掬地着实奉承了李鸿章一番。接着李莲英又谦恭有礼地希望李鸿章入园内踏勘一回，看看哪里该拆该建，做到心中有数。

可是到了约定的日子，李莲英却借口有事不能奉陪，只派了个伶俐的太监领着李鸿章，转悠了一整天。事后不久，李莲英又故意捡了个光绪皇帝肝火最旺的时候，诬陷李鸿章在清漪园里游玩山水。光绪最忌讳的就是别人不尊重他的皇权帝位。听说权倾当朝的李鸿章竟敢大摇大摆地在他御苑禁地游逛，顿时大怒，认为这是“大不敬”，是对皇权皇位的公然藐视和冒犯！光绪一怒之下，不问青红皂白，立即下诏“申饬”，将李鸿章“交部议处”。

所谓奉旨申饬，就是由皇帝、太后或皇后派一名亲信太监，捧着“圣旨”去指着某人的鼻子，当众数落臭骂一顿。而被骂的人，既不能申辩，也不能回骂，还要伏在地上谢恩。这“申饬”虽不伤皮肉，却是极使人难堪的侮辱性惩罚。

李鸿章被御批“申饬”后，他自然懂得其中奥妙，于是便立即着人送了银子，且亲自设宴招待李莲英，这才免去了当众受辱之苦。李鸿章自然很快悟出了吃亏的原委，从此以后便对这位“九千岁”刮目相看，敬礼如仪。这就是李鸿章的退让之法——不去冒险与人争斗，而以守住自己为重。

善于退让，也能赢得成功，因为这样做一则保住了自己，二则保留了机会。

人与人之间总有强势与弱势之分，因此我们就更需要精通“撤步术”。让步并不是懦弱的表现，它是为了获得更大的进步。就像跳远一样，为了跳出好成绩，后退几步是必然的。求人办事一定要注意，该进时则进，该退时就要毫不犹豫地后退几步，由此你会取得更大的成功。

掌握火候，又快又好办成事

办任何事情都应有轻重缓急之分，有的事发生后，必须马上处理，延误了时间就可能与预期目标相背离，或是财产损失加大，或是身家性命有危。但是有些人际关系的处理，发生之时，立即解决，反而会火上浇油，使事态发展愈加严重，而冷却几日，在当事人恢复理智后再处理，就可能大事化小、小事化了。所以，在办事过程中，处理事情，一定要掌握好火候，这对事情的成败至关重要。

在我们熟知的“将相和”的历史故事中，如果蔺相如在廉颇气势汹汹之时去找他解释，与他理论，即使和颜悦色、平心静气，廉颇也可能一句也听不进去。这样不但不利于解决矛盾，反而极有可能引起新的冲突，使事态严重，对彼此双方更为不利。

为掌握解决冲突的“火候”，有人找到了一种“百分之十法”，即事情发生后，再等10%的时间。这10%的时间，你的朋友或对方，会因说出的话，办过的事向你道歉；这10%的时间，也使你的头脑更清醒，而不至于在盛怒之下失去控制。

受到别人的伤害，我们很可能暴跳如雷、怒发冲冠，与其如此，不如暂且迫使自己先冷静下来，然后再去想应当怎样对待，要知道大多数人并不是有意要伤害我们。事实上，我们无法避免受伤害，它是我们生活的一部分。既然如此，何必忧之恨之？除此之外，要想别人不伤害你，还要时刻想到不要伤害别人。只有这样，才能活得轻松，活得愉快；也只有这样，你才能找到为你办事的人。

需要我们立马做的事就是最重要、最紧急的事，来不得任何拖延。做完了一件事后又可以此方法对下面的事进行分类。那么我们依据什么来分清轻重缓急，设定优先顺序呢？

善于办事的高手都是以分清主次的办法来统筹时间，把时间用在最有“生产力”的地方。在宴会上，面对大大小小、纷繁复杂的事情，如何分清主次，把最有效的时间用在最有生产力的地方呢？下面我们为你提供三个判断标准。

◊ 1.你必须做什么

这有两层意思：是否必须做，是否必须由你做。非做不可，但并非一定要你亲自做的事情，可以委派别人去做，自己只负责督促。

◊ 2.什么能给你最高回报

应该用80%的时间做那些能带来最高回报的事情，而用20%的时间做其他事情。所谓“最高回报”的事情，即是符合“目标要求”或自己会比别人干得更高效的事情。

◊ 3.什么能给自己最大的满足感

最高回报的事情，并非都能给自己最大的满足感，均衡才有和谐满足。因此，无论你地位如何，总需要分配时间给一些令人满足和快乐的事情。唯有如此，宴会才是有趣的，并易保持宴会的氛围。

通过以上“三层过滤”，事情的轻重缓急就很清楚了，然后，以重要性优先排序（注意：人们总有不按重要性顺序办事的倾向），并坚持按这个原则去做。你将会发现，再没有其他办法比按重要性办事更能有效利用时间了。

总之，只有在办事时把握住处理的火候，才能利用宴会的短暂时间把事情办得又快又好。

活学活用“谎言”，巧办大事

在饭局上求人办事时，有时候我们应该说点假话，这样不仅能避免尴尬，还容易求得别人帮忙。有这么多好处，何乐而不为呢？

虽然我们应该以诚待人，应该说真话，但有时也有必要说点“谎话”。这一点人们已有一些认识。不过，通常人们都是认为只有在某些很特别的情况下才需要不说真话，不道实情。例如，某人患了不治之症，知道这一情况的亲友多不以实情相告。其实，在一般的交际活动中也常有通过说假话来产生好的效果的时候，而且“说谎”的方式也是多种多样的，不必只拘泥于直接而简单地说上一句欺骗人的话。

在下面这些情况下可以用一些必要的小谎言，这样往往会取得更好的办事效果。

（1）能产生良好交际效果的谎言有时是以装糊涂的形式出现的。这种装糊涂的言辞有时能避免或解除尴尬。在同一场合，说大实话倒会带来尴尬的效果。

生活中，我们常常会碰到这样的场面，到朋友家做客时，主人热情地给客人夹菜，所夹之菜恰恰是客人不喜欢吃的菜。这时，客人不外乎有两种态度。一种是接受主人盛情，一边道谢一边违心地说："好吃！好吃！"结果，一句谎话却让自己受苦。如果这种态度不改，那就难免要做一辈子受苦的客人。要是主人知道了原委，是要后悔一辈子的。这种窝囊的谎言，既苦了自己又伤了别人，值得吗？另一种态度，便是巧妙地拒绝。先说一句："别客气，我自己来！"再补充一句："这个菜我挺喜欢吃，就是胃受不了！"这巧妙的谎言，既不伤主人的面子，又避免了活受罪，岂不两全其美。

（2）在某个时候说点谎话，能使本来很有距离的双方达到某种"共识"，从而使进一步的交流成为可能。

有位先生和朋友去拜访一位教授。那个教授为人严肃，平时不苟言笑。到了午饭时间，他们被教授邀请在他家中吃午饭，而吃饭的过程中，大家除了开头说了几句应酬话，剩下的只是让人尴尬的沉默。席间，那位先生看到教授家养的热带鱼，其中几条色彩斑斓，游起来让人眼花缭乱。那位先生知道这鱼叫"地图"，自己也养了几条，还很得意地为朋友介绍过。教授见那位先生神情专注，就笑着问："还可以吧？才买的，见过吗？"就听那位先生说："还真没见过。叫什么名字？明儿我也打算养几条呢！"当时他的朋友不解地看看他，心想：装什么糊涂，你自己不是养了几条吗？

可教授一听，来了兴致，神采飞扬，大谈了一通养鱼经，那位先生听得频频点头。那位教授像是遇到了知音，说说笑笑，如数家珍地给他讲每条鱼的来历、名称、特征，饭后更是拉着他到书房看自己收集的各类名贵热带鱼的照片，气氛顿时活跃起来。他们一直吃到半夜才走，朋友才突然领悟到那位先生说谎话的用意。

一句谎话使教授前后判若两人，本来几乎陷入僵局的交谈又顺利地进行下去了，这都归功于一句谎话。若据实相告，那很可能就会继续"尴尬"下去的。

在宴会中，当你不得不用一些小谎言去办事时，你一定要注意，自己所说的谎言要不容置疑，这样才能以假胜真，巧中取胜，黑中取白。否则，会弄巧成拙。

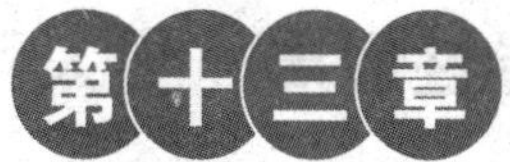

第十三章

结账很关键，否则就会前功尽弃

饭局的每一个环节都很重要，结账也不例外。如何结账，谁来结账，怎么结账，决定了这次饭局是否完美结局！

异性饭局，男人买单显风度

小沐是个事业型的成功女性，她曾经炫耀地对自己的女性朋友说："跟男人一起吃饭，我为我可以买单而自豪。事实上，他们也不想买单，既然如此，又何必强人所难呢！"这话里面隐含了些许对男人的鄙视，因为她事业成功，因为她瞧不起和她吃饭的那些男人，宴请不过是有求于人罢了。

尽管小沐的傲慢态度是不对的，甚至会让人厌恶，但是她道出了现在普遍存在的一种现象：男人们忘记了饭后买单。虽然说酒桌买单，要看谁是主动邀请者，因为酒宴的目的不仅仅是朋友之间的聚会，有时也含有功利目的，但作为男人的你真的不该主动买单吗？

其实，男士结账是长久以来请客吃饭的习惯，也是餐饮的基本规则。结账时，如有女士在场，特别是一男一女的场合，依礼貌付账的应是男士。女士不必坚持付账，也不用因别人付了账而心怀歉疚。一般一对男女朋友，不但应由男士结账，连召唤侍者过来都应由男士来做。恋爱中的男女，男人买单是爱意的体现。在男女的交往中，从来都是很难把爱情和金钱截然分开的。你爱一个人，就会愿意为他（她）付出一切，包括爱情、关心，甚至生命，当然也包括金钱。女人希望男人买单，并不都是存心想占便宜，而是喜欢被宠爱的感觉，只是想证明自己在男人心中的地位。若是男士吃完饭后大大咧咧地往那一坐，剔牙喝茶，毫无掏钱买单之意，那女士对他的印象绝对会大打折扣。已婚夫妻一起用餐，男人买单是幸福的体现。在结婚后还能为女人买单的男人，一方面说明他在家中的地位比较高，妻子在经济上给了他较多的自由和权利；另一方面说明他还保持着爱情的热度，还有一颗浪漫的心，懂得宠爱妻子，对妻子为家庭的付出表示肯定和慰劳。这样的男人、女人都很幸福。

陌生男女或者是同事、朋友聚会吃饭，男人买单是风度的体现。当然这种情况也并不一定非要男人买单，但如果在座有好几位男士，有人抢着买单，有人却视而不见甚至借故开溜，你会对谁印象更好呢？买单付账这类事，虽然琐碎，却能从细微之处体现出一个人的品行。主动买单的男人，多半慷慨宽厚，不会算计得失、斤斤计较，跟这样的男人打交道会比较舒服。

事实上，女人不介意男人买单，也不介意为男人买单，但绝对介意男人不买单；男人买单固然需要底气，不买单却更需要勇气。所以，男人，在你不情愿的时候别跟女人一起吃饭；如果情愿，女人也肯赏光，那么请你买单。

AA制聚会，为什么你不付钱

所谓“各付其费”，又称“AA制”，它是指就餐结束后，由全体用餐者平均分摊账单，各人支付自己所应支付的费用。在国外，商界人士在共进工作餐时，更多的是以此种方式付账。采用此种付账方式，需要有言在先。在算账时，做东者所要做的，主要是动手算账，伸手收钱，跑腿交费而已。既然AA制的性质决定了所有共餐者各付各费，那你为什么不付钱呢？

小A是学校有名的校花，是很多男生心目中的梦中情人，所以总是饭局不断。一次，系里组织自助餐聚会，说好是AA制付费，可是酒会过后，组织活动的同学找到小A索要餐费时，小A却挑挑她那双柳叶眉说：“什么呀？我还要交钱啊？拜托，你不要开玩笑了，我吃饭从来都是别人抢着买单的。”那位同学为难地说：“这次不是情况特殊嘛！提前说好AA制付费的。”小A不屑地说：“那就对不起了，我没有付费的习惯，谁组织的谁付费吧！”

案例中的小A习惯了吃饭由别人请客，但是她忘了别人买单那是有求于她或者说是爱慕她，在同学聚餐讲明AA制的情况下，小A依然坚持让他人付费的行为实在惹人生厌。毕竟在没有利益关系的前提下，各付其费是最公平、最恰当的方式。

在中国，请客吃饭时，一般由召集人负责买单。但这并不代表不需要实行AA制。中国人的方式不是在单次吃饭各买各的单，而是今天我买单、明天你买单这种轮流请客的AA制方式。总吃大户的结果会导致彼此的关系中断，除非对方是个傻乎乎的大户，花钱买气派。所以基本上，轮流请客的AA制更容易被接受。

如今越来越多的人接受了吃饭AA制，毕竟赚钱不容易，谁的钱也不是大风刮来的。如果没有什么利益关系的话，AA制吃饭还是应该大力提倡。

谁请客谁买单，天经地义

人与人交往应酬，谁请客就应该由谁买单，这无可厚非。可是，很多时候却存在着“请客不买单”的情形。这种现象尤其在一些所谓的公务往来中屡见不鲜。

詹珏是某公司旗下一家子公司的负责人，这段时间以来，他总是愁眉不展，妻子十分担心。在妻子的百般询问下，詹珏才道出了个中缘由。原来近半年来，总公司常常指派专员下来“指路子、出点子”，而每一次来的专员都会请一些重要客户下馆子，联络感情，可是最后买单的都是詹珏。俗话说：花别人的钱不心疼。总公司下派的几个专员毫不顾忌子公司的现状，餐餐都很“豪爽”，半年海吃海喝下来，子公司的赤字突破临界点，业务却毫无进展。尤其让詹珏郁闷的是，专员们下来指导工作是由总公司提供经费的，可詹珏从未见过专员买单。

詹珏遇到的情况在现实生活中普遍存在，很多人请客吃饭时爽快不已，就是到买单的时候左推右躲，总想着推给别人。其实，请客吃饭，从感情上来说，是你自愿的，所以由你买单也是天经地义的。

一般情况下，请客吃饭应遵循谁请谁买单的原则，但如果主办方有上下级不同的人参加，应由下属完成结账工作（下属只是负责现场付费，实际上买单的还是领导）。而主人又分“当然主人”和“临时东道主”两种。“当然主人”指进餐厅之前就已决定了的，比如大家预先公推的，或某人召集和表示请客的。

“临时东道主”指临到结账之际，争着做东的人。对于前者，主人早已确定，付账问题比较简单，后者比较麻烦。如果你有意要做东，应先选好一个靠近外边的有利位置，也可付账前悄悄交给服务员或收银台，反正以诚相见，既然有心请客，就要学会避免结账时出现抢着买单的现象。

不要总把自己当做“上帝”

“客户是上帝，服务第一；客户至上，服务优先。”在许多商业场所都能看见类似这样的话题标语。日子久了，我们真的就以为自己就是“上帝”，甚至一再强调自己是“上帝”；可是我们忘了“上帝”要有“上帝”的风度，“上帝”是不可以对侍者大呼小叫的。

周五晚上，孙毅和朋友参加联谊会。席间，孙毅风度翩翩，尽情展现自己中文系才子的风范，逗得同桌的几个女孩子不时发出银铃般悦耳的笑声。眼看这顿饭快到尾声了，可是大家明显意犹未尽。这时，孙毅提议说：“反正现在还早，明天又是周六，咱们找个地方接着聊呗！”

其他人都欣然表示同意。于是，孙毅叫服务员前来结账。可是当天餐厅人声嘈杂，服务员当时没有听清楚，这时孙毅不高兴了，又大声叫了几声。领班表示会尽快过来结账。可是，过了十分钟，依旧不见服务员过来结账，孙毅怒了，走到前台，冲着前台收银员吼道：“你们这是什么服务态度啊！结个账等那么长时间也不见服务员过来。嘴上说得漂亮，顾客是上帝，你们就这么把顾客当上帝的啊！让上帝等你们，够有面子的啊……”前台收银员一再道歉，表示会立刻给他办理结账手续。可孙毅就是不依不饶，强调他的“上帝”权益受到了侵犯，饭店服务不够周到。朋友拉住孙毅让他少说两句，可是孙毅牛脾气上来了，怎么也拉不住。这时，大家的注意力都集中到他们身上，那几个女孩子深感尴尬，便借故先走了。而孙毅还在那里强调他的“上帝”权益！

虽然在此案例中服务员在结账方面的确存在一些过失，但那也是由于特殊原因造成的。可是孙毅不但不给予理解，还不依不饶地强调自己的“上帝”权益受到了侵犯。他毫无风度的表现一下子将他之前刻意塑造的美好形象毁了，原本对他印象不错的几个女孩子也失望地离开了，真可谓是“赔了夫人又折兵”啊！

“消费者是上帝”其实只是一个口号，它是商家的美好愿望。我们消费者不能因为商家如此承诺，就真的把自己当做上帝，从而不可一世，甚至出言不逊。当我们参加完宴会后买单时，应该表现出自己的风度，给予侍者足够的尊重，不可对服务员的工作表现出丝毫轻视，我们应该在尊重对方的基础上礼貌地提出合理的要求。这样既避免和饭店服务员产生不必要的纠纷，也会让与宴的其他人感受到我们的优雅风度和良好修养，从而给别人留下美好的印象，更给成事平添一份助力。

不带现金吃“霸王餐”要不得

人们现在越来越习惯于刷卡消费，但中国的很多餐厅都还是习惯收现金，所以千万别忘了带足现金，以免尴尬。万一发生这种情况，尽量不要让被请的人觉察出你身上的钱不够，可以找借口让他们先行离开，再打电话让朋友或家人送钱来，否则客人会误会你请客的心不诚，而对你产生误解，影响彼此间的合作。

田先生在一家酒店摆了一桌酒席，邀请几位客户参加。席间大家把酒言欢，并且就一些合作项目方面的细节问题进行了沟通。最后大家还初步约定了下一步的合作。

饭后结账时，田先生拿出信用卡要求刷卡买单，可是被服务员告知店里的刷卡机坏了，暂时没办法刷卡。无奈之下，田先生只好选择付现。可这时他发现自己带的现金不到两百块，一位客户赶紧掏出现金埋了单。田先生尴尬不已，一个劲儿地表示："今天是个意外，下回给大家赔罪。"几位客户笑着表示不介意。后来在卫生间里，田先生无意间听见两位客户的对话，一位说："想不到田总这么一位大老板，钱包里竟然才有200元，真是想不到啊！"另一位接道："谁知道呢！这话说出去谁相信啊！说不定他想空手套白狼呢！"前一位忙问："你的意思是他是故意吃'霸王餐'，让咱们买单啊？"另一位似有深意地说："谁知道呢！呵呵！"田先生听到这里真是后悔不已啊，早知道多带点现金了。

现在的人们出去吃饭或消费，多半不喜欢带现金，可是毕竟刷卡消费在国内还没有完全实行，尤其是在一些餐厅，由于新开业或者其他原因导致刷卡系统不尽完善。所以，请客吃饭还是应该带足了现金，免得像田先生一样被人误以为存心想吃"霸王餐"，而给对方留下不好的印象，从而误事。

到底谁该为饭局结账最合适呢

◊ 1.女士买单

女士不要认为男人买单是天经地义，不要在吃完饭后心安理得地等男人付账。处于情感世界中的男女双方，买单时更需要一种默契。有时候是男士付账，体现出一种大度、一种关爱；有时候是女士解囊，巾帼不让须眉，表达了一种体贴、一种追求男女平等的自信。当女人可以随意为自己买单的时候，那种感觉一定会好过让任何一位男士为你买单。

如今的女人已经愈来愈有能力为自己买单，并且能够把男人的单买掉。但是女人在与男人的相处当中，仍然还是会很在意买单时男人的表现，并非是每个女人都想花男人一把，只是女人觉得，这当口比较容易看出这个男人是不是有实力，是不是有风度，是不是善解风情。虽然金钱不是爱情的杠杆，但男人肯不肯在你身上花钱，绝对可以掂量出他爱你究竟有多少。反过来，在买单时，男人也可以打量一下女人，看看她有多少善良厚道，有多少分寸尺度，有多少善解人意。

◊ 2.主人结账

请客户吃饭，当然由主人结账。但主人方有上下级不同的人参加，要由下属完成结账工作。

◊ 3.各付其费

所谓“各付其费”，又称“AA制”，它是指就餐结束后，由全体用餐者平均分摊账单，各人支付各自所应支付的费用。在国外，商界人士在共进工作餐时，更多的是以此种方式付费。采用此种付费方式，需要有言在先。在算账时，做东者所要做的，主要是动手算账，伸手收钱，跑腿交费而已。

◊ 4.谁有能力谁买单

最最让人放松、令人羡慕的，是“发小儿”、“生死交”聚会及家庭宴会，没有那么多的清规戒律，感情胜过一切，满汉全席照拿下，咸菜萝卜也香甜，谁有能力谁买单。

如何结账才能够尽显魅力

通常说来，用餐完毕准备离去时，要利用服务人员经过你身边的机会，轻声唤住他，很有礼貌地告诉他：“请帮我们结账。”如果一时没有服务人员走近，不妨耐心地多等一两分钟。

结账时，主人千万不要高声呼唤服务员，或吹口哨，敲打餐具，这会使你显得没有教养，甚至会让餐厅的管理人员误会，以为招待不周。另外，坐在你餐桌四周其他桌的客人，他们也是消费者，如果你大声吼叫，就会影响其他人用餐的情趣与氛围。

如果你等买单已经等了十分钟，那就尽管站起身来穿上外套。马上就会有服务人员主动现身。

一般来说，买单应该坐在自己位子上买。因为跑到柜台前面掏出钱来结账，既不雅观，也不合乎餐厅礼节的规定。特殊情况下，做东者应当先与服务员通通气，独自前往收款台结账，或是在自己送别客人之后，再回过头来结账。尽量不要让服务员当着客人们的面口头报账，更不能让服务员将账单不明主次地递到客人的手里，造成客人的尴尬。

账单算好交来时，主人要迅速拿起来看数目，不要让客人知道数目。你有权用足够的时间复核一下账单数目。但不要一项项地念出来，并加加减减一番，使客人觉得你有些吝啬、不爽快。最好的办法是：预先估计一下吃了多少东西，心中有了一个大概的数目，当账单交来时，看看差不多就迅速付款好了。这样一则可避免账单有误吃亏，二则看起来很大方。如果账单上的数目果然开多了，主人有权请服务员重新核算一下。

当服务员送来账单，经你查对无误，而准备付账时，你要把钱放在结账的夹子或盘子中，再用账单将钱盖住。这样做的目的，主要在于不使客人看到你所付的金额，以免引起对方的尴尬。

总而言之，我们在餐厅用餐完毕之后，服务员送来账单，表示“哪一位结账”，即意味着除了主人之外，不愿让其他人过目账单。因为客人不看账单，不问付账的金额，乃是餐桌上最基本的礼貌。

付完账，不必急着离开，可以逗留一会儿，再聊聊天，或喝杯茶。但如果当时餐厅很忙，或者时间已经很晚，而你们又是最后一批客人时，那还是早走为妙。离开餐厅前，如果席中有男女主人的话，应由女主人用征求意见的语气对客人说：“我们现在走好吗？”如果席中只有男主人的话，男主人一旦站起来了，这就意味着可以走了。如果一对男女去餐厅，离开时服务员不在，男士应协助女士穿上外套，并在前面开路。出门时要让女士先行，除非外面太黑或正在下雨，男士要先到外面撑开雨伞。如果有服务员招待的话，男士要走在女士后面，不管在餐厅内外，都把开路和开伞的责任交给服务员。

结账的时候你不能不注意的事项

◊ 1.对服务员的态度

我们总是强调“顾客是上帝”，但“上帝”要有“上帝”的风度，不要以“上帝”的身份对服务员大呼小叫。当然餐厅一定要培训出机灵、周到的服务员，否则不再会有回头客。

◊ 2.核对账单再付款

结账，是一定要看账单的。看账单的目的，先找自己所点的菜是不是都上齐了，然后再检查每道菜的单价和菜单所列是否相符，以及总金额是否有误。等一切确认无误，才掏钱或信用卡付账。别人既不会认为这样做是小气，服务人员也把客人此举动视为理所当然。

因此为了避免吃亏起见，买单付账时，最好应先检查账单。倘使发现其中计算有误，可先招呼附近的服务人员前来，轻声地告诉他那些地方算得可能有误差，请他帮你到柜台再查核一下。直到所有疑点都弄清楚了，再付账不迟。

在某些状况下，账单和你的消费有时会有很大的出入，这时候你不应口气不好地一味指责服务人员，因为账算错，不一定是他们的责任。你可以委婉地请服务人员帮你向柜台更正。倘若心中实在不痛快，顶多以后不来这家餐厅用餐就是了。

◊ 3.谨防买单陷阱

消费者在酒店用餐时，点菜前一定要详细咨询折扣，特别是特价菜及海鲜更要注意。买单时，别忘看价格；买单后别忘记索取发票，一旦发生纠纷，方便维权。

（1）虚假打折。

吴小姐和朋友在一家酒店就餐，看见酒店布告称菜肴全场7.8折优惠。吃饭时吴小姐发现其中一个菜里有头发，向酒店方面反映后，对方表示歉意，并表示对他们实行8折优惠。吴小姐当场指出，布告宣传菜肴为全场7.8折优惠，怎么还对他们提高收费，没想到酒店称，“全场”并不包含包厢。

张女士在一家酒店就餐时，服务员介绍菜肴7折，在其推荐下，张女士没看菜单便点了菜。但买单时，张女士发现酒店收款和打折不符，服务员对此解释，张女士点了四个特价菜，不能打折，张女士只好自认倒霉。

有些饭店宣传菜肴打折，但结账时却不打或少打；有些饭店则以特价菜招揽消费者，但特价菜往往摇身一变成了高价菜，消费者在买单时一定要注意。

（2）恶意诈单。

少数酒店利用消费者一般不注意核对账单的情况，故意多收、多算消费金额。假如消费者发现了，就以算错为由推脱责任。

王先生在一家酒店请客，共点了四个菜，在结账时，除去酒水，王先生估计须付120元左右，但账单却为140元。当王先生提出异议时，酒店以电脑结账不会出错为由，坚持要求按此账单结算。王先生要过账单仔细一看，发现多一个菜，原来其中一个菜被重复计费。

（3）模糊菜价。

一些酒店菜单的菜肴不标注价格或只标注部分，在结账时胡乱加价，蒙骗消费者。

李先生和朋友在一家小饭店吃饭，点了一个荤菜、四个素菜。由于菜单上没标明价格，结账时李先生就拿出100元买单。但饭店却要求收取120余元，据饭店账单显示，一盘香菇青菜的价格竟为20元，而一盘红烧大肠的价格达40元。

（4）菜肴只标“时价”。

根据有关规定：餐饮业在提供餐饮服务时，应主动向消费者提供消费服务结算清单，清单上应写明菜肴、点心、汤类等项目的品名、数量、单位、折扣及合计金额。结算单上需标明消费日期、时间和投诉电话。这样就能避免算错账，饭店很难再“浑水摸鱼”。

看见菜肴标着“时价”两字，可以拒绝付费。因为据有关规定，未经明码标价的项目，不得计入消费结算清单。所以店家惯用的先斩后奏法将行不通了。至于设最低消费标准的餐饮企业，应当在醒目位置标注最低消费的内容和标准，并在提供消费服务前告知消费者。

◊ 5.不要忘记索要发票

田先生一行四人在一家饭店吃饭，回家后不久，这四人的双眼便出现失明症状。经医生检查，确诊为工业酒精中毒。找那家饭店理论，却因拿不出发票而无法向饭店提出索赔，结果落得个终身残疾。

在餐厅结账后索要发票有很多好处：其一，从《消费者权益保护法》来看，主动索要发票是对自身权益的积极保护，如果出现问题，可作为诉讼证据。而不索要发票，就等于放弃了法律赋予的权利。其二，从税收上说，消费者作为间接纳税人，不索要发票，销售或服务就无法在发票上得到体现，税务机关在核定商家实际销售额或营业额时，往往得不到真实的数据，直接造成国家税收的流失。其三，可作报销凭证（如果可以报销的话）。其四，可以刮开兑奖联，可能会有意外惊喜。饭店不向顾客提供发票，不仅是偷税漏税的问题，还有一个原因就是关乎到顾客的健康问题。顾客离开饭店后，一旦出现食物中毒现象或喝了饭店提供的假酒所引起的不良后果时，想让饭店承担责任是不可能的，因为你没有发票，无法证明你的病痛确实因饭店的酒菜所致。好似钱款当面点清，过后概不负责。

第十四章

应对涉外用餐要注意的礼节

社交场合不能不懂涉外用餐的基本常识与礼仪。涉外用餐知礼知节，不仅自己为自己赢得面子，而且为国家赢得荣誉。

涉外宴请形式及各国宴请座次

宴请是国际交往中最常见、最普通的交际活动之一。常见的涉外宴请形式有宴会、招待会、茶会和工作餐，具体采用哪一种形式，应根据邀请的对象、活动的目的及经费预算等因素来选择。一般而言，正式的、高规格的、人数少的宴请多采用宴会形式，人数多的多采用招待会的形式。

此外，在涉外宴请之前，我们必须先了解一下各国的宴请座次，这样才能有备无患，避免失礼于人的情况发生。

在一些国家和地区，人们进屋吃饭前得先脱鞋。这一般适用于摩洛哥、日本、韩国、土耳其、新加坡和阿拉伯国家，以及中国台湾。

在美国和中国，尊贵的客人一般是在主人的右侧。而在瑞典和丹麦，尊贵的客人一般是在主人的左边。

在瑞士，主人坐在桌子的一端，而贵客坐在另一端。

在日本，贵客的位置总是在壁龛的前面，而且客人先坐。由于这是尊贵的位置，客人应该首先坚持让主人坐在那里，尽管最后客人要顺从主人并礼貌地就座。此外，在国外不要自己找座位，要等主人示意你该坐在何处。

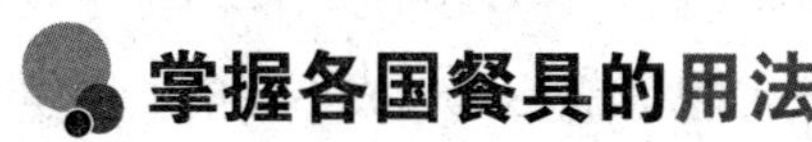

掌握各国餐具的用法

世界各国的餐具有着不同的形状，也有着不同的使用方法；掌握不同的使用方法对涉外交往有着重要的意义。大体说来有筷子的使用方法、用手吃饭的方法、大勺子和叉子的方法、欧美的刀叉使用方法等。

◊ 1.东亚和东南亚国家

日本和新加坡等东亚和东南亚国家普遍使用筷子。使用筷子吃饭，当你暂时不用的时候，就把它们放在筷子架上，或放在座位前的盘子边或平放在餐碟上，也可平放在饭碗上。但千万注意在这些国家不要将筷子竖着插在米饭里，这是敬祖宗上供祭祀时专用的方式，平时吃饭时这样放筷子会被认为没有教养。一般也不要用嘴舔筷子，或用筷子指着别人说话，显得不礼貌。

◊ 2.东南亚国家

在印度、印度尼西亚等大多数餐馆是不为客人提供刀叉的，客人要准备好用手吃饭，而且在印度国家，只能用右手吃东西。有时人们没有自己的碟子，在座的人都应从放在中央的盘子里取食。饭前和饭后都要洗手。有的食物用三个手指吃，有的食物又要用五个手指吃。如果你拿不准怎么吃，就照着主人的样子做，有时出于热情，主人会用手抓着食物放在你的盘子里。吃完的表示方法是把盘中食物吃干净并缩回手。如果你买单，要等洗完手后再去。

在许多国家，包括印度尼西亚、马来西亚、新加坡、泰国、菲律宾和伊朗，人们使用大勺子和叉子进餐。当然也可以用手或筷子吃饭。用左手持叉，右手握勺子。用叉子把食物推到勺子上，然后用勺子吃。吃完后将叉子和勺子放在盘子中间。一般叉子的齿尖朝下，放在勺子下面，和勺子呈交叉的形状。

◊ 3.欧洲和美洲

在欧洲和美洲的一些国家，就餐时使用的是持刀叉的方式，即右手握刀，左手持叉，用刀将食物推到叉子上来吃。在用这种方法进餐时，一般要等吃完后才放下刀叉。在美国、西班牙、瑞士和其他使用刀叉的国家，刀叉不用时应呈V字形摆放，吃完后将刀叉并排放在盘子里。但是，任何事情都不是一成不变的，所以要看主人怎样做，你可以模仿他的做法。在委内瑞拉，吃完后将刀叉放在盘子中间。不论用哪种方式，不要将餐刀一半放在盘子里，一半放在桌子上。在法国，餐桌上摆的面包一般应该撕着吃而不用刀切。

不同国家习惯不同的食物和饮料

如今生活条件好了，吃的东西也是五花八门。可供选择的食物多了，很多人便开始“挑肥拣瘦”，这个不好吃，那个不喜欢吃，好不容易碰上喜欢吃的，还在别人碗里。参加涉外宴请不比你在家里吃饭，想吃什么就吃什么，想怎么吃就怎么吃。参加涉外宴请时，你应该给什么吃什么，如果你不想吃某些食物，最好解释一下，比如你有糖尿病或过敏的问题等。没有正当的理由而拒绝别人准备的食物是不礼貌的，因拒绝食物就等于拒绝主人的盛情，以及拒绝主人所在的公司和国家。如果你认为不好吃又非吃不可，就一口将其吞下，别细嚼慢咽。

但是，在这种情况下，我们建议你要为不能品尝这种看上去不错的食物而深表遗憾，对它的外观、气味以及做这道菜所需的时间加以肯定，而对你可以吃的任何食物则大加赞赏。

注意不要编造古怪的病情，比如说唯独不能吃蜗牛。任何谎言都会破坏你想要建立的信任。

一般情况下，在涉外宴请中，拒绝饮料是无礼的，有时候还会使你饿肚子。

因为在不同的国家里，饮料的含义和礼仪不同。如法国人可能会在饭后上咖啡，因为他们认为这有助于消化，这是不能拒绝的，有时甚至连拒绝的手势都会被认为是不礼貌的。

在英国，“茶”既可以是一杯加牛奶的浓茶，也可以是一顿饭。黄昏茶一般是黄昏时吃的一顿非正式但很丰盛的饭，包括许多食物，如热菜、三明治、糕点和水果等。下午茶一般是下午吃的点心，包括茶、糕点、水果蛋糕和小三明治等。

在澳大利亚，根据地区不同，“茶”还可能是晚餐，而“饭”则指午餐。

在拉丁美洲，商务会谈中为你奉上的咖啡一定要喝，哪怕只抿一小口也行。不喝咖啡会被当作对他人的侮辱，特别是在那些以咖啡为主要收入来源的国家。

在中东，咖啡不只是饮料，它也是好客的象征。

在阿拉伯国家，一顿饭包括三部分：咖啡、食物、水果。品尝咖啡会被当做礼貌的行为。

小费问题，付还是不付呢

世界上的许多国家都有付小费的做法，有的国家称之为服务费。据说小费起源于18世纪的英国伦敦，当时酒店的饭桌中间摆着用英文写的牌子，意思是“保证得到迅速的服务”。

如果顾客往这个碗里放上一些零钱，服务生就得优先为他服务。随着时间的推移，这种做法的含义已经转变为是给服务人员的感谢和报酬。当然，如果你给了小费，还是会得到比不给小费好一些的服务的。我国没有付小费的传统，所以很多人对这种欧美国家都习以为常的做法感到不太习惯。

◊ 1.小费的数额

注意小费的数额要合适，付多了，既不必要，还可能让人觉得自己外行；付少了，又会让服务员看不起，甚至得不到好一些的服务。虽然世界各个国家和地区收取小费的比例略有差异，但大致比例是相同的，我们可以把这个比例定在用餐费用的10%～15%之间，但是并非在任何场合下都得给服务员小费。在餐厅用餐最后结账时，你应该仔细看一下上面所列的各项收费内容，主要看是否已经把小费计入了。如果已经包含在账单之中，就不必额外付小费。如果没有这项内容，就是没有计算小费，那你就应按比例，把小费直接交给服务员。在不同的国家里，可以根据情况适当调整一下。简单地说，在发展中国家，支付的小费可略低些；而在发达国家，可以适当高一些。

还有一点需要说明的是，在国外用餐时，不要以为都需要给小费。有些地方，如冰岛等国家视小费为一种侮辱。另外，在澳大利亚和新西兰，给小费的情况也不太普遍。所以，要注意了解当地的情况，入乡随俗。

◊ 2.付小费的方法

付小费尽管在许多国家是允许的，也司空见惯，但它毕竟是对服务表示感谢的一种方式。所以，无论你付了多少小费，都应该注意尊重服务人员。同时，在允许收取小费的国家和地区，服务人员的小费是其收入的一项重要来源，属于隐私，任何一个服务人员都不愿意让他的同事知道自己得到了多少小费。对你自己来说，不张扬你付小费的事也说明你自己的风度。所以，付小费应注意的最重要的一点就是要若无其事地交给服务生，而不要大声喊叫。

◊ 3.一些地区和国家收取小费的情况

（1）欧洲地区。

在奥地利，尽管各项费用中已经包括了服务费，但餐厅服务员和司机们还是希望能额外得到小费。

瑞士明文规定，司机可以要求得到数额为车费10%的小费。大餐馆中，虽然小费很受欢迎，但没有公开收取小费的情况。

意大利人虽然很乐意得到小费，但他们却都对此闭口不谈。在餐馆里，当服务员给客人送去账单时，客人会默默地将小费放入装账单的小盘子上，再在上面盖上餐巾或餐纸。

在法国，财政部在税收方面也把小费收入统计在内，规定餐馆等服务行业起码收取10%的小费。

另外，东欧有的国家政府不准收取小费，但这些国家里的服务员对小费是乐意接受的，如能给一些西方货币就更好了。

（2）美洲地区。

美国有些人简直靠收小费发财，总是来者不拒。

在墨西哥，100比索的小费可使一个普通工人的日收入至少提高1/7，收到这样的小费会使其感激不尽。在机场，旅客要付给搬运工100比索，好的还要多收150～200比索。

（3）北非及中东地区。

北非和中东地区几乎干什么都收小费：擦鞋匠、搬运工、导游、海关人员、签证官员，甚至警察也不例外。在埃及，许多人靠收小费来增加自己的收入。对一些为别人照看汽车的老人和孩子来说，小费就是他们的全部收入。如果游客不给他们小费，他们会追着索要。

（4）亚洲地区。

在泰国，客人在餐馆吃饭时如能给占餐费10%的小费则被认为是大方的。尽管大多数饭店都已把服务费包括在费用之内了，但是服务员一般都讲究小费，不管小费有多少，他们都高兴。小费多，服务质量就好。

在日本，一般情况下付小费不但没有必要，还会令人讨厌。无论门卫、服务员还是出租汽车司机，谁都不指望收小费。当游客把钱塞到他们手里时，许多人（尽管不是全部）会拒绝接受。但在饭店里，你应该给服侍你进餐的女招待员2000～3000日元，给小费的时间应是刚住进饭店之时。此外，也需要给行李员和陪同人员一定数目的小费。

新加坡则禁止付小费。客人付小费会被认为是客人认为服务不好。

参加涉外宴请的注意事项

举办涉外宴请时应该遵守国际惯例，有些时候会跟我国传统礼仪有一些差异。譬如国际礼仪常常是强调关心有度，换而言之，不得打探个人隐私问题。而我国传统礼仪则强调亲密无间。如果在国际交往中不注意这个细节差异，就常常在不自觉中得罪外国友人。按照我们的规范性说法，国际交往中不宜随便探讨对方、请教对方的问题有五种，我们称其为涉外交往五不问：第一不问收入问题，第二不问年纪大小，第三不问婚姻家庭，第四不问健康状态，第五不问个人经历。如此看来，举办涉外宴请不容易，参加涉外宴请也不简单。那么，我们参加涉外宴请到底有哪些注意事项呢？

第一，我们必须尊重有关国家的宗教、风俗习惯。

第二，参加活动前，不要吃葱、蒜、韭菜等有浓烈气味的食物。必要时可含上一点茶叶，以除口臭。此外，见面时，应握手问好。如节日宴请，要致节日祝贺。离开时，要握手告别并致谢，不要因告别的人多得排起了长队而不辞而别。此外，握手时不要戴手套，不要侧目而视；握手后，不要当对方的面擦手。

第三，应保持外貌整洁美观、服装端庄大方。参加正式宴会活动时，男士应穿西服或中山装，着西服时须系领带，夏季可穿硬领短袖衬衫系领带或质地较好的短袖敞领衫；女士应按季节与活动性质的不同，可穿西装、民族服装、中式上衣配长裙或长裤、旗袍或连衣裙等，夏季也可穿长、短袖衫配裙子（长裙或过膝裙）或长裤。参加正式外事活动，不能穿夹克衫、牛仔裤、超短裙、旅游鞋、布鞋、长筒靴。不要戴黑色眼镜参加外事活动。有眼疾需戴有色眼镜时，应向主人或客人说明，或在握手说话时将眼镜摘下，离别后再戴上。在室内的一切活动，均不能戴帽子。

第四，各单位安排人员参加涉外宴请活动时，应从对外工作需要出发，切勿为照顾内部关系而派无关人员参加；参加活动人员不得将司机、子女、朋友、同事、同学等未被邀请人员带入宴请活动场所；身体不好或者有病的人士不宜出席。

第五，参加自助餐招待会，应在正式开始后拿取食物。取食时要文明、谦让，不能争先恐后、抢吃抢喝，不要将汤水、渣沫溅到他人身上。每次拿取食物不要太多，如不够吃，可取第二次。而且进餐时要细嚼慢咽；喝汤时不要发出声音；饮酒量不得超过本人酒量的三分之一。可以敬酒，但不要劝酒，绝对禁止酗酒。

第六，在宴会过程中，对招待食品的数量和质量不要议论或流露不满；严禁随地吐痰、抛烟蒂及火柴梗、嗑烟灰、扔牙签；咳嗽、打哈欠、打喷嚏时，要用手帕把嘴捂住，剔牙时要注意捂嘴；不要当着他人的面擤鼻涕、掏鼻孔、搓泥垢、挖眼屎、修指甲、挖耳朵等。还要注意外事宴请活动场所能否吸烟，如未准备烟灰缸，表示不能吸烟。

第七，离开时，严禁带走食品、香烟等剩余物品。

总而言之，参加涉外宴请时，一定要注意自己的形象和仪态，因为此时你已不仅仅代表你个人，代表着你的单位，在某种程度上甚至代表着整个国家和民族，所以千万不可大意，失礼于人。

涉外宴请的订餐与点菜

以东道主的身份设宴款待外国人时，需要注意的问题主要有菜单的选定。宴请的酒菜根据活动形式和规格，在规定的预算标准以内安排。

选菜不以主人的爱好为准，主要考虑主宾的喜好与禁忌。

◊ 1.不宜宴请外国人的菜肴

不宜宴请外国人的菜肴主要有下列几类：

（1）触犯个人禁忌的菜肴。对此一定要在宴请外宾之前有所了解。

在宴请多名外宾时，对每个人的个人禁忌都要有所了解。

（2）触犯民族禁忌的菜肴。比如说，美国人不吃羊肉和大蒜，俄罗斯人不吃海参、海蜇、墨鱼、木耳，英国人不吃狗肉和动物的头、爪，法国人不吃无鳞鱼，德国人不吃核桃，日本人不吃皮蛋等。

（3）触犯宗教禁忌的菜肴。在所有的饮食禁忌之中，宗教方面的饮食禁忌最为严格，而且绝对不容许有丝毫违反。

◊ 2.适宜于宴请外国友人的菜肴

适宜于宴请外国友人的菜肴主要有下列几类：

（1）具有民族特色的菜肴。春卷、元宵、水饺、龙须面、扬州炒饭、清炒豆芽、鱼香肉丝、宫保鸡丁、麻婆豆腐、咕噜肉、酸辣汤等等。具备中华民族特色的菜肴，往往受外国友人的欢迎。

（2）具有本地风味的菜肴。在饮食方面讲究的是“南甜，北咸，东辣，西酸”。各地的菜肴，风味不同。上海的“小绍兴三黄鸡”，天津的“狗不理包子”，西安的“老孙家羊肉泡馍”，成都的“龙抄手”、“赖汤元”，开封的“灌汤包子”，西双版纳的“菠萝饭”，都在国内久负盛名。可用以款待外国友人。

（3）自己比较拿手的菜肴。餐馆有餐馆的“特色菜”，各家有各家的“看家菜”。主人还须细说其有关的掌故，并且郑重其事向客人们进行推荐。

（4）外宾本人喜欢的菜肴。在宴请外宾时，在有条件的时候，在以中国菜为主的同时，上一些对方所钟意的家乡菜。

如果宴会上个别人有特殊需要，也可以单独为其上菜。菜肴道数和份量都要适宜，中餐可六菜一汤，西餐可两菜一汤。不要简单地认为海味是名贵菜而泛用，其实不少外国人并不喜欢，特别是海参。在地方上，宜用有地方特色的食品招待，用本地产的名酒。

要知道，一般的西方人不怎么特别喜欢吃中餐，就像我们中国人吃西餐尝尝而已，坚持吃下去是不行的。

注意涉外宴请的原则

◊ 1.忠于祖国、忠于人民

（1）谦虚谨慎，不卑不亢。

在涉外宴请中，要坚决维护国家主权和民族尊严，不做有损国格、人格的事。应讲究文明、礼貌，注意服饰、仪容，严禁酗酒。

（2）严格执行保密原则。

据报道，一家中国公司准备从日本引进一条流水线。谈判之前，日本方面为了取得有利的谈判地位，想攫取有关的背景材料，便主动前往该公司进行“考察”。在公司里，日本反请中国公司负责人到高级宾馆“一醉方休”，结果公司经理在日方的万般“诚意”之下，喝了不少的酒，头脑发热，话匣子打开了，把该公司的外汇情况、产品销售情况都吐了出来，后来在洽谈签订合同时吃了大亏，给公司造成了重大损失。

在涉外宴请中，要回避政治、意识形态的分歧，注意保守国家秘密，严格执行保密法规。坚持内外有别，不泄露内部情况，一旦被外人知道，泄露了秘密，对我们国家的利益是极为不利的，这是涉外宴请的原则问题，必须引起我们高度重视。

◊ 2.尊重对方国家、民族的习惯、喜好与禁忌

大多数东方民族都普遍是讲礼貌、重规矩的，与人交往中的身体语言有些忌讳，如人与人间要保持一定的距离，过于亲密的举动不一定能得到人们的谅解。在数字方面，日本人认为不吉利数字是9和与4相关的偶数，韩国人认为4、13、

38、49和奇数是不吉利的。对于颜色，各民族都有自己的好恶，巴基斯坦忌白色、黑色。在用餐方面，印度、印度尼西亚及巴基斯坦人忌用左手吃饭；日本、韩国人忌将一双筷子插入碗中，忌用手直接拿食物，而要用牙签一片片取水果。

在西方礼节中，女士优先及为女士提供方便服务是极普遍的，如果你不注意，就会被视为不懂礼貌、没教养的人。在公共场所，对男士不谈收入，对女士不问年龄、体重，不能随地吐痰，不能当众挖耳、抠鼻，即使不得已要咳嗽，也要用手遮口。西方人忌讳数字13。

对颜色方面的忌讳：欧美人忌黑色；德国人忌红色、茶色；比利时人忌蓝色；拉丁美洲人忌紫黑色。对花卉的忌讳，各国一般忌讳纸花、塑胶花；英国人忌百合花；法国人忌黄色花；西班牙人忌菊花。

宴请外宾，应充分考虑到外宾的饮食特点，例如美国人喜欢清淡、鲜嫩、爽口、微辣、少酸，咸中带甜；而英国人口味是清淡，甜酸和微辣。要注意客人忌口的食物：如印度人则不吃牛肉等等；德国人忌食核桃，美国人忌食动物内脏，匈牙利人不吃形状奇异的食物，如海参和带壳的虾、蟹等。

请外国客人吃饭的话，不要问他爱吃点什么，喜欢吃什么，这个海鲜行不行。要问他不能吃什么。因为爱吃什么，有时候不好意思说，最重要的是不爱吃的东西不要点，民族禁忌、宗教禁忌尤其不可触犯。

一般的西方人，如白人，他们一般不吃以下几类食物：一是不吃动物内脏，如炒肝尖、溜腰花、卤煮等。二是不吃动物的头和脚。我国宴请客人都是全鸡全鱼，那头对着谁都有讲究的，这对外国人不行，那鱼眼睛瞪着，鸡嘴张着，恐怖主义，破坏食欲。三是不吃淡水鱼。他们比较喜欢吃海鱼，而且煎炸。他认为淡水鱼土腥味重、刺多。四是不喜欢吃无鳞无鳍的水产品，如蛇、鳝、白鳝、黄鳝、鳅、泥鳅、鲶等。五是不吃宠物，猫和狗绝对不吃，在他们来看，狗是人类的朋友。

◊ 3.强调节俭，强调务实

国际交往要强调节俭，要强调务实，要强调宴请的少而精，反对铺张浪费，没有必要每次必吃，大吃大喝。大吃大喝，不仅浪费金钱，而且浪费时间，没有必要。少而精，干净卫生，上档次就足够了。必要的时候，到职工食堂吃个工作套餐也可以。

掌握涉外祝酒方式和礼仪

◊ 1.祝酒的方式

有人说，祝酒起源于希腊与诸神分享美酒的仪式：一个人站着仰望天空，高声祈祷，手举酒杯并故意洒出一些酒。祝酒辞的内容因文化而异。如果你不知如何用东道国的语言恰当地祝酒，很可能会陷入困境。

一般来说按世界各地的礼节应由主人先祝酒。如果你请客，你先祝酒。有些地方包括丹麦和瑞典，祝酒有其非常正式的形式。在那里，你绝不可以先向主人或地位比你高的人祝酒。在主人致祝酒辞之前，也不可以喝酒。

荷兰的祝酒程序一般包括目光交流、举杯、说“proost（proost荷兰语意为：干杯）”并饮一口酒，再进行目光交流、举杯，然后放下酒杯。

◊ 2.不同国家的酒代表不同文化

在中国，请你喝茅台是对你极为重视与尊重的表现，茅台一般用于宴会敬酒，是为贵宾准备的。在日本，交换盛米酒的酒杯，象征着建立社交关系。拒绝一杯米酒，就像拒绝一次握手。如果你不喝酒，可让酒杯满着，但也要完成动作。在某些国家，喝含酒精的饮料，是违反宗教规定的。

在欧洲的正式商务宴请中，会上大量的酒，如开胃酒、白葡萄酒、红葡萄酒和白兰地等。如果你担心自己的酒量，就时常假装抿上一口。

在法国，饭前常饮开胃酒，如果问你要不要，应该说要。喝混合酒在欧洲不受欢迎，通常饮酒时不加冰，但美国人的饮酒习惯是加冰块。德国人爱喝黑啤酒和德国产的白葡萄酒。

在世界上许多地方，不要拒绝葡萄酒。如果不喜欢，可把酒留在杯子里。注意饮葡萄酒要抿酒，一般不可吞饮。白葡萄酒不需要“闻”。红葡萄酒只有十年以上的才需要“闻”。

饮用含酒精的饮料是社交消遣的一部分，了解饮酒的礼节是有礼貌的表现。当然，饮酒过量，失去自控会损害你与他人的商务关系，例如你可能会当时同意某件事，但到了第二天早上又后悔了。

◊ 3.在不同的文化中，饮酒的作用也不同

挪威人首先建立了“指定驾车者”的概念，饮酒前指定一位开车人，不许他饮酒，由他把朋友送回家。在日本，人们可能借着酒劲说一些清醒时不敢说不能说的话，到了第二天，人们又恢复了常态，醉酒可以为所有的事开脱，形成消除个人和职业紧张情绪的一种方式。

◊ 4.了解外国人的饮酒习俗和祝酒讲究

在宾主双方致辞祝酒时，应停止饮酒和交谈。奏国歌时更不能饮酒。需要同外宾干杯时，应按礼宾顺序由主人与主宾首先干杯。与人敬酒或干杯时，应起立举杯，并目视对方。在场的人较多时，可同时举杯示意，不必一一碰杯。在干杯时，可说一两句简短友好的祝酒辞。但不要太长了，让对方干等。干杯不要在人群中乱挤，也要避免与其他人交叉碰杯，此乃大忌。

如设家宴款待外宾，要注意酒具的清洁，不要使用破旧不洁的酒杯。西方人士一般饮用的是低度酒，他们往往对我国的烈性酒缺乏感性认识，因此要以适当方式提醒对方不要饮酒过量，不宜为其连连斟酒。饮不同的酒，要用不同的酒杯。

有些国家饮酒习惯与我国完全不同，接待外宾之前，应有所了解。例如日本人讲究开杯畅饮，对于酒后不检点的言行是不以为怪的。他们敬酒时不碰杯，而是敬酒者跪在被敬酒者面前，手提酒瓶，不停地给对方斟酒。

有的国家讲究拿酒杯应以整个手掌握住，而拿高脚杯，则应以手指捏住杯腿。喝啤酒不碰杯，但可互祝健康。

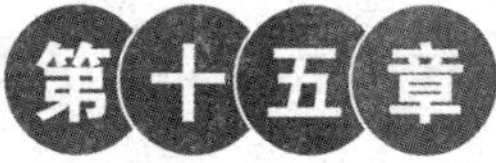

第十五章

成功的商务用餐是如何办到的

成功的商务餐不仅彰显个人魅力，更重要的是赢得生意的成功。如果不懂得商务餐的礼仪，只能是自损形象，浪费公司钱财。

商务“概念饭”要巧吃

商务宴请虽然吃的是“概念饭”，但是用餐的地点和场合的选择是非常重要的，口味、环境、位置等都是应考虑的要素。宴请时间可根据主办方的实际需要而定，但也应该根据客人的活动妥善安排，同时还应考虑参加人员的风俗习惯。总之，订餐标准的高低，直接影响宴会质量的优劣。

◇ 1.宴请重要客户要讲究档次

重要客户是公司利润的主要来源，更是公司稳定发展的基本保障。对于重要客户来说，东西好不好吃不那么重要，重要的是吃东西的环境和档次一定要高，要讲究排场。因为讲究排场才能说明对客户有足够的诚意和尊重。邀请重要客户吃饭，首选“大腕”餐厅或四星级以上的饭店。一般来说，海鲜类餐厅、日本料理、法式大餐等常是首选。在国内，这些字眼儿几乎代表了餐厅的高档和菜品的考究。上述饭店通常环境高雅，装修豪华气派、富丽堂皇。而且，这些地方还有舒适的单间、雅座，保证你与客户的沟通不会受到外界的干扰。

◇ 2.对待未来客户要讲究舒适

如果是对待未来客户，那么一定要讲究舒适。未来客户是生意场上的潜在客户，他们可能今天还不是你的财富来源，但是明天就可能让你赚到钱。对于潜在客户来说，接触、交往和交流显得更为重要。比如通过商务宴请，让双方放下戒备，敞开心扉。所以，定期宴请未来客户不失为一个好选择。

对于未来客户，尤其是不了解他对你将会有多大价值时，你可能不大愿意为宴请而抛重金，像对待重要客户那样讲究档次和排场。但是，在宴请的安排上也要真诚相待，档次不能过低，或者为了节约而选择环境差、卫生标准低、交通不

便的场所。所选餐厅的位置最好有利于客户出行，不太好找的地点最好就不要去了。对于菜品，可以不太贵，但应力求做到新鲜和独特，比如尝试一下新开的风味餐馆，品尝新推出的菜品，都是经济实惠的选择。

◊ 3.对待老客户要讲究情绪的渲染

一般来讲，跟“朋友”客户吃饭没有那么多的讲究，选择中档餐厅就可以了，但务必要口味地道、环境卫生。同时，毕竟是生意上的合作伙伴，所以，在宴请上仍然要让对方感受到你的诚意。如果双方关系足够亲密，不妨邀请他到自己家中吃“家宴”，经济实惠，环境也肯定比餐厅要自由放松得多。对于双方来说，“家宴”更能加深了解和友谊，是简单却绝好的选择。

◊ 4.邀请客户共进商务餐的注意事项

（1）邀请：尽量不要邀请你的爱人，因为他（她）不是所有人都认识，你会整晚都处在他们之间。如果你跟你的爱人并非从事同一个职业，还是不要带他（她）去了。

（2）迎客：如果你先到，那就应该让客户有宾至如归之感。进入酒店要以目光和手势示意客户，请他走在前面，同时可以配合语言提示：“×经理，您先请！”

（3）点菜：客人一般不了解当地酒店的特色，往往不点菜，那么，你可以请服务生介绍本店特色，但切不可耽搁时间太久，过分讲究点菜反而让客户觉得你做事拖泥带水。点菜后，可以请示“我点了菜，不知道是否合您的口味”，“要不要再来点其他的什么”等等。如果事前能与酒店打电话联络，提前拟定菜单，那就更周到了。

（4）结账：不要让客户知道用餐的费用，否则也是失礼的。因为无论贵贱，都是主人的心意。

商务宴请准备工作要做好

举办一个成功的商务宴请，从邀请卡的设计、寄出邀请函到场地的选择、座次的安排、敬酒的习惯等大小事项，都必须经过仔细的检查与安排。一次宴请成功与否，能否达到主人所预期的目的与宴请前的准备密切相关。在商务宴请中，一切细节、礼仪都可能会影响宴会的气氛、公司的发展，甚至影响公司和主人的形象。所以在宴请的准备工作中，必须处处注意。

◊ 1.举行商务宴请的名义和目的

商务宴请的名义和目的有很多，有以公司部门等单位的名义，也有以经理等个人的名义，有的邀请宴会为解决某个或某些问题而举行，也有的是为了保持关系、联络感情、沟通信息、结识朋友等无直接实质内容和目的，例如为求得别人的帮助或恩惠，为表现公司的友善、希望与客户合作愉快，为招待及感谢客户的支持，为感谢、回报别人对自己的款待，为回报别人的帮助，为了结识新的客户，为了利用商业邀宴的机会去认识、分析别人，为了庆祝某些事，如公司周年庆典、扩大组织形象等。

◊ 2.调查对方饮食偏好，设计整个宴请的过程

商务宴请既然有明确的目的，就必须仔细筹划。筹划宴请需要考虑的因素很多，如宴请的名义、宴请的对象、对方的饮食爱好、宴请的时间、宴请的场所、经费概算、宴请的档次等。如果对方对辛辣食物过敏，你最好就不要请对方到川菜馆或湘菜馆吃饭。

◊ 3.列出名单

宴请之前，应按照宴请名义和所要达到的目的，认真列出被邀请者的名单。

谁是主宾，谁是次主宾，谁来陪客，都要一一列清。该请的请，不该请的不请，不得遗漏。一般不宜把毫不相干的两批客人合在一起宴请，更要注意一般不把合不来的客人请到一桌吃饭，以免出现不愉快的尴尬场面。列名单时，还要考虑有些贵宾可能有司机和秘书，要妥善安排。否则，大事可能坏在细小环节上。

◊ 4.确定时间

宴请时间的确定，有的可按主人需要安排，如企业开张、友人聚会等；有的随客人因素决定，如接风送行等；有的考虑主客的共同方便时间，如商业聚会等。宴请时间的确定，要以适应多数宾客能来参加宴会为准则，尤其要考虑主要宾客最合适的时间。由于世界经济一体化和中国加入WTO，对外贸易蓬勃发展，许多公司需与外商接触，而邀请外国人更要了解他们的饮食习惯与禁忌。如法国人下午3～5点是下午茶时间，而晚餐多从晚上8点开始，因此在预订餐馆及安排宴会的时候要多留心。

◊ 5.选好场所

选择宴请场所，是十分重要的事情。一般来说，环境优雅，接待服务周到，物超所值，交通方便，停车方便，是宴请中首先要考虑的一些条件，如许多宴请选在传统名店或星级饭店，甚至专选四星级、五星级饭店中进行，表示主人对客人的敬重；有的宴请安排在主人家里，以显示主人的热情和主客之间亲密无间的情谊；有的在清真饭店中摆席，以尊重少数民族客人的民族习惯，如此等等，无一不是主人对宴会的精心安排，充分表现出主人的诚意和对客人的敬意。

商务宴请吃是“概念饭”，吃什么东西本身已经不是很重要了，但是吃的方式、怎么吃这顿饭，被赋予了非常多的内涵。就像我国某位副总理出访德国，施罗德请他在国家图书馆就餐，乐队藏身于众多的书架之后，眼前烧着暖暖的炉火，晚宴就在这样的特殊气氛中进行，这是多么独特而有纪念意义的一顿晚宴啊。有一次，中国的一个政府考察团前去参观美国的一个大企业，他们为中国客人设计的商务餐是在自己的工厂的车间里烤全牛，真是别出心裁。

商务餐你得提前订好菜谱

宴请时菜谱的确定，要根据宴请的规格和客人的爱好“看钱下菜”和“看客下菜”。看钱下菜就是要根据经济条件、支付能力和宴请档次决定上什么档次的菜做主菜，上几个主菜；看客下菜就是要根据客人的年龄、籍贯、民族、出生地、个人爱好决定在同类菜、同档次菜中上什么菜。

总的原则是，应考虑客人的身份以及宴请的目的，做到丰俭得当。如果人少，最好菜少而精，如果人多，最好菜精而全。整桌菜谱应有主有次、主次分明，有荤有素，荤素搭配，有冷有热、冷热搭配。主菜如鲍鱼、燕窝、鱼翅、甲鱼、海参、鱼肚、鳜鱼等山珍海味，以显示宴会的规格，还要有一般素菜以调剂客人的口味（如青菜、豆腐等）。具体菜肴的确定，还应以适合多数客人口味为前提，尤其要特别照顾主宾的饮食习惯。

除了菜肴外，还要考虑上什么酒水饮料，上白酒、色酒，还是啤酒、米酒，白酒上什么档次、什么种类的白酒，是上茅台、五粮液，还是当地名酒，或是上蓝带、白兰地等洋酒；色酒是上干白葡萄酒还是干红葡萄酒，还是其他什么酒，上什么品牌的酒；啤酒上什么啤酒，熟啤酒还是生啤酒，上什么品牌的啤酒。除了这些外，一般还要准备好香烟、瓜子、糖果之类，同时备好烟灰缸、火柴或打火机等。

如何写商务宴请邀请函

约请谁去参加宴会是很重要的，最好不要出现不相干的人，或者说没有什么帮衬作用的人。约请要考虑双方级别和人数的平衡。

为了使对方及早做出准备，商务宴请要提前邀请客人。一般均发请柬，亦有手写短笺或电话邀请。不论以何种形式发出，均应真心实意、热情真挚。

请柬内容包括活动时间及地点、形式、主人姓名。行文不用标点符号，其中人名、单位名、节日和活动名称都应采用全称。中文请柬行文中不提被邀请人姓名（其姓名写在请柬信封上），主人姓名放在落款处。请柬格式与行文方面，中外文本的差异较大，注意不能生硬照译。请柬可以印刷也可手写，手写字迹要美观、清晰。

请柬信封上被邀请人的姓名、职务要书写准确。国际上习惯对夫妇两人发一张请柬，如遇需凭请柬入场的场合则每人一张。正式宴会，最好能在发请柬之前排好席次，并在信封下角注上席次号。请柬发出后，应及时落实出席情况，准确记载，以便调整席位。

请柬一般提前一周至两周发出。已经口头约妥的活动，仍应补送请柬，在请柬右上方或下方注上“备忘”字样。需安排座位的宴请活动，应要求被邀者答复能否出席。请柬上一般注上“请答复”字样，并注明联系电话。

在临近宴请的日子里，一定要打电话确认一下对方是否能出席，这样好安排席位，准备礼品。如果有多数人不能到达，或主要宾客不能出席，最好与饭店商议退席，或改期。

接到请柬的人不一定非接受邀请不可，你可以根据自已的情况决定参加与

否。请注意请柬左下角那几个字，如果你接到的是这样的请柬，就一定要尽早通知主人能否参加。因为这说明主人是根据人数订座位订菜的。也可以挂个电话答复对方。如果已经说去了，结果临时又不能去，就赶快打个电话给对方，说明原因，对方是会谅解的。最忌讳不声不响地不见人影，让别人空等一场，事后仍毫无音讯。

商务宴会迎接宾客注意的问题

当宾客相继来到后，宴会要及时开席。在整个宴会进行过程中，主人要十分热情地招待客人，以保持宴会的热烈气氛。在宴会进行过程中，应注意有关礼仪。

主人要比客人早些到达，站在餐厅门口来迎接客人。如果怕客人找不到餐厅位置，可以派秘书或其他人到饭店门口等候客人。按照习惯，在饭店请客，客人最好准时到达或提前3～5分钟。

如果客人是分几批到的，先来的客人可以在休息厅边聊天边等候，主人也用这个机会介绍来宾相识。如果有的客人已经过了15分钟还没到，主人就应该请来宾入席，因为等候时间过久，会使早到的人误解主人宁可牺牲他们的时间，而厚待迟到者。

如果别人都入席了，有人才姗姗来迟，那他应该马上走到女主人或主人身边道歉，而主人也不要责备或询问他的迟到原因，而应当说一些客气话，比如“路上车不好走吧。”迟到者应向其他人点头致意，已入席的人不必站起来。

对每一个来宾，主人都得分别依次招呼，不可疏忽。在客人大部分到齐时，主人就要回到会场中来（但仍要留一两个招待在门前）分头跟客人招呼、应酬。这时候，场内也要有几个主方的人负责跟众多宾客周旋，做介绍、招待、照顾等工作。

主人对各宾客的态度，必须热诚恳切，一视同仁，切勿以貌取人。如见到穿着朴素之人便置之不理，冷若冰霜；见到穿着讲究之人才笑脸相迎。且不去讨论这种情形虚伪与否，因此而会失去多少生意，造成多大损失！一旦发觉有些来宾孤单无伴，就要找朋友为他们介绍认识，以免使来客冷落。

商务宴会宾客的座次安排很重要

在宴请中，座位是一个不可忽视的问题。所谓按位就座，指的是按宴会所请客人的身份和地位，长幼有序地分别按主人预先的安排，准确地落座。

如果有男女主人一同参加的宴会，应该先由男主人陪同女主宾先进入餐厅，其他客人跟进，女主人则在最后陪男主宾入席。而我们更常见的做法是，男主人陪着主宾、其他客人跟着入席，女主人走在最后，如没有女主人则由主方的第二陪客或其他人走在最后，反正不能把客人丢在后面。如果客人有坐错座位的，一般应“将错就错”，或很巧妙地加以换座，以不损伤客人的自尊心为宜。

一般客人到达赴宴场所时，不要急于找座位坐下。如果事先安排了座位卡，来宾就可以顺利就座。如果没事先定好，就要等候主人安排，不必推来让去。如其他客人已相继坐下，而一时无人给自己引座时，可选择较下位先行坐下，待主人发现时，再正式引你入座。男宾要为自己右边的女宾拉开椅子，请她们坐下，而他们自己要等到女主人入席后才能就座。大型宴会一般都分主宾席和一般宾客席，被请者应考虑个人的身份，分别在主宾席或一般宾客席入座。一般地说，正对门的位置是买单的主人位置，右手是贵宾，对面最好是坐主人的助手（副主陪），以方便催菜，办些跑腿买单等具体事情。如果双方来的人数差不多，最好互相间隔着坐，便于交流。不要自己人坐一起，对方坐一边，这样不利于交流，容

易冷落客人，造成一种像谈判阵势的紧张气氛。

◊ 1.中餐位次排列

（1）桌次的安排。宴会通常是8～12人为一桌，人数多时则平均分为几桌。桌次有主次之分，主桌的确定应以“面门为上，以远为大，居中为尊，以右为尊”为原则，其他桌次按照离主桌远近，近为主、远为次，右为主、左为次的原则安排。

（2）座次的安排。宴会的席次是指在同一桌上，座位有主次之分，各桌的主位可与主桌的主位相同，也可以方向相对。一般情况下，对着门口的座位为主位，离门口最近的为次位，其他位次以离主位的远近而定主次，右主左次；也可以穿插安排，即主人的对面安排第二主人，其余的座位分别以离主人和第二主人远近而定主次，右主左次。按照我国习惯，公务宴会一般以职务高低安排座次。如果夫人出席，通常把女方排在一起，即主宾坐在男主人右上方，其夫人坐在女主人右上方。

◊ 2.西餐位次排列

西式宴会采用长桌，桌子的设置方法可以根据用餐人数的多少和场地大小而定。餐桌的排列次序同中餐餐桌的排列原则是一样的，主桌为首位。西餐席的位次排列是右高左低。与中餐宴会不同的是，西餐宴会一般都是男女宾客穿插入座。

如何点好商务餐是生意成功的关键

◊ 1.点菜要领

一般商务宴请都预先订好菜谱，但有时也要现场点菜。点菜时，不仅要保证吃饱、吃好，而且必须量力而行。如果为了讲排场、装门面，而在点菜时大点、特点，甚至乱点一通，不仅对自己没好处，而且还会招人笑话。这时，一定要心中有数，力求做到不超支，不乱花，不铺张浪费。可以点套餐或包桌。这样费用固定，菜肴的档次和数量相对固定，省事。也可以根据“个人预算”，在用餐时现场临时点菜。这样自由度较大，可以兼顾个人的财力和口味。

人少，菜最好少而精；人多，菜最好精而全——这是点菜原则。吃饭人多难免众口难调，常规做法是凉热荤素、鸡鸭鱼肉搭配起来。最好是客人到之前先有一个安排，再重点征求一下意见。这里面还有许多细节值得注意，譬如宴请中有漂亮的小姐，那么就要少点一些飞禽或鸡鸭，因为这些东西骨头多，让她们在这种场合下啃骨头难免不大好看。

被请者在点菜时，可告诉做东者，自己没有特殊要求，请对方随便点，这实际上正是对方欢迎的做法。或者是认真点上一个不太贵的而又不是大家忌口的菜，再请其他人点。别人点的菜，无论如何都不要挑三拣四。

在隆重而正式的宴会上，主人选定的菜单也可以在精心书写后，每人一份，让用餐者不但餐前心中有数，而且餐后也可以留作纪念。

◊ 2.按时开席

客人落座后，主人要按时开席，不能因个别客人误时而影响整个宴会的进行。如果是主要客人或是主宾，到开席时尚未到达，可以暂时不开席，同时尽快联系，在弄清楚原因后，根据情况决定，并向其他客人表示歉意。一般情况下，宴会开席延误10～15分钟是允许的，万不得已时最多不能超过30分钟，否则将冲淡宾客的兴致，影响宴会的气氛。

入席后，先给每位斟好酒，看到主人拿起餐巾，你就跟着拿起餐巾，打开铺在大腿上准备进餐。主人端起酒杯，或拿起餐具，客人才可端起酒杯，或拿起餐具，开始就餐。

在大型宴请活动中，如果你不在主桌，或者没有主办方人同桌，应该等到大部分人都已经到达才开始用餐。如果餐桌上只有一两个人，就开始吃显得很不礼貌。

◊ 3.祝酒碰杯

当每个人的酒杯都斟满了之后，主人可即兴说几句祝酒辞（可以事先准备好，注意不宜长篇大论），比如："诸位来宾，天长公司的先生们为了我们的合作项目，不辞辛苦，远道而来，在此我代表我们公司聊备薄酒，为大家接风洗尘，祝我们的合作愉快长久！干杯！"在主人致辞之后，主宾也要简单地说几句感谢的话，致答谢辞，有一位客人在欢迎他的宴会上是这样致辞的："今天我们拉开了与贵公司合作的序幕，承蒙东道主的盛情款待，我代表我的同事们深深地感谢，今天我借花献佛，为我们的合作，干杯！"

双方致祝酒辞后，全体人员站起碰杯，碰的时候要轻，然后把酒喝掉，不会喝酒的人也要应付一下，不能碰完了不喝。祝酒时不要交叉碰杯。

在主人和主宾致辞、祝酒时，其他人应暂停进餐，停止交谈并注意倾听。碰杯时，目光要正对对方以表诚意。

商务饭局正式进餐的礼仪

◊ 1.斟酒上菜

如果是到外面餐馆饭店去请客，就不必考虑这个问题，自有受过专门训练的服务员来安排。如果是在本单位餐厅宴请，服务工作就要特别注意。首先服务员的衣着头发要整洁，千万不要穿条脏兮兮的围裙就上场；其次，服务员应该懂得斟酒上菜的一般礼节。

（1）斟酒。

应该从第一主宾开始，逆时针方向绕餐桌依次斟。给客人斟酒时，应右手持酒瓶，商标要让客人看清，酒一律从每位客人的右边直接往杯子里倒，瓶口不能搭在杯口上，倒八分满最好。要注意倒酒速度，瓶内酒越少，流出的速度就越快，倒时要掌握好酒瓶的倾斜度、不要让酒冲出酒杯。待杯中酒八成满时，要抬起瓶口，旋转一下，使最后一滴酒分布在瓶口上而不滴在桌上。倒啤酒的速度要慢，避免大量泡沫溢出来。

（2）上菜。

冷菜可以在客人没上桌前先摆好。吃中餐时一般是服务员或女主人从餐桌下首上菜，如果是可旋转餐桌，上完菜后一般要将新上菜肴旋转到主宾面前停下，请主宾先用。对有些分食的菜可以边旋转餐桌边征求客人是否需要分食的意见，如需分食一般旋转一圈或两圈给每一位就餐者展示后，就可撤下，在一边分装到碗或盘子里，再一一呈上。如果是西餐，则先给主宾上菜，要是主宾当中有女士，应该给女主宾先上。随后是按着逆时针方向、沿着台子上菜，最后上到男主人和女主人。通常在小型的六七个人的餐桌上，等到每一个人都有了，客人才可开始动餐具。但是碰到用餐人数相当多，或者有些菜需要趁热吃时，主人会催促大家先吃起来。

◊ 2.举止文明

用餐的时候要坐端正，椅子离餐桌不要太近，也不要太远，这样身子就不可能全部靠在椅子上了。双脚要平稳踏地，不跷二郎腿，也不要抖动，坐得端正可以更好地体现自己良好的形象。吃饭的时候，双手的手腕部分或肘部可轻轻地按在餐桌的边缘。

夹菜时要待主人、主客、长者先夹后，菜肴转到自己面前时自己再夹。吃菜、吃饭时，要细嚼慢咽，喝汤时不要发出“咕咕”或“叭叭”的声音。

敬酒时，一般情况下，敬多了是很失礼的，但是重要的客人敬多了也是可以的，注意别人敬酒时一般不要乱掺和。如果你是副手，在敬酒时要讲究技巧，在主人敬完酒后，可以自己敬酒，也可以委婉地代表在场或不在场的领导敬酒，如“我代老板敬您一杯！”在兼顾双方位置的同时体现出微妙的差别。

饮酒要留有余地，特别是烈性酒，不要逞强好胜，喝得酩酊大醉，甚至口出秽语。一般公务活动宴会上要求掌握在自己酒量的三分之一即可。

不善饮酒者，主人敬酒时，可婉言谢绝，或用淡酒、饮料象征性表示一下。祝酒要有艺术性。祝酒时要说些简短凝炼、幽默而有丰富内涵的祝酒辞。千万不要粗鲁劝酒，更不要硬逼酒、灌酒。

餐桌上要避免一些不良的个人习惯，例如不停地敲餐具，这种习惯可能是由于心理紧张造成的。在用中餐时，拿着筷子在菜中扒找挑菜，盯着某个菜猛吃不放，光顾自己埋头吃饭，或者举着筷子找寻自己偏爱的食物，都是不雅的举止。

在进餐的时候，可能会发出一些突如其来的响声，比如打喷嚏、打饱嗝、咳嗽等声音，如果打喷嚏，尽量离人远一点，用手绢、餐巾捂住鼻子，可以转过头来避免溅到他人。如果打喷嚏声音连续不断，就要到洗手间去。如果友人打饱嗝，你可装作没听见，继续谈话，或者找一些有趣的话题避开大家的注意力。打饱嗝的声音太大，可以喝口水压一压，或者找个借口离开餐桌一会儿，起身的时候说声对不起。

◊ 3.结束宴会

中餐的菜肴比较丰盛，最后往往上一盆汤，然后上水果，表示菜已上完。当主人看到来宾都已吃好后，他就会把餐巾从腿上拿起来，稍加折叠，放在桌上，这表示宴会已经结束，其他人也应该马上放下餐具，放好餐巾，待主人站起后，再离开餐桌。

如餐厅外有休息厅，主客双方还可在此休息一会儿，喝杯茶，然后客人向主人告辞并道谢，一般男宾先向男主人告别，女宾先向女主人告别，然后交换，再与主方其他成员告别。一般送客送到签到口，如果客人对此地不熟悉，就应把他们送到饭店大门口，甚至用车送客人回去。

在宴会结束时，应热情与主人话别，感谢主人的热情款待，也要与其他认识的客人道别。如果主人有一般礼物馈赠，可在稍做谦让后将礼物收下，并感谢主人的好意。回去后打电话或下次打电话时一般要再次表示感谢，有时可以在用餐后寄封感谢信。

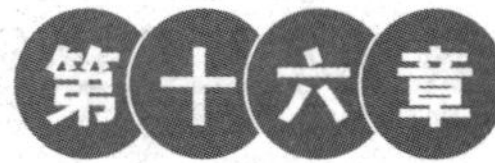

第十六章

教你学会吃西餐，将来大有用处

随着国际间的交际频繁，学会吃西餐就显得越来越重要。懂得吃西餐不仅能够体现你的品位，更能助你成就伟大的事业。

西餐基本礼仪必须要懂

吃的礼节，不同的国家或文化常存在着许多差异，你认为礼貌的举动，如代客夹菜、劝酒，欧洲人只能感到很不文雅或反感，尽管西方各国间有着诸多不同，但还是有许多礼节是通用的，有一种说法，即不懂得吃西餐的礼仪，就不算是正宗的现代人。虽然说法略显夸张，但随着社会的发展，中西交流的日益频繁，我们接触西餐的机会越来越多。为了能使你在初尝西餐时表现得举止娴熟，那么你应该了解一些有关西餐的基本礼仪。

◊ 1.应邀礼仪

因为主办者必须事先决定席位以及做好料理安排等准备工作，所以被邀请者应尽快向对方答复出席意愿。这样可使主办单位的准备[illegible]加顺利。

答复的方式可以是口头（电话）的，也可以是书面的。如应邀，可以在表示感谢之后说："期待着8月8日前去参加宴会"，"我很高兴前去"等。如不能应邀，可说"由于事先已另有约会，很抱歉不能参加，对失去这一机会表示十分惋惜"之类的话。如已答复应邀，之后又因有其他更重要的事，而导致你无法前往参加，则更应真诚地向主人致歉并很好地加以解释，使主人相信你确实是不得已而加以谅解。

当你应邀参加好友的家宴时，可以带一束表示友谊的鲜花，或者带点小礼品，送给女主人，主人会感到十分高兴。但不带鲜花也没有关系。大型庆祝招待会，也可以在当天送花，应视双方关系及历来做法而定，没有具体的限制。

◊ 2.着装要求

针对不同的宴会形态、规模以及举办时间，选择穿着出席的服装也应有所不同。若是邀请函已经指定的话，就依照指定穿着。但一般来说，在正式的晚宴里，男性大多穿无尾晚礼服，女性多穿晚礼服或小礼服出席。要是宴会没那么正式的话，男性可以身着深色西装出席，女性则穿着优雅的连衣裙或套装出席即可。此外，女性需注意的是，由于这是用餐场合，所以请以简洁的发型和妆容为主，香水也请酌量使用，不宜使用过浓的香水，以免香水味盖过菜肴味道。此外，女士出席隆重晚宴时最好不要戴帽子及穿高筒靴。

◊ 3.签到须知

一般来说，所有的宴会都是于开始前30分钟开始受理签到。不过届时签到柜台一定会挤满签到的来宾，因此建议在宴会开始前15分钟左右抵达较好。一旦知道会比预定时间晚到时，请事先告知主办者。办完签到手续之后，若是付会费制的宴会应当场付款，若是礼金也应在此时交给签到人员。

◊ 4.休息室等候

若主人提前备有休息室时，你可以在宴会开始前在休息室里等候。只不过休息室通常不一定能容纳所有人，所以应以主宾和长辈为优先。如果休息室人员已满，你可以选择在休息室外不干扰到他人的地方等候。

当你进入休息室时，应由里面的位置开始坐起，并静静地等待宴会开始。若是参与祝福性质的宴会，并在休息室里碰到主办者的家人或亲戚朋友时，要说些祝福的话语和他们寒暄。

◊ 5.离席礼仪

除了结婚喜宴和正式宴会之外，通常普通的宴会并不会清楚标明结束时间。例如参加鸡尾酒宴会，并没有规定何时离开会比较好。如果没什么重要的事，最好等主宾离场后你再离场。

在离席时机的选择上，以“中场”为标准。中场为散会的间接说法，当司仪宣布“宴会已经进行到中场了”，这即是在示意该陆陆续续离席了，将此作为离席的时机较为适宜。

离席时，客人要等女主人从座位上站起后，一起随着离席。在此之前不应提前离席。离席时，男宾应帮助女宾把椅子放归原处，餐巾可放在桌上不必原样折

好。宴会结束后，可视情况与主人和其他来宾再聚谈一会儿，然后看时机告辞。离席时不要忘记向主办者打声招呼，感谢主人的热情款待。

需要注意的是，如果你是主宾，那么应先于其他客人向主人告辞。一般来说，主宾应在用完点心之后，移到客厅，再过20～40分钟后告辞。一般客人则不要先于主宾告辞，否则对主人和主宾均不礼貌。如有重要的事情需要提前离开，则应向他们说清楚，求得谅解。

鸡尾酒会上的细节礼仪

鸡尾酒会原本是西方国家比较传统的一个社交节目。近年来鸡尾酒会在国际交往中日渐普遍，许多大型活动前后往往都会举办鸡尾酒会。鸡尾酒会的形式活泼、简便，便于人们交谈。招待品以酒水为主，略备小点心、小面包、小香肠等等，置于小桌或茶几上，或由服务员拿着托盘，把饮料和点心端给客人。不设坐椅，客人可随意走动。举办的时间一般是下午5点到晚上7点。

假如你即将要参加鸡尾酒会，就一定要注意以下一些礼仪细节：

（1）参加鸡尾酒会前一般要认真修饰一番。例如男士要穿西服或小礼服，女士要化妆、穿正装等。

（2）要彬彬有礼、举止优雅。男士要尽力体现对女士的尊重，比如为女士拉椅子、脱大衣、拿酒水等。

（3）鸡尾酒会是端着盘子站着进餐的。有时，服务员拿一个托盘走到你附近，你可以选择取用喝或吃的东西；有时，你也可以自己去吧台拿取你想要的酒。

（4）有的食品是用牙签穿起来的，有的没有牙签，需用手拿，因此你一定要拿一张纸巾去取用。

（5）鸡尾酒会上要小声说话，小口啜饮酒水，小量进食，如果你不小心表露出饥饿难忍的馋相，就会被认为有失礼仪。

（6）保持手的干净。在鸡尾酒会上，你总会遇到一些人，需要不时地和别人握手。如果你伸出的手沾着蛋黄酱，握手时就可能沾到对方手上，别人会不高兴的。所以你最好手中拿着一张餐巾，以便随时擦手。建议你在鸡尾酒会上用左手拿杯子，伸出你干净的右手去和别人握手。另外，食后不要忘了用纸巾擦嘴、擦手。当服务员经过的时候，将用完的纸巾给服务员就可以，或丢进垃圾箱，千万不要扔在地上。

相信了解了上述鸡尾酒会上需要注意的礼仪细节之后，你一定可以很快适应鸡尾酒会上的气氛，更好地实现你赴宴的目的。

西餐的摆台及座次安排

了解西餐文化，首先要了解西餐的摆台和座次安排，这样便于你进一步了解西餐的整个流程。下面为你简单介绍一下西餐的摆台和座次安排，希望对你可以有所帮助。

◊ 1.西餐的摆台

在西方国家，由于西餐类的宴会形式和规格不同，其摆台的方法也不尽相同。在家庭宴会和便宴中，好的台面，合理的布局和餐具的整洁美观，再加上有条不紊的环境布置，能使人感到心情舒畅，同时也能为主人赢得很高的赞誉。常见的西餐餐台形式有：便宴台、冷餐台、宴会台和鸡尾酒会台、茶会台等，当然根据就餐方法的不同，台面的设计和摆法也不同。一般的餐台设计为：4人以下的用小方台和小圆台；6～8人可用两张方桌拼接，两头各坐一人，其余分坐两边；10人可用三张桌子拼接；12人可用四张桌子组成，正规餐座的个人座位宽度不应小于60厘米。当然家宴也可以用主人备好的圆台，主人会以一般便宴台为主来设计，台面摆设也会简单一些。

◊ 2.桌次安排

餐桌的排列最好采用长方形，若人数较多，则采用T字形。U字形排列会使得气氛变得较严肃，适用于商业谈判，而不宜于一般请客吃饭，最好避免。

桌次的高低依距离主桌位置的远近而右高左低，桌次多时应摆上桌次牌。

◊ 3.席次安排

如果你是设宴者，那么餐会开始前半小时就应先到场，预先安排座次。正式的西餐礼仪，男女主人分坐长桌两头，女主人右手边的第一个位子为第一男主客的座次，左手边的第一个位子为第二男主客座次。反之，男主人右手及左手边的第一个位子，也是第一及第二女主客的位子。在座次安排好之后，最好能在每人的位子前放置标有姓名的牌子，以免造成混淆。这种牌子，一般在比较讲究的西餐厅里都有，以方便顾客就座。

西方餐饮礼仪的特点，首先是主与客角色分明，而且特别强调主人的角色。其次，男士坐一排，女士坐一排，大家排排坐好像开辩论会，是不恰当的，男女一定要交叉间隔着坐。此外，夫妻俩通常要隔开来坐，以便于各自交谈，而使全桌气氛融洽，皆大欢喜。

如果是一男一女同去餐厅，男士应请女士坐在自己的右边，但要注意不能让她坐在人来人往的过道边。若只有一个靠墙的位置，应请女士就座，男士坐在她的对面。如果是两对夫妻就餐，夫人们应坐在靠墙的位置上，先生则坐在各自夫人的对面。如果两位男士陪同一位女士进餐，女士应坐在两位男士的中间。如果两位同性进餐，那么靠墙的位置应让给其中的年长者。西餐还有个规矩：每个人入座或离座，均应从坐椅的左侧进出。

举行正式宴会时，同一桌上席位的高低也是依距离主人座位的远近而区分。西方习俗是男女交叉安排，即使是夫妻也是如此。非官方接待时，以女主人的席位为准。主宾坐在女主人右首；主宾夫人坐在男主人右首。假如是商业性或公务性的餐宴，男士因有公事要谈，理应坐在相近的位子；而女士们可趁机聊天，亦

应坐在相近的位子。

举行两桌以上的西式宴会，各桌均应有第一主人，其位置应与主桌主人的位置相同，其宾客也依主桌的座位排列方法就座。

一字形长台宴席安排有两种方式：一是将主人席位安排在餐台横向的上首中间，副主人（女主人）席位在主人席对面，即横向下首中间；另一种方式是将主人和副主人（女主人）席位安排在长台纵向的两端，这种安排可提供两个谈话中心，避免客人坐在末端受到冷落。

在参加西餐宴会时，客人进门后，都有领台人员引领座位。这时候客人要走在领台员的后方，不可超前。男女一同赴宴，男士必须走在女士左后半步的位置，以展现其绅士风度。

西餐的餐具及其摆设

虽然不同国家或地区餐具的摆放位置不同，但具体的放置方法大致相似。西餐中常见的餐具可以狭义地理解为刀、叉和匙三大件。刀分为食用刀、鱼刀、肉刀、黄油刀、水果刀，均有其专门的应用；叉分为食用叉、鱼叉、肉叉、龙虾叉；匙则有汤匙、甜食匙、茶匙。公用的刀、叉、匙规格明显大于宾客用餐的刀、叉、匙。正规的宴会上，每一道菜均配有一套相应的餐具，并按菜单中设计的上菜顺序由外向内依次排列。

◊ 1.餐前刀叉的摆放规矩

一般来说，西餐餐具摆放的规矩是：展示盘（垫盘）或叠好的餐巾摆放于餐位正中，盘前横匙，左叉右刀。展示盘两侧的刀、叉、匙要排列整齐，或平行或直线，距桌边距离相等，刀刃要一律朝向垫盘的一侧，一般刀均放在垫盘的右侧。各类匙放在餐刀的右边，匙心朝上，餐叉则放在垫盘的左边，叉齿均朝上。

一个席位一般摆放三副刀叉。面包刀又称黄油刀，专供抹奶油、果酱用，而不是用来切面包的，它被放在客人左边的面包碟上，只放一把，不可与竖放的刀、叉发生交叉现象。餐具与菜肴相配，根据食用菜肴的先后顺序，从里至外依次摆放。

西餐宴席由于用餐方式、使用餐具等方面的不同，在摆台上主要有以下三种形式：

（1）俄式摆台。

俄式摆台又被称为国际式摆台，一般餐巾放在整套餐具的最左边。

服务盘居中央，内放小垫布防止玻璃小垫盘放在上面时发出声音。服务盘左约3厘米处放大菜叉，色拉叉在大菜叉左约1厘米处。服务盘的右边约3厘米处放大菜刀，向右依次是黄油刀和清汤匙。水杯在餐刀尖上端约3厘米偏右处，水杯右边是白葡萄酒杯，白葡萄酒杯的上方是红葡萄酒杯。面包黄油盘在色拉叉上方，叉尖指向盘中心。在面包黄油盘和水杯中间，服务盘的上方约6厘米处摆放甜点匙和甜点叉，甜点叉上方摆调料瓶和烟灰缸。

（2）美式摆台。

台面上先铺垫布，再铺台布，台布周围下垂部分以碰到椅子面为准，即下垂部分一般约为36厘米，不得超过40厘米，这样将不会影响客人入座。餐桌中间放糖缸、盐、胡椒面和烟灰缸，摆放数量以3～4人合用一套为标准。

每位宾客的餐具均按以下标准摆放：中间是方餐巾（离桌边为3厘米），或留出空位。在餐巾的左侧从里到外依次摆放主餐叉和沙拉叉。在餐巾的右侧从里到外依次摆放主餐刀、黄油刀、汤勺和茶匙。水杯放在餐刀的右前方，咖啡杯或茶杯放在水杯的右方或汤勺的右方。葡萄酒杯放在水杯的右侧。美式服务中，水杯通常倒立在桌上，倒水之前才正立过来。面包盘放在餐叉前端。黄油刀也可以置于面包盘上，靠近上端与桌边平行。

（3）法式摆台。

铺台布同美式一样，但每个座位的餐具摆法不同于美式，即在距桌边不超过3厘米处放展示盘。在餐盘上摆放叠好的餐巾一条。餐叉置于餐盘的左侧，其叉柄末端紧靠桌边，里边为主餐叉，外边为沙拉叉。餐刀置于餐盘右侧，其刀柄末端紧靠桌边。汤匙放在靠近餐刀的右侧。黄油碟置于餐叉的左侧，碟上置黄油刀一把，与餐刀平行。在餐盘的正前端，放甜品及甜品勺：勺在上，叉在下；勺把朝右，叉把朝左。饮水用的玻璃杯（或酒杯）放在餐刀的前端。

法式服务虽然没有倒冰水的时间，但不能把玻璃杯倒放在餐桌上，此与美式服务正好相反。玻璃杯口朝下，将会使欧洲客人感到离用餐还有一段时间。当然如果摆台离营业或客人到来还有很长时间，玻璃杯口可以朝下，这样可以预防灰尘落到杯中；但餐厅即将开始营业时，杯口应朝上。

在客人用餐时间不供应咖啡（与美式服务不同），通常不用摆茶匙。供应咖啡应在甜点之后，茶匙置于咖啡杯的右侧底碟上。

◊ 2.暂停食用菜点时刀叉的摆放规矩

如果你还没有吃完，就不要把刀叉一起放到盘中，那样服务员就会来帮你收起来，即使还有许多好吃的你都没有吃，你也不能说“我还没吃完”，否则会被视为十分失礼。

在西餐中，依照刀叉的放置方式不同，即可传达用餐中或者是用餐完毕的信息。因为服务生会依照这个信息来判断是否要收拾盘子。

如果你想休息一下或和朋友聊会儿天，或要喝口酒、喝口水时，应将刀叉搭靠在自己的盘上呈八字形。服务员看到这样的摆法，就知道你还没吃好，你是在示意自己还要吃菜点。

暂停食用菜点时，英国人、法国人的示意方法也不相同。

（1）英式。叉在左边，面朝下，刀在右边。刀叉无需交叉，只要将刀叉放在盘子中间，摆成“八”字形，且注意不使其滑落即可。

（2）法式。叉在左边，面朝下，刀在右边。将刀叉交叉斜放。

◊ 3.表示用餐完毕时刀叉的摆放规矩

当你吃完一道菜或虽未吃完但不想再吃时，应该把刀和叉并排放在一起，刀柄和叉柄均朝向自己的胸部，千万要记住不可朝向别人，那是十分不礼貌的。

法式是将刀叉齐置，柄的部分稍稍往右侧挪放即可；英式是将刀叉齐置，柄

的部分朝向自己。由于刀刃的部分相当危险，请将刃的部分向内。欧洲人的叉子是面向下的，而美国人一般不在意叉子朝上还是朝下。

西餐点菜的技巧和方法

由于中西文化的不同，西餐的进餐方式与中餐大不相同，西餐有着特有的进餐顺序和规范，当你去西餐厅就餐时也要遵循同样的礼仪和规范。但在餐厅里，你能选择的菜肴实在太多了，有时你会感到眼花缭乱，不知从何入手。所以这里我们为你简单介绍一些西餐点菜的窍门，希望对你会有所帮助。

◊ 1.西餐的菜序

西餐的第一道菜是头盘，也称为开胃品。常见的品种有鱼子酱、鹅肝酱、熏鲑鱼、鸡尾杯、奶油鸡酥盒等。因为目的是开胃，所以开胃菜一般都具有特色风味，味道以咸和酸为主，而且数量较少，但质量较高。

西餐的第二道菜是汤。西餐的汤大致可分为清汤、奶油汤、蔬菜汤和冷汤四类。品种有牛尾清汤、各式奶油汤、海鲜汤、意式蔬菜汤、俄式罗宋汤等。冷汤的品种较少，有德式冷汤、俄式冷汤等。

西餐的第三道菜一般是鱼类，也称为副菜，品种包括各种淡水、海水鱼类，贝类。通常水产类菜肴与蛋类、面包类、酥盒菜肴均称为副菜。因为鱼类等菜肴的肉质鲜嫩，相对比较容易消化，所以放在肉类菜肴的前面，叫法上也和肉类主菜有所区别。

西餐的第四道菜是肉、禽类菜肴，也称为主菜。肉类菜肴的原料多为牛、羊、猪肉，其中最有代表性要属牛肉或牛排。

西餐的第五道菜是蔬菜类的菜肴类，也可以与肉类菜肴同时上桌。西餐中的蔬菜类菜肴即人们所称的“沙拉”。与主菜同时上桌的沙拉为生蔬菜沙拉，一般用生菜、西红柿、黄瓜、芦笋等制作。

西餐的第六道菜是甜品，确切地讲，它包括所有主菜之后的食物，如布丁、薄饼、冰淇淋、奶酪、水果等。

西餐的最后一道菜是饮料，多是咖啡或茶。饮咖啡一般要加糖和淡奶油，茶一般要加香桃片、糖等。

◊ 2.西餐菜单的种类

（1）单点：是一种可自行从菜单中挑选自己喜欢的料理的一种点餐形式。一般而言，菜单上有四或五大分类，分别是开胃菜、汤、沙拉、海鲜、肉类、点心。有时你可在菜单上找到一页附在菜单上的“今日特餐”或“主厨推荐”，这些往往是餐厅精心制作且物超所值的菜肴。若未看到，亦可向服务员询问是否提供特餐。

（2）套餐：由前菜、主菜、甜点、咖啡等组成，是一种事先由餐厅为顾客搭配组合的料理形式，在调理法或味道方面的调配也较平衡，比起单点更能将费用压低。当你搞不懂料理的名称或是首次光临这家餐厅时，一般应选择套餐，这样你可以省去很多选择的麻烦。

（3）组合式套餐：是介于套餐和单点之间的点餐形式。虽然形式上和套餐大同小异，但程序中的每一道料理都提供了数种选择可供参考，你可以根据自己的实际需要自由选择。

◊ 3.西餐点菜的诀窍

在西餐厅点餐时，首先应该点餐前酒，再决定是要套餐还是单点，最后再配合料理选择适合的葡萄酒。

选择单点式的话，在餐点结束之后也可再加些甜点、咖啡、餐后酒。点菜时需衡量用餐人数，选择单品料理需依照套餐的顺序来点菜。

吃西餐点菜应该先从主菜开始选择。选择以单点为用餐方式时，先决定好主菜的料理，再选其他料理就会变得容易得多了。选择前菜和汤时，请注意别和主菜或酱料重复。单点时一定要考虑菜肴的分量。单点料理一盘的分量会比套餐一盘的分量多一些。因此要先斟酌自己的食量再决定点餐的分量，不要点得太多而导致无谓的浪费。

假如你第一次光顾某家西餐厅时，既不懂西餐料理，又看不懂菜单（全外文版的菜单），不用觉得不好意思，可以轻声唤服务员过来请教，服务员会给你适当的建议。那样总比你自己不懂而乱点一气，最终闹出笑话来好。

在西餐厅喝酒的注意事项

如今，越来越多的人选择在西餐厅喝酒，所以在西餐厅喝酒也就成了一种文化。假如你和恋人在高级西餐厅喝酒，人约黄昏后，在高级餐厅的浪漫晚餐上，想配一点葡萄美酒，打开酒单却茫无头绪，既不懂点酒，又不懂品酒礼仪，岂不是洋相尽出，破坏了气氛。怎么才能避免出现类似的尴尬场面呢？下面为你介绍一些在西餐厅喝酒的注意事项：

（1）不管你点的是什么酒，都不要自己去开瓶，而应交由服务员处理。

（2）服务生为你斟酒时不需要捧着玻璃杯。一般而言，倒葡萄酒都是由服务生为顾客服务的。当他们为我们服务时，原则上并不需要捧着酒杯，只要将手放在桌面上或是膝盖上即可。此外，在用餐中，当服务生再次前来斟酒时，暂时停下手上的动作，说话也稍加节制一些，会给他人比较好的印象。再者，若是自行斟酒时，请将酒斟至杯身最宽的部分。这是因为当表面积越大时，越能充分品味出葡萄酒的香醇。

（3）在吃西餐的过程中，酒瓶不能放在桌面上。服务人员倒完酒后，一定会将还盛有酒的酒瓶放在固定的位置上，主人与客人都不要把它再拿来放在桌面上。另外，个人面前的右上角为放水杯的地方，当你喝完酒后，酒杯应该放在水杯的正后方，而不是随便放。

（4）在吃中餐时，宾主之间热烈敬酒、频频干杯是很正常的现象。但是吃西餐时，除了刚开始时主人可举杯感谢大家赏光之外，不宜再敬酒，更不可频频劝他人喝酒。至于倒酒，无论是开瓶或添酒，主人与客人都不需要自己倒酒，让服务人员动手倒酒即可。

（5）如果你不想再喝了，可以伸出一只手轻轻遮在玻璃杯上，服务员就会明白你的意思，不再给你添加。

（6）喝酒时，不要一口气喝完，也不要边喝酒边透过杯子看别人，或者边说话边喝酒。另外，女士们注意不要把口红印子留在杯沿上，那样是相当失礼的行为，容易引起别人的强烈反感。

刀与叉的使用方法

◊ 1.刀与叉的拿法

正式的用法为两只一组的使用。右手拿刀，左手拿叉。叉子的拿法为将食指伸直按住叉子的背部。刀除了与叉子同样拿法外，还可以用拇指与食指紧紧夹住刀柄与刀刃的接合处。可依料理选择较容易进餐的方法。如果以全部的手指握住的话，会破坏整体平横，利用拇指与食指握住才是拿刀叉的要诀。

◊ 2.刀与叉的使用方法

（1）以叉子压住后再以刀切开。

菜肴上桌后的基本动作，即是右手拿刀切开，然后左手拿叉将菜肴叉起。以叉子压住菜肴的左端，固定，顺着叉子的侧边以刀切下约一口大小的菜肴后，叉子即可直接叉起送入口中。

（2）正确的姿势与适当的角度。

没有办法顺利地将食物切开的人，首先要从姿势开始改正。两侧手肘过高会使刀叉角度过大，而呈直立状态；相反地，如果手肘过低将使刀叉呈倒下状态，所以没有办法好好地将菜肴切开。将肩膀与手腕放松，两臂不要张开，刀与餐盘

的角度保持在15° 左右。这样一来，不但能轻易地将食物切开，而且姿势看起来也相当优雅。

刀的移动方式也有要领。首先用力于左手的叉子，再轻轻地移动刀子。注意，将刀子拉回时不可用力，而是在往前压下时用力，这样才能利落地将食物切开。叉子可依菜肴的特性，自由地变换拿法以方便用餐。当叉起食用时，叉子的背面必须向上，不过，如果是舀起食用时，叉子应面向上使用。与筷子不同的地方，即是叉子可依菜肴特性上下转动以利于使用。

对于左撇子，已设置好的餐具不可随意改变位置，不过在吃的时候可将刀叉互相更换使用。只是在用餐完毕后，餐具必须依右撇子的人的用法放置，将刀叉的柄向右放置于餐盘上，这么做的原因主要是为了不造成服务人员的困扰。

◊ 3.需留意的刀叉礼仪

（1）使用刀叉的方法若严重错误时，甚至会伤到他人，请千万要小心地使用。

（2）安静地使用餐具，别发出“嘎锵嘎锵”的碰撞声。

（3）手里还拿着餐具的时候，别说话。要说话时请先将餐具放下。

（4）不可将刀刃面向他人，因为很危险，所以请多注意。

（5）不要舔刀子。别舔沾在刀子上的酱汁。

（6）千万不要在交谈时，手在空中挥舞刀叉。

使用餐巾时的礼仪

◊ 1.餐巾的使用方法

（1）打开餐巾。

餐巾是为了在用餐时防止衣服弄脏而准备的。各餐厅多少略有不同，但大部分都是以没有折痕、皱褶的折法放置于桌上。在餐厅，通常是在点完料理后才将

餐巾打开。在决定餐点之前，只点了开胃酒，由于没有必要担心会滴到衣服上，所以一开始就将餐巾打开是违反餐桌礼仪的。

（2）对折后放置于膝上。

将餐巾打开后对折，并将开口朝外置于膝上。对折的目的在于防止错拉到餐巾，而开口朝外则是方便拿起擦拭嘴巴。但是对于经常会将胸前衣服并脏的人，也可以将一整条餐巾张开夹在衣服上。主要以不弄脏衣服为第一考虑因素。

（3）中途离开座位时餐巾的放置。

只要将餐巾稍稍折叠一下置于椅子上或是折好放在盘子的旁边，并应趁着上菜的空当向同桌的人打声招呼。

（4）用餐完毕时餐巾的放置。

只要将餐巾随意叠放在桌子上（不用叠得很整齐）即可。不过一定要避免“扔”这个动作。

◊ 2.使用餐巾应注意的礼仪

（1）别沾上口红的痕迹。请事先在餐前以面纸轻轻按压嘴唇即可。

（2）除儿童外，一般不必挂到脖子上或像围兜兜一样围挂在胸前。不然，会让人感觉很孩子气，一点也不高雅。

（3）别挂在椅背上。因为很容易掉到地上，所以请别将餐巾挂在椅背上。

（4）不要用餐巾擦脸，它仅仅是用来擦嘴和手的。

（5）用餐巾擦嘴时动作要轻，不要太夸张地用力去磨。

（6）如果你或你的同桌不小心把食物洒到桌上，不要用你自己的餐巾去擦，应当把服务员叫来抢救桌布。